U0873349

高等职业教育精品课程教材

机车电力电子技术

主　编　徐晓东
副主编　徐　密　白志峰　张译文

西南交通大学出版社
·成　都·

图书在版编目（CIP）数据

机车电力电子技术 / 徐晓东主编. -- 成都 : 西南交通大学出版社，2024. 8. --（高等职业教育精品课程教材）. -- ISBN 978-7-5643-9887-3

Ⅰ. U264

中国国家版本馆 CIP 数据核字第 20246Y7K78 号

高等职业教育精品课程教材

Jiche Dianli Dianzi Jishu

机车电力电子技术

主编 / 徐晓东

责任编辑 / 张华敏
封面设计 / 原谋书装

西南交通大学出版社出版发行
（四川省成都市金牛区二环路北一段 111 号西南交通大学创新大厦 21 楼　610031）
营销部电话：028-87600564　028-87600533
网址：http://www.xnjdcbs.com
印刷：成都蜀雅印务有限公司

成品尺寸　185 mm × 260 mm
印张　12　字数　301 千
版次　2024 年 8 月第 1 版　印次　2024 年 8 月第 1 次

书号　ISBN 978-7-5643-9887-3
定价　42.00 元

课件咨询电话：028-81435775
图书如有印装质量问题　本社负责退换
版权所有　盗版必究　举报电话：028-87600562

PREFACE

前　言

党的二十大报告提出“坚持把发展经济的着力点放在实体经济上，推进新型工业化，加快建设制造强国、质量强国、航天强国、交通强国、网络强国、数字中国。”同时又提出“加快建设国家战略人才力量，努力培养造就更多大师、战略科学家、一流科技领军人才和创新团队、青年科技人才、卓越工程师、大国工匠、高技能人才。”中国国家铁路集团有限公司出台的《新时代交通强国铁路先行规划纲要》指出：“完善机车产品谱系，研制新一代电力、内燃、混合动力、新能源及多源制机车。”并指出“培养涵盖铁路勘察设计、工程建设、装备制造、运营维护及科技创新等领域的专业技术人才和高技能人才，造就一支素质优良的知识型、技能型、创新型现代铁路产业队伍。”

为了落实党的二十大报告精神和中国国家铁路集团有限公司的《新时代交通强国铁路先行规划纲要》，满足新时代铁路事业高质量发展的要求，加快培养铁道机车运用与维护、动车组检修专业的高技能人才，我们编写了这本《机车电力电子技术》教材。本教材根据学生的认知特点，在内容编排上遵循由易到难、循序渐进的原则，以便于学生理解掌握，为后续课程打下牢固的知识基础。

本教材详细介绍了电力电子技术的原理及其在机车中的应用。主要内容包括：第一章介绍了不可控电力电子器件“二极管”以及由它组成的单相和三相不可控整流电路，并介绍了内燃机车主电路；第二章介绍了半控型电力电子器件“晶闸管”以及由它组成的单相和三相相控整流电路，并介绍了韶山型电力机车主电路；第三章介绍了可关断晶闸管、大功率晶体管、MOSFET 和现代机车、动车组用到的 IGBT 等全控型电力电子器件；第四章介绍了降压变换器、升压变换器、升降压变换器三种基本斩波电路和正激、反激、全桥、半桥、推挽五种带隔离变压器的直-直变换器以及 HXD_3 型电力机车蓄电池充电机；第五章介绍了方波逆变器、SPWM 调制逆变器、SVPWM 调制技术和三电平逆变器；第六章介绍了两电平和三电平 PWM 脉冲整流器，并介绍了 HXD_3 型电力机车变流装置；第七章介绍了交流传动轨道交通车辆中采用的矢量控制和直接转矩控制技术。

本教材内容较好地反映了当前国内机车应用电力电子变流技术现状，如东风系列内燃机车采用了不可控整流技术，HXN_3 与 HXN_5 采用了不可控整流技术和逆变技术，韶山型系列电力机车采用了相控整流技术，和谐型和复兴号交流传动电力机车以及动车组变流装置采用了四象限 PWM 整流技术和逆变技术，在各类机车的控制电源中还广泛采用了直-直变换技术。本教材在介绍电力电子技术基础知识的同时，也体现了电力电子技术在机车中的最新应用和发展方向。

本教材由山东职业学院徐晓东担任主编，由山东职业学院徐密、白志峰、张译文老师担任副主编。具体编写分工如下：徐晓东、徐密共同编写第一章，徐晓东、白志峰共同编写第二章，徐晓东、张译文共同编写第五章，徐晓东编写第三章、第四章、第六章、第七章。全书由徐晓东统稿。

本教材的编写参考了部分文献和专业书籍，已将其列入书末参考文献中，在此向原作者表示诚挚的谢意！在本教材编写过程中，中国铁路济南局集团有限公司济南机务段付云臣、韩振帅提出了宝贵建议，在此向他们表示衷心的感谢。

由于编者水平有限，书中错误和不当之处在所难免，恳请各位专家和读者批评指正。

编 者

2024 年 3 月

CONTENTS

目录

第 1 章　不可控整流技术

电力电子技术主要研究利用电力电子器件实现对电能的高效能变换和控制的一门技术，包括对电压、电流的频率和波形的变换。本书主要学习六种经典电力电子器件：电力二极管(D)、晶闸管(SCR)、可关断晶闸管(GTO)、电力晶体管(GTR)、电力场效应晶体管(MOSFET)、绝缘栅双极型晶体管(IGBT)，以及整流(AC-DC)、逆变(DC-AC)、直-直变换(DC-DC)等电流变换及其控制技术。

本章学习不可控整流技术。不可控整流技术是电力电子技术中最基本的变流技术，在我国电力传动内燃机车上得到了广泛应用。本章将首先介绍在不可控整流电路中用到的电力电子器件——电力二极管，然后介绍单相、三相不可控整流电路的结构、工作原理和基本电量关系，最后简要介绍不可控整流技术在电力传动内燃机车上的应用。

1.1　电力二极管

电力二极管（Power Diode）是不可控电力电子器件，无控制极，其导通和关断完全取决于电力二极管在电路中承受的电压方向，加上正向电压导通，加上反向电压关断。电力二极管的结构和原理简单，工作可靠，大量应用于各类电气设备中。

1.1.1　电力二极管的结构与工作原理

电力二极管的基本结构和原理与信息电子电路中的二极管一样，都是以半导体 PN 结为基础，都由 P 区、N 区和中间的空间电荷区（也称为势垒区、阻挡层或耗尽层）组成，如图 1-1(a)所示。但不同的是电力二极管的 PN 结面积较大，其电压、电流等级都比较高，通常分为螺栓型[见图 1-1(b)]和平板型[见图 1-1(c)]，其电气图形符号见图 1-1(d)。电力二极管从 P 区引出阳极 A、从 N 区引出阴极 K。

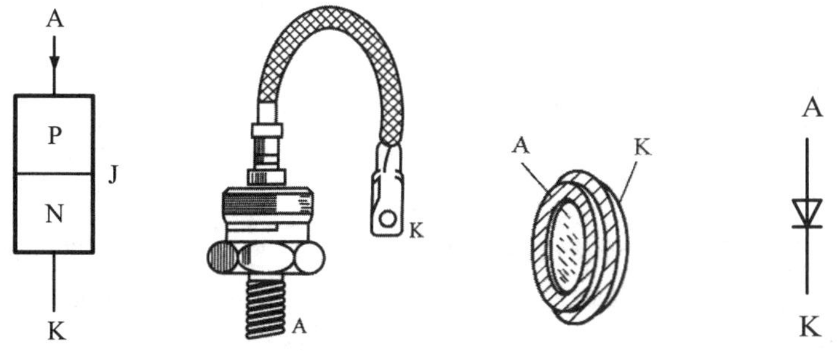

(a)PN 结　(b)螺栓型　(c)平板型　(d)电气图形符号

图 1-1　电力二极管的基本结构和电气图形符号

PN 结具有单向导电性。当 PN 结外加正向电压，即阳极 A 接电源正极、阴极 K 接电源负极时，PN 结呈现为低电阻，PN 结正向导通，此时两端只有 1 V 左右的电压降。当 PN 结外加反向电压，即阳极 A 接电源负极、阴极 K 接电源正极时，PN 结呈现为高电阻，PN 结反向截止，此时只有极小的反向漏电流流过 PN 结。

PN 结具有一定的反向耐压能力，但当施加的反向电压过大，PN 结就会发生反向击穿。当反向击穿发生时，若反向电流限制在一定的范围内，则当反向电压降低后 PN 结仍可恢复原来的状态，这种现象称为电击穿；若反向电流未被限制住，PN 结温度升高，直至 PN 结因过热而被烧毁，失去单向导电性，这种现象称为热击穿。热击穿是不可恢复的，必须尽可能避免。

电力二极管的基本原理是基于 PN 结的单向导电性。它不同于信息电子电路中的二极管，为了建立承受高电压和大电流的能力，电力二极管采取了以下措施：

① 采用垂直导电结构（电流在硅片内流动的总体方向与硅片表面垂直），这种结构可以提高电流的导通面积，继而提高电力二极管的通流能力。

② 采取 P-i-N 结构（PN^-N），如图 1-2 所示，即在 P 区与 N 区之间多了一层低掺杂 N^- 区（浓度接近于无掺杂的本征半导体），由于掺杂浓度低，低掺杂 N^- 区可以承受很高的电压，因此低掺杂 N^- 区越厚，电力二极管的反向耐压就越高。

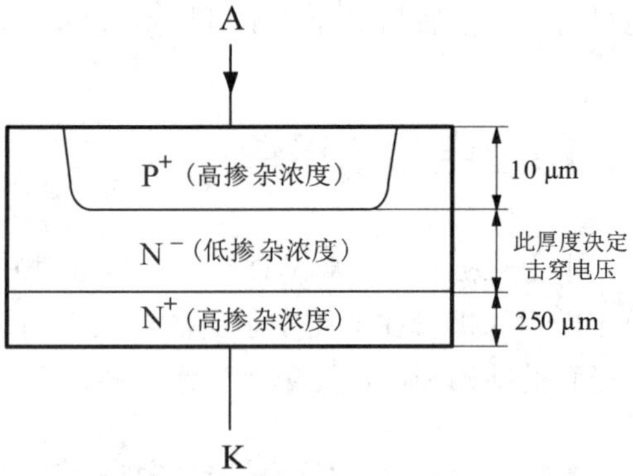

图 1-2　电力二极管内部结构示意图

电力二极管的 PN 结通常有两种显著的效应，即 PN 结的电容效应和电导调制效应。PN 结的电容效应是指 PN 结中的电荷量随外加电压而变化，呈现电容效应，称为结电容，结电容限制了电力二极管工作频率的提高。PN 结的电导调制效应是指当 PN 结上流过的正向电流较大时，注入并积累在低掺杂 N^- 区的少子空穴浓度将很大，为了维持半导体电中性条件，其多子浓度也相应大幅度增加，使其电阻率明显下降，即电导率大大增加。电导调制效应使空穴和自由电子都参与导电的双极型器件的电流等级要远高于单极型器件。

1.1.2　电力二极管的基本特性

1.1.2.1　静态特性

图 1-3(a)所示为电力二极管的静态伏安特性。当加到电力二极管两端的正向电压大于死区电压时，二极管电流开始明显增大，此时二极管稳定导通，工作电压降 u_D 在 1 V 左右。若在电力二极管两端加上反向电压，只有很小的反向漏电流流过，二极管处于反向截止状态。因此，根据二极管正向导通电压降小、反向漏电流小的特点，实际分析时可采用理想伏安特性，如图 1-3(b)所示，这时可把二极管看成理想开关。

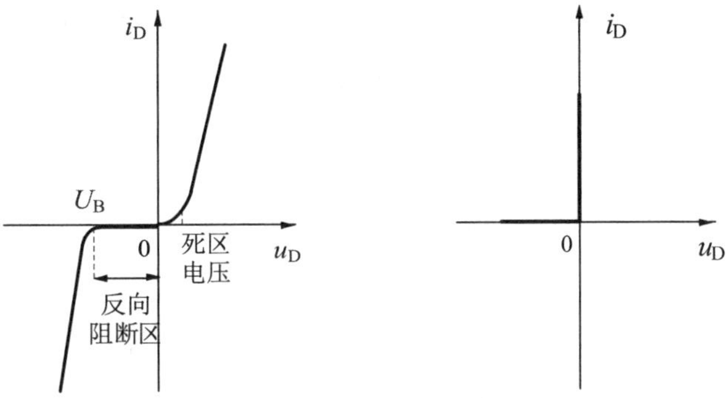

(a)静态伏安特性　　(b)理想伏安特性

图 1-3　电力二极管的基本特性

1.1.2.2　动态特性

在高频或大电流通断的场合，无法再将二极管看成理想开关。电力二极管在正向偏置和反向偏置这两种状态之间转换时呈现的动态特性，往往专指反映通态和断态之间转换过程的开关特性。电力二极管的动态特性如图 1-4 所示。

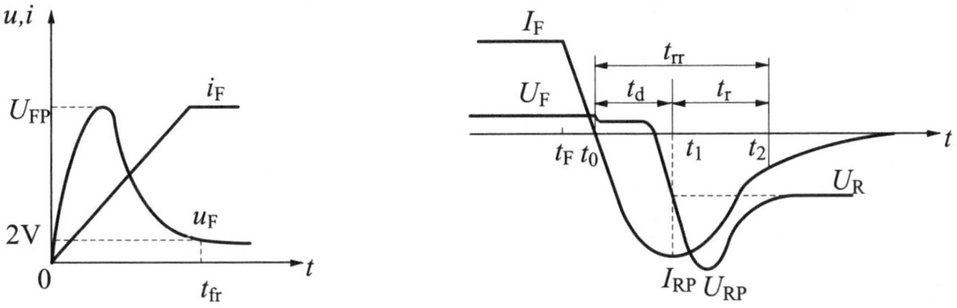

(a)二极管的开通特性　　(b)二极管的关断特性

图 1-4　电力二极管的动态特性

1）电力二极管的开通过程

在电力二极管从断态到稳定导通状态的过渡过程中，其正向压降会先出现一个过冲，然后才逐渐趋于稳定，电流也趋于稳定，这一动态过程时间被称为正向恢复时间 t_{fr}，如图 1-4(a)所示。

2）电力二极管的关断过程

当在电力二极管两端施加负电压 U_R 时，二极管关断时的电压、电流波形如图 1-4(b)所示。在关断过程中，当电流 I_F 在反向电压的作用下逐渐下降到 0 后，正向导通时在对方区域因扩散运动而积累的少子在反向电压作用下会形成一个较大的反向恢复电流，持续一段时间后才衰减为 0。从二极管正向电流过零到反向电流下降到其峰值 10% 时的时间间隔称为反向恢复时间 t_{rr}。

根据反向恢复时间 t_{rr} 的大小，电力二极管主要有三种类型：整流二极管（$t_{rr} > 5\ \mu s$，反向电压定额数千伏和正向电流定额数千安）、快速恢复二极管（一般 $t_{rr} < 5\ \mu s$，反向电压定额几百伏）和肖特基二极管（$t_{rr} = 10 \sim 40\ ns$，反向电压定额为 50 ~ 100 V）。

1.1.3 电力二极管的主要参数

1）正向平均电流 $I_{F(AV)}$

电力二极管长期运行时，在规定的管壳温度和散热条件下允许流过的最大工频正弦半波电流的平均值，定义为正向平均电流（$I_{F(AV)}$）。在实际应用中选择电力二极管正向平均电流时应留有一定的安全裕量。

2）正向压降 U_F

正向压降（U_F）是指电力二极管在规定温度和散热条件下，流过某一指定的稳态正向电流时对应的管子两端的正向压降（习惯称为管压降）。

3）反向重复峰值电压 U_{RRM}

反向重复峰值电压（U_{RRM}）是指对电力二极管能重复施加的反向最高峰值电压。此电压通常为其反向击穿电压 U_B 的 2/3。使用时，一般按照实际电路中电力二极管可能承受的反向最高峰值电压的两倍来选择该参数。

4）最高工作结温 T_{JM}

最高工作结温（T_{JM}）是指在管芯 PN 结不损坏的前提下电力二极管能承受的最高平均温度，通常在 125 ~ 175 °C 范围内。

5）反向恢复时间 t_{rr}

反向恢复时间（t_{rr}）是指从二极管正向电流过零到反向电流下降到其峰值 10% 时的时间间隔。

6）浪涌电流 I_{FSM}

浪涌电流（I_{FSM}）是指电力二极管所能承受的最大的一个或连续几个工频周期的过电流。

1.2 单相不可控整流电路

1.2.1 单相半波不可控整流电路

单相半波不可控整流电路由变压器、整流二极管 D 及负载电阻 R 组成，如图 1-5(a)所示。变压器的作用是把交流电压 u_1 降为所需要的交流电压 u_2，再利用二极管 D 的单向导电性把 u_2 整流变成直流电压 u_d，负载上的电压、电流波形如图 1-5(b)所示。把二极管看作

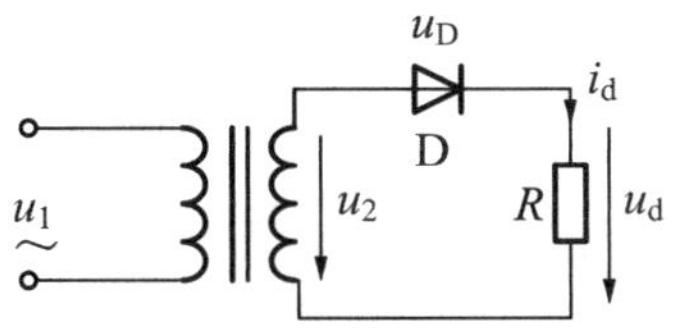

(a)电路

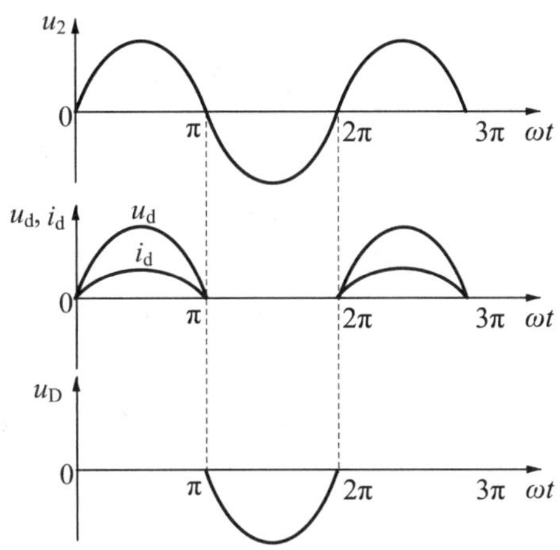

(b)电流、电压波形

图 1-5　单相半波不可控整流电路及其工作波形

是理想元件，经过二极管的整流，交流电压 u_2 的正半波完全加到了负载电阻 R 上，u_2 的负半波由于二极管承受反向电压而关断被隔离掉了。

单相半波不可控整流电路的工作原理如下：在 u_2 的正半周，其极性为上正(+)、下负(−)，二极管 D 承受正向电压而导通，此时，电源电压全部加在负载电阻 R 上，得到一个正半波电压波形；在 u_2 的负半周，其极性上负(−)、下正(+)，二极管 D 承受反向电压而截止，此时，在负载电阻 R 上没有电压。

基本电量计算如下：

① 整流输出电压平均值

$$U_\mathrm{d}=\frac{1}{2\pi}\int_0^\pi\sqrt{2}U_2\sin\omega t\mathrm{d}\omega t=\frac{\sqrt{2}}{\pi}U_2=0.45U_2 \tag{1-1}$$

② 负载电流平均值

$$I_\mathrm{d}=\frac{U_\mathrm{d}}{R}=0.45\frac{U_2}{R} \tag{1-2}$$

③ 二极管承受的最高反向电压值

$$U_\mathrm{DRM}=U_\mathrm{2m}=\sqrt{2}U_2 \tag{1-3}$$

在整流电路分析中，小写英文字母表示的电量，如 u_d 、i_d 等表示的是电量的瞬时值；而大写英文字母表示的电量，如 U_d 、I_d 等表示的是电量的平均值，这在电量计算时经常会用到；U_2 、I_2 或 U 等经常用来表示有效值。

1.2.2 单相桥式不可控整流电路

在桥式整流电路中，用到了二极管的并联接法，如图 1-6 所示，下面首先介绍二极管并联接法电路的导通原理，有助于更好地理解和掌握整流电路的工作原理。图 1-6(a)所示为两个二极管共阴极接法的电路，图中 a 点电位高于 b 点电位，二极管 D_1 导通、D_2 关断，可以理解为“二极管共阴极接法的电路中承受阳极电位最高的二极管导通”；同理，图 1-6(b)所示为共阳极接法，a 点电位高于 b 点电位，二极管 D_2 导通、D_1 关断，可以理解为“二极管共阳极接法的电路中承受阴极电位最低的二极管导通”。

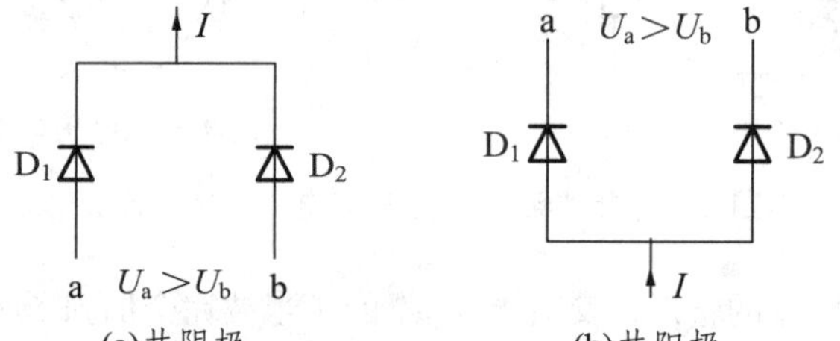

(a)共阴极　　(b)共阳极

图 1-6　二极管并联接法电路

单相桥式不可控整流电路由变压器、4 个整流二极管 D_1 ~ D_4 及负载电阻 R 组成，如图 1-7 所示。根据图 1-6 可知，D_1 、D_3 组成共阴极接法的并联电路，D_2 、D_4 组成共阳极接法的并联电路。根据前述二极管并联接法电路的导通原理，在 u_2 正半波，其极性为上正(+)、下负(−)，a 点电位高于 b 点电位，共阴极接法的 D_1 导通、共阳极接法的 D_4 导通，D_2 、D_3 因承受反向电压而关断，电流通路为 a→ D_1 →R→ D_4 →b，u_2 正半波电压全部加在负载电阻 R 上；在 u_2 负半波，其极性为上负(−)、下正(+)，b 点电位高于 a 点电位，共阴极接法的 D_3 导通、共阳极接法的 D_2 导通，D_1 、D_4 因承受反向电压而关断，电流通路为 b→ D_3 →R→ D_2 →a，u_2 负半波电压全部加在负载电阻 R 上。由此可见，尽管 u_2 的方向是交变的，但通过负载电阻 R 的电流 i_d 及其两端电压 u_d 的方向都不变，得到脉动的直流电流和直流电压，波形如图 1-7(b)所示。单相桥式整流电路与单相半波可控整流电路相比，负半波正弦波形也得到了利用，变压器利用率提高一倍，电压平均值也提高一倍。

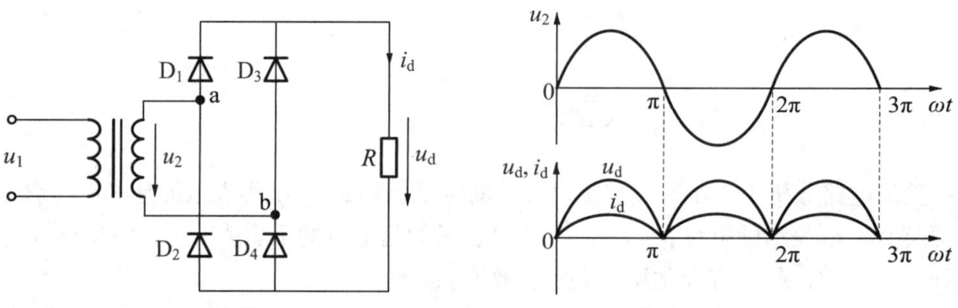

(a)电路　　(b)电流、电压波形

图 1-7　单相桥式不可控整流电路及其工作波形

基本电量计算如下：

① 整流电压输出平均值

$$U_{\mathrm{d}}=\frac{1}{\pi}\int_{0}^{\pi}\sqrt{2}U_{2}\sin\omega t\mathrm{d}\omega t=\frac{2\sqrt{2}}{\pi}U_{2}=0.9U_{2} \tag{1-4}$$

② 负载电流平均值

$$I_{\mathrm{d}}=\frac{U_{\mathrm{d}}}{R}=0.9\frac{U_{2}}{R} \tag{1-5}$$

③ 二极管平均电流值：每个周期中，D_1、D_4 串联与 D_2、D_3 串联各轮流导电半周，所以每个二极管中流过的平均电流只有负载电流的一半，即

$$I_{\mathrm{D}}=\frac{1}{2}I_{\mathrm{d}}=0.45\frac{U_{2}}{R} \tag{1-6}$$

④ 二极管承受的最高反向电压值

$$U_{\mathrm{DRM}}=U_{2\mathrm{m}}=\sqrt{2}U_{2} \tag{1-7}$$

⑤ 变压器二次侧电流有效值

$$I_{2}=\frac{U_{2}}{R}=\frac{I_{\mathrm{d}}}{0.9}=1.11I_{\mathrm{d}} \tag{1-8}$$

1.3 三相不可控整流电路

单相整流电路一般应用在小功率场合，当某些供电场合要求整流电路输出功率较大时，就不便于采用单相整流电路了，因为它会造成三相电网负载不平衡，影响供电质量，在这种情况下通常采用三相整流电路。

1.3.1 三相半波不可控整流电路

1.3.1.1 三相半波共阴极不可控整流电路

图 1-8(a)所示为三相半波共阴极接法不可控整流电路，该整流电路由三相变压器和 3 只整流二极管 $D_1\sim D_3$ 及负载电阻 R 组成。变压器二次侧采用星形接法，一次侧采用三角形接法，目的是为了去掉一次绕组中的三次谐波。图 1-8(b)所示的 u_2 波形为变压器二次侧三相电压的波形。图 1-8(a)中，3 只整流二极管 $D_1\sim D_3$ 为共阴极并联接法，根据“二极管共阴极接法的电路中承受阳极电位最高的二极管导通”的原理，在 $\omega t_1\sim\omega t_2$ 阶段，a 相电压 u_a 最高，D_1 导通，D_2、D_3 承受反向电压而截止，此期间电流的通路为 $a\rightarrow D_1\rightarrow R\rightarrow o$，$u_a$ 的电压波形加到了负载电阻 R 上；在 $\omega t_2\sim\omega t_3$ 阶段，b 相电压 u_b 最高，D_2 导通，D_1、D_3 承受反向电压而截止，此期间电流的通路为 $b\rightarrow D_2\rightarrow R\rightarrow o$，$u_b$ 的电压波形加到了负载

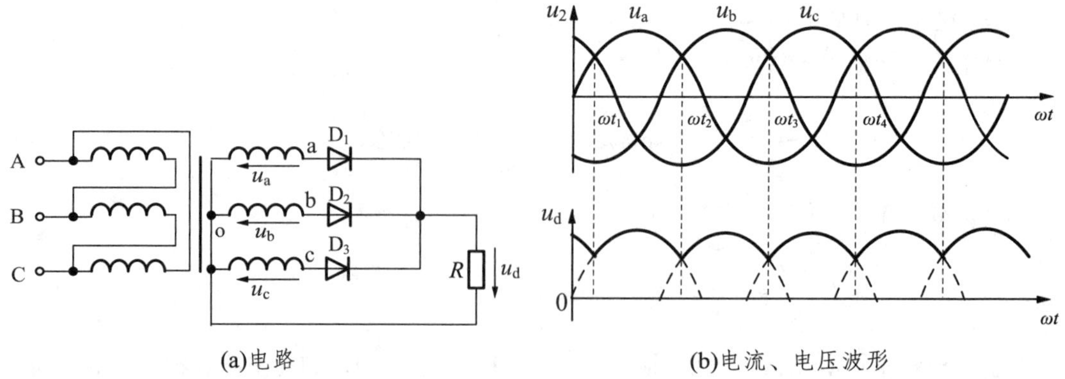

(a)电路　　　　(b)电流、电压波形

图 1-8　三相半波共阴极不可控整流电路及其工作波形

电阻 R 上；在 $\omega t_3 \sim \omega t_4$ 阶段，c 相电压 u_c 最高，D_3 导通，D_1、D_2 承受反向电压而截止，此期间电流的通路为 $c \to D_3 \to R \to o$，u_c 的电压波形加到了负载电阻 R 上，过了 ωt_4 后，重复前面三个阶段，因而得到了负载电阻 R 的电压波形 u_d，为三相电压波形正半波的包络线。ωt_1、ωt_2、ωt_3 为三个二极管的自然换相点。所谓自然换相点是指各元件的导电转换时刻。二极管的导通顺序为 $D_1 \to D_2 \to D_3 \to D_1$，每个二极管每隔 $\frac{2}{3}\pi$ 周期轮流导通 $\frac{2}{3}\pi$，任何时刻负载上的电压均为输入电压的相电压。

基本电量计算如下：

① 整流电压输出平均值

$$U_d = \frac{1}{2\pi/3}\int_{\pi/6}^{5\pi/6} \sqrt{2}U_2 \sin\omega t \mathrm{d}\omega t = \frac{3\sqrt{6}}{2\pi}U_2 = 1.17U_2 \tag{1-9}$$

② 负载电流平均值

$$I_d = \frac{U_d}{R} = 1.17\frac{U_2}{R} \tag{1-10}$$

③ 二极管平均电流值

$$I_D = \frac{1}{3}I_d = 0.39\frac{U_2}{R} \tag{1-11}$$

④ 二极管承受的最高反向电压值

$$U_{DRM} = \sqrt{3}U_{2m} = \sqrt{3}\times\sqrt{2}U_2 = 2.45U_2 \tag{1-12}$$

1.3.1.2　三相半波共阳极不可控整流电路

图 1-9(a)所示为三相半波共阳极接法不可控整流电路，图 1-9(b)所示的 u_2 波形为变压器二次侧三相电压的波形。图 1-9(a)中，3 只整流二极管 $D_1 \sim D_3$ 为共阳极并联接法，根据

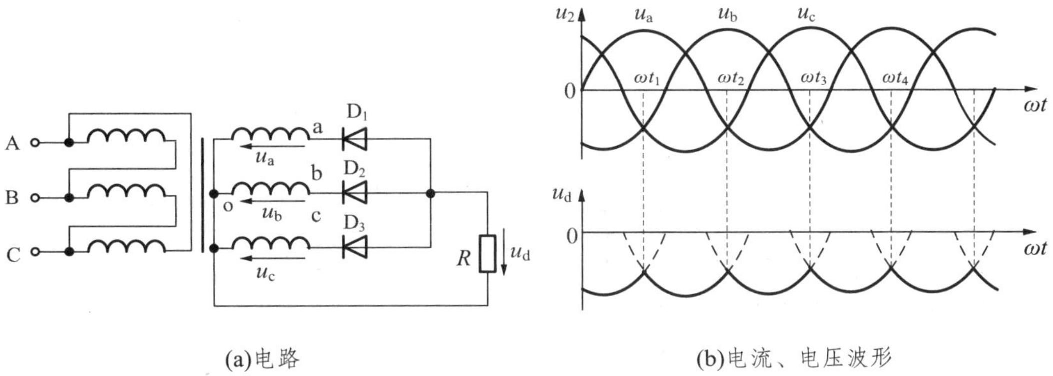

(a)电路　　　　(b)电流、电压波形

图 1-9　三相半波共阳极不可控整流电路及其工作波形

“二极管共阳极接法的电路中承受阴极电位最低的二极管导通”的原理，在 $\omega t_1 \sim \omega t_2$ 期间，c 相电压 u_c 最低，D_3 导通，D_1、D_2 承受反向电压而截止，此期间电流的通路为 $c \to o \to R \to D_3$，u_c 的电压波形加到了负载电阻上；在 $\omega t_2 \sim \omega t_3$ 期间，a 相电压 u_a 最低，D_1 导通，D_2、D_3 承受反向电压而截止，此期间电流的通路为 $a \to o \to R \to D_1$，u_a 的电压波形加到了负载电阻上；在 $\omega t_3 \sim \omega t_4$ 期间，b 相电压 u_b 最低，D_2 导通，D_1、D_3 承受反向电压而截止，此期间电流的通路为 $b \to o \to R \to D_2$，u_b 的电压波形加到了负载电阻上；过了 ωt_4 后，重复前面三个阶段，因而得到了负载电阻 R 的电压波形，为三相电压波形负半波的包络线，ωt_1、ωt_2、ωt_3 为三个二极管的自然换相点。二极管的导通顺序也为 $D_1 \to D_2 \to D_3 \to D_1$。每个二极管每隔 $\frac{2}{3}\pi$ 周期轮流导通 $\frac{2}{3}\pi$。

1.3.2　三相桥式不可控整流电路

三相桥式不可控整流电路如图 1-10(a)所示，电路由三相变压器和 6 只二极管组成，D_1、D_3、D_5 的阴极接在一起，为共阴极接法，共阴极为整流器输出电压的正端；D_4、D_6、D_2 的阳极接在一起，为共阳极接法，共阳极为整流器输出电压的负端；D_1、D_3、D_5 的阳极和 D_4、D_6、D_2 的阴极，分别连接到变压器二次绕组各相的端点 a、b、c 上。

根据“二极管共阴极接法的电路中承受阳极电位最高的二极管导通”和“二极管共阳极接法的电路中承受阴极电位最低的二极管导通”的原理，在 $\omega t_1 \sim \omega t_2$ 期间，a 点电位最高，所以 D_1 导通，b 点电位最低，所以 D_6 导通，此期间电流的通路为 $a \to D_1 \to R \to D_6 \to b$，负载两端电压为线电压 u_{ab}，如图 1-10(b)所示，其余时间段以此类推。由此可得出二极管的导通顺序如图 1-10(b)所示，为 $D_6D_1 \to D_1D_2 \to D_2D_3 \to D_3D_4 \to D_4D_5 \to D_5D_6 \to D_6D_1$，对应负载两端线电压为 $u_{ab} \to u_{ac} \to u_{bc} \to u_{ba} \to u_{ca} \to u_{cb} \to u_{ab}$。每组二极管每隔 $\frac{1}{3}\pi$ 周期轮流导通，而每个二极管导通 $\frac{2}{3}\pi$，任何时刻负载上的电压均为输入电压的线电压。

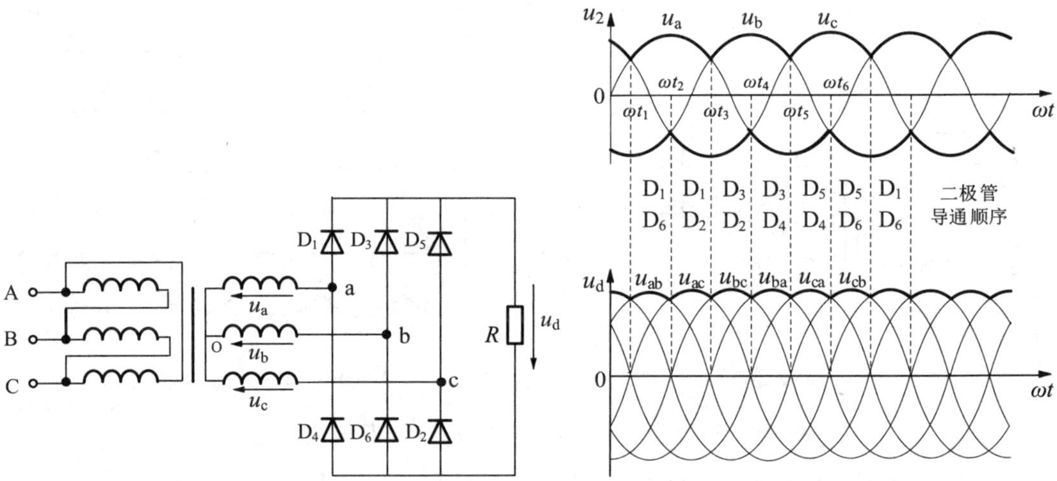

(a) 电路　　(b) 电流、电压波形

图 1-10　三相桥式不可控整流电路及其工作波形

基本电量计算如下：

① 整流电压输出平均值

$$U_{\mathrm{d}}=\frac{1}{\pi/3}\int_{\pi/3}^{2\pi/3}\sqrt{3}\cdot\sqrt{2}U_2\sin\omega t\mathrm{d}\omega t=\frac{3\sqrt{6}}{\pi}U_2=2.34U_2 \tag{1-13}$$

② 负载电流平均值

$$I_{\mathrm{d}}=\frac{U_{\mathrm{d}}}{R}=2.34\frac{U_2}{R} \tag{1-14}$$

③ 二极管平均电流值

$$I_{\mathrm{D}}=\frac{1}{3}I_{\mathrm{d}}=0.78\frac{U_2}{R} \tag{1-15}$$

④ 二极管承受的最高反向电压值

$$U_{\mathrm{DRM}}=\sqrt{3}U_{2\mathrm{m}}=\sqrt{3}\times\sqrt{2}U_2=\sqrt{6}U_2=2.45U_2 \tag{1-16}$$

1.4　电传动内燃机车牵引整流柜

目前，电传动内燃机车仍然是我国铁路运输牵引的主力车型。DF_{4B} 型、DF_{4D} 型、DF_{8B} 型、DF_{11} 型等是交-直传动内燃机车，HXN_3 型、HXN_5 型等是交-直-交传动内燃机车。电传动内燃机车的动力传递过程为：柴油机作为原动机带动同步主发电机旋转产生三相交流电，经由大功率二极管组成的牵引整流柜整流后，向多台并联的直流牵引电动机供电（运用于 DF_{4B} 型、DF_{4D} 型、DF_{8B} 型、DF_{11} 型等）或经由大功率二极管组成的牵引整流器后再经逆变器向交流牵引电动机供电（运用于 HXN_3 型、HXN_5 型等），电动机旋转产生电磁转矩，最终在轮轨接触处通过黏着而产生牵引力。

牵引整流柜是电传动内燃机车主电路的整流设备，是内燃机车电传动系统中不可或缺的部件，采用了由大功率二极管组成的三相桥式整流电路。本节以 DF_{8B} 型内燃机车为例介绍牵引整流柜的结构及参数。

1.4.1 DF8B 型内燃机车牵引整流柜的结构和技术参数

1.4.1.1 牵引整流柜的结构

牵引整流柜是 DF_{8B} 型内燃机车主电路整流设备，它将同步主发电机发出的三相交流电转换成脉动直流电，给直流牵引电动机供电。

如图 1-11 所示，DF_{8B} 型内燃机车牵引整流柜由柜体、直流母排、交流母排、硅整流元件、联结导线及阻容保护装置组成。三相交流母排从整流柜上方进入，输出直流母排在整流柜下方两侧引出。

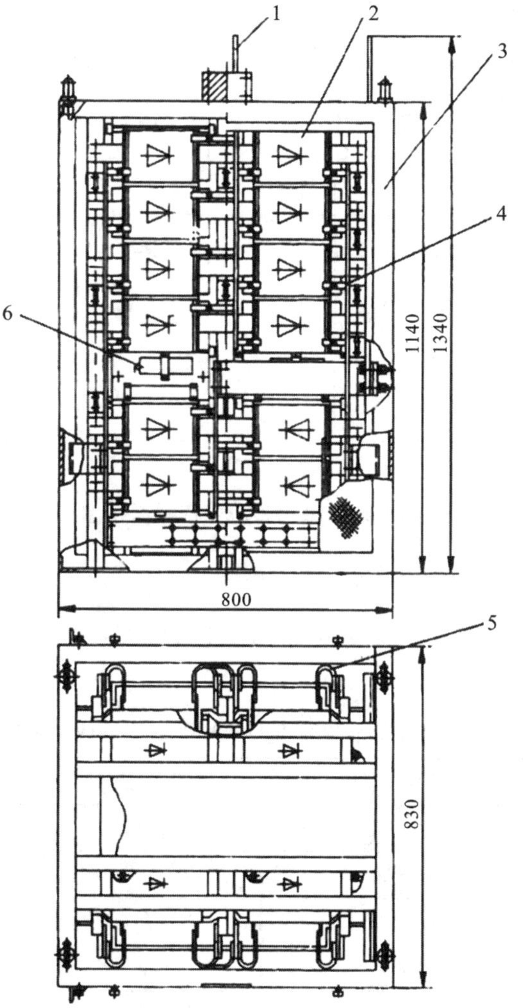

1—交流母排；2—硅整流元件；3—柜体；4—直流母排；5—阻容保护装置。

图 1-11 DF_{8B} 型内燃机车牵引整流柜

图 1-12 所示为牵引整流柜三相桥式整流电路接线原理图。整流柜上部两侧各安装 2 个桥臂，下部两侧各安装 1 个桥臂。每一整流桥臂由 4 个整流元件并联组成。主硅整流柜共有 24 个硅整流元件，该整流元件为 ZP2000/28 型风冷平板二极管。

牵引整流柜采用强迫通风冷却，冷却风道串联在同步主发电机通风机吸风口上，冷却空气从主硅整流柜两侧吸入，冷却整流元件后进入同步主发电机通风机风口，而后进入同步主发电机。

每一整流桥臂上并联一组 RC 保护装置，集中保护整流桥臂元件。

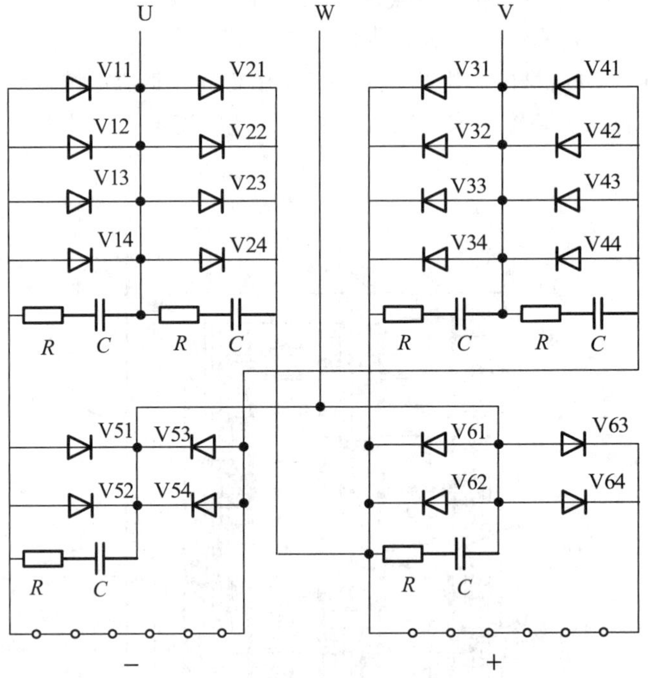

图 1-12　牵引整流柜接线原理图

1.4.1.2　牵引整流柜的技术参数

牵引整流柜的型号为 GTF-5100/1000，其技术参数如表 1-1 所示，整流元件 ZP2000/28 的主要技术参数如表 1-2 所示。

表 1-1　牵引整流柜 GTF-5100/1000 的技术参数

额定交流输入电压	三相 116.7 Hz，538/730 V	主电路联结方式	三相桥式整流
额定交流输入电流	3858/2830 A	元件组合方式	4 并 × 6 桥臂
额定直流电压	655 V	冷却方式	强迫风冷，进风口风速≥5 m/s
最大直流输出电压	1000 V	均流系数	不小于 0.85
额定直流输出电流	5100 A	重量	不大于 380 kg
额定功率	3218 kW	外形尺寸	800 mm × 830 mm × 1140 mm
短时直流电流	7200 A		

表 1-2　整流元件 ZP2000/28 的主要技术参数

额定正向平均电流	800 A	正向峰值电压	≤2 V
反向重复峰值电压	2800 V	反向重复峰值电流	≤10 mA
浪涌电流	30000 A	额定结温	150 °C

1.4.2　牵引整流柜的保护措施

1.4.2.1　过电流保护

DF_{8B} 型内燃机车牵引整流柜的交流电源来自机车内的同步主发电机，外特性很软，当其励磁电流不变时，端电压随输出电流的增加而迅速下降。因此，其三相短路电流对牵引整流柜影响不是很大。但是，当牵引电动机发生短路或环火故障时，其瞬时电流是很大的。不过，由于负载是由 6 个并联支路组成，即使一个支路发生短路，亦不致于超过整流桥臂的过载能力，况且每一支路都有电机过流保护措施。

在运行中，若发生硅整流元件击穿短路事故，该元件与铜母排相连的铜编织导线会立即熔断，切除损坏整流元件。经检查，若只有一个元件损坏，则牵引整流柜仍可以投入运行。

此外，机车上还装有过流继电器 LJ，无论是整流元件短路还是负载短路，只要总电流达到 LJ 动作值（7.5 A/7500 A），就能起到保护作用。另外，微机控制系统还设有总电流保护功能，只要负载总电流超过 7500 mA，微机将对主发电机功率输出限制为 0，起到了保护作用。

1.4.2.2　过电压保护

DF_{8B} 型内燃机车采用控制主发电机励磁来实现机车的加载和卸载，故不会有很高的操作过电压。但硅整流元件工作时存在换相过电压，因此在每一整流桥臂上并联 RC 阻容保护元件，用来吸收和抑制过电压，电阻为 R × 20 ~ 75 W/10 Ω，电容为 CJ40-11600 V/4 μF 。

本章小结

1. 电力二极管属于不可控电力电子器件，同信息电子器件一样具有单向导电性。电力二极管在高电压大电流电路中用作开关器件，电力二极管的导通特性和关断特性对应导通过程和关断过程，会产生开关损耗，因此应用中要加散热装置，防止结温升高而损坏器件。二极管的共阴极、共阳极并联接法中二极管的导通原理是分析不可控整流电路、可控整流电路的基础，必须很好地掌握。

2. 单相不可控整流电路是分析复杂电路的基础。单相桥式不可控整流电路在线性电源、开关电源等电子设备中应用普遍。

3. 在大功率设备中，广泛采用三相整流电路，包括三相半波整流电路和三相桥式整流电路。

4. 内燃机车整流柜是三相整流电路的具体应用，三相交流电源由主发电机产生，经整流柜整流后给牵引电动机供电。

5. 学习本章内容要求能熟练地画出各种不可控整流电路的波形，并能够进行简单的计算，能够根据计算结果正确地选择二极管的参数。

思考题

1. 简述电力二极管和信息电子电路中的普通二极管的区别。
2. 试分析电力二极管开通和关断时的特性曲线。
3. 单相桥式不可控整流电路如题 3 图所示，已知 $U_2 = 100\ \text{V}$，负载 $R = 2\ \Omega$。

① 画出输出电压 u_d、输出电流 i_d 和电力二极管 D_1 两端电压 u_{D1} 的波形。

② 求整流输出平均电压 U_d、平均电流 I_d。

③ 求电力二极管承受的最大电压 U_{DRM}。

④ 求流过电力二极管电流的平均值 I_D。

4. 三相半波共阴极不可控整流电路如题 4 图所示，已知 $U_2 = 100\ \text{V}$，负载 $R = 2\ \Omega$。

① 画出输出电压 u_d 和电力二极管 D_1 两端电压 u_{D1} 的波形。

② 求整流输出平均电压 U_d、平均电流 I_d。

③ 求电力二极管承受的最大电压 U_{DRM}。

5. 简述 DF_{8B} 型内燃机车牵引整流柜的组成。

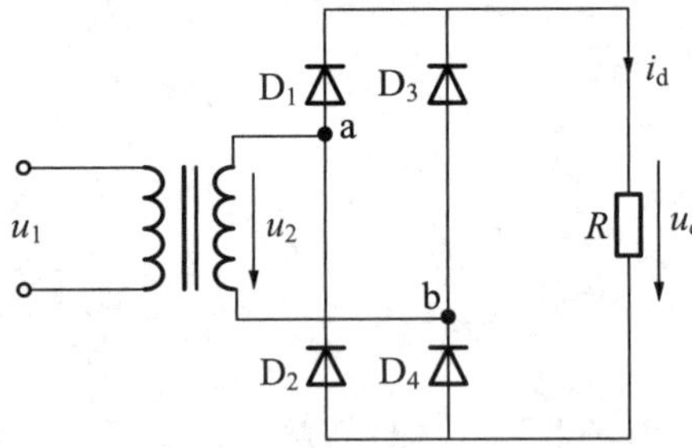

题 3 图

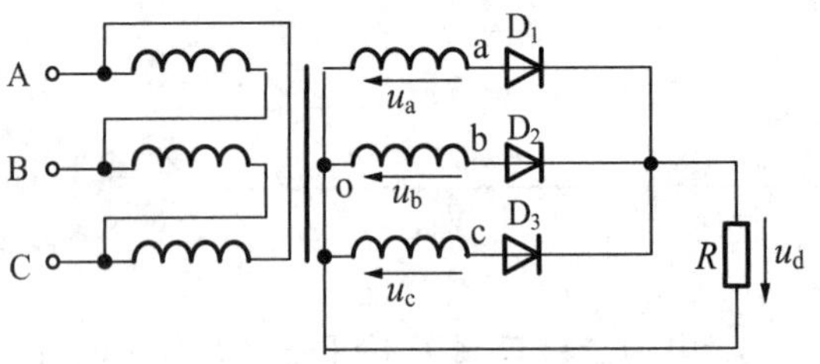

题 4 图

第 2 章　相控整流技术

相控整流是一种将交流电变换为直流电的技术，在轨道交通装备交-直电力传动电力机车牵引整流柜以及电力机车 DC600V 列车供电柜上得到了广泛应用。

本章首先介绍相控整流电路用到的电力电子器件——晶闸管，然后介绍单相、三相相控整流电路的结构、工作原理和基本电量关系，以及整流电路的滤波电路和晶闸管的触发电路，最后简要介绍基于相控整流技术的电力机车牵引整流柜和列车供电柜的基本原理。

2.1　晶闸管

电力电子技术随着晶闸管的诞生（1957 年由美国 GE 公司发明）逐渐形成了独立的理论，成为一门独立的学科。电能的变换从此进入以电力电子器件组成的变流器时代。晶闸管属于第一代电力电子器件，开关频率较低，是半控型器件，但它目前仍然是容量最大的器件，在低频、大容量的场合仍然采用晶闸管作为开关器件。现在晶闸管及其派生器件仍广泛应用于各种变流器中，并且还在不断发展，在相当长的一段时间内晶闸管不会退出历史舞台。

2.1.1　晶闸管的结构与工作原理

晶闸管（Thyristor）也称作可控硅整流器，简称 SCR（Silicon Controlled Rectifier），晶闸管的电压、电流等级都比较高。从外形上来看，晶闸管主要有螺栓型和平板型两种封装，如图 2-1(a)和 2-1(b)所示，电流等级的大小与 PN 结的面积成正比，因此，平板型晶闸管的电流等级（＞200 A）要大于螺栓型晶闸管的电流等级（＜200 A）。

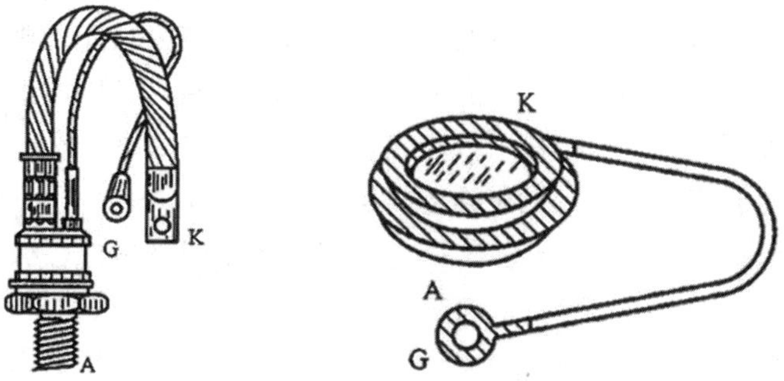

(a)螺栓型　　　　(b)平板型

图 2-1　晶闸管的外形

晶闸管 SCR 是 PNPN 四层半导体结构，具有三个 PN 结（J_1、J_2、J_3），如图 2-2(a)所示，

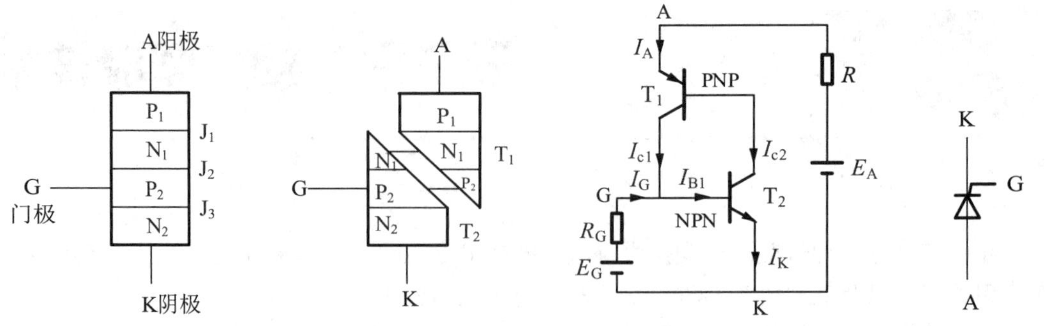

(a)结构　　(b)结构模型　　(c)等效电路　　(d)电气符号

图 2-2　晶闸管的结构、结构模型、等效电路与电气符号

晶闸管内部结构可以看成是在三层 NPN 半导体的基础上再增加一层 P 型半导体形成的。P_1 区引出阳极 A，N_2 区引出阴极 K，P_2 区引出门极 G。在门极 G 不加驱动电流的情况下，在阳极 A 和阴极 K 之间加上正向电压，PN 结 J_2 处于反偏状态，在阳极 A 和阴极 K 之间加上反向电压，PN 结 J_1、J_3 处于反偏状态，因此晶闸管总是处于截止状态。只有在门极 G 和阴极 K 之间加上一定的正向驱动电压、电流，并且在 A、K 之间加上正向电压，晶闸管才导通。假设把半导体 N_1、P_2 层沿斜线裁剪，如图 2-2(b)所示（当然这个裁剪是虚拟的，并没有真正断开），这样晶闸管就可以看成由 $P_1N_1P_2(T_1)$、$N_1P_2N_2(T_2)$构成的两个三极管相互连接构成，分别为 PNP、NPN 型三极管，如图 2-2(c)所示。图 2-2(d)所示为晶闸管的电气符号。

晶闸管正反馈导通原理如下：当门极注入驱动电流 I_G，它流入晶体管 T_2 的基极，产生集电极电流 I_{c2}，成为晶体管 T_1 的基极电流，然后放大成集电极电流 I_{c1}，又进一步增大了 T_2 的基极电流，从而形成强烈的正反馈，最后 T_1、T_2 进入完全饱和状态，晶闸管导通。其导通过程可描述如下：

$$I_G\uparrow \rightarrow I_{B1}\uparrow \rightarrow I_{c2}\uparrow \rightarrow I_{c1}\uparrow$$

晶闸管不能通过给门极施加反向电流的方式使其关断，要关断晶闸管，可使流过 SCR 的电流降低到接近于零的某一数值（维持电流）以下或者承受反向阳极电压，SCR 才会关断。由于门极只控制晶闸管的开通，不能控制晶闸管的关断，因此，普通晶闸管也被称为半控型器件。晶闸管正常开通后即可把门极电压、电流撤除，这样加到门极上的电压、电流称为触发电压、触发电流。

根据上述分析，可归纳晶闸管的工作特点如下：

① 当晶闸管承受反向阳极电压（$U_{AK}<0$）时，无论门极是否有触发电流，晶闸管均处于阻断状态。

② 当晶闸管承受正向电压（$U_{AK}>0$）时，仅在门极承受正向电压、有门极触发电流的情况下，晶闸管才能开通。

③ 晶闸管一旦开通，门极就失去控制作用，只要晶闸管流过的电流超过维持电流，晶闸管就继续保持导通。

④ 若要使已导通的晶闸管关断，只能利用外加反向电压或外电路的作用使流过晶闸管的电流降到维持电流以下，晶闸管才会关断。

2.1.2 晶闸管的基本特性

2.1.2.1 晶闸管的阳极伏安特性

晶闸管的阳极伏安特性是指阳极与阴极之间电压 U_{AK} 和阳极电流 I_A 的函数关系，如图 2-3 所示，晶闸管的伏安特性位于两个象限，第一象限为正向伏安特性，第三象限为反向伏安特性。

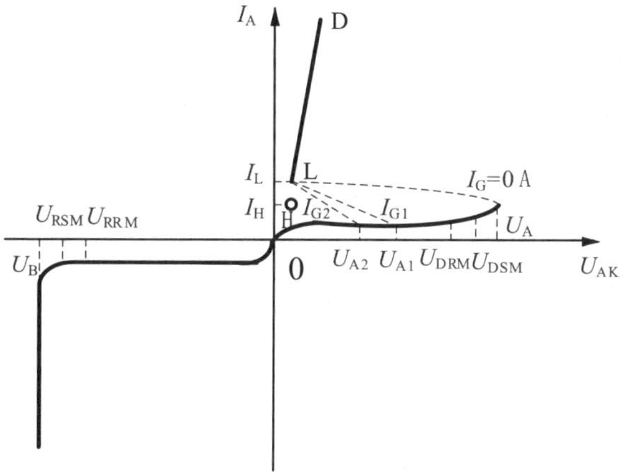

0A —正向阻断状态；LD —导通状态；U_A —转折电压；L —擎住点；I_L —擎住电流；
H —关断点；I_H —维持电流；U_B —反向击穿电压。

图 2-3 晶闸管的阳极伏安特性

1）正向特性

(1) 晶闸管的开通

晶闸管施加正向电压（$U_{AK} > 0$）时，$I_G = 0$，晶闸管处于正向阻断状态，只有很小的正向漏电流（J_2 结形成的），该漏电流随着正向电压的增大而增大。当 U_{AK} 增大到 $U_{AK} = U_A$ 时，正向电压超过正向转折电压 U_A 时发生转折，J_2 结被击穿，电流急剧增大，器件强行开通，此种情况应当避免。正向转折电压随着门极电流 I_G 幅值的增大而降低，如图 2-3 所示，当 $I_{G2} > I_{G1} > I_G$ 时，$U_{A2} < U_{A1} < U_A$。一旦晶闸管触发导通，当工作电流 $I_A > I_L$ 时，即使去掉门极触发信号，器件仍能维持导通状态，这是晶闸管特有的性质，称为擎住特性。门极电流 I_G 只起到一个触发的作用，因此晶闸管为脉冲触发型器件，触发电流常采用脉冲电流。晶闸管导通后的特性和二极管的正向特性相仿，晶闸管导通压降很小，在 1 V 左右。

(2) 晶闸管的关断

晶闸管的关断有两种方法：强迫关断和自然关断。强迫关断是在 A、K 极加上反向电压（$U_{AK} < 0$）进行关断，强迫关断实际上是工作在反向特性区。自然关断是在晶闸管导通期间，当流过晶闸管的阳极电流逐渐减小到维持电流 I_H 以下时，晶闸管恢复到正向阻断状态。

2）反向特性

在晶闸管的阳极和阴极之间施加反向电压时，其反向伏安特性和二极管反向伏安特性相同。此时晶闸管处于反向阻断，只有极小的反向漏电流，当反向电压超过反向击穿电压 U_B 后，晶闸管击穿，反向漏电流急剧增加。需在外电路采取限制措施，否则会导致晶闸管发热造成永久性损坏。

2.1.2.2 晶闸管的门极伏安特性

晶闸管的门极伏安特性是指门极电压与电流的关系。门极 G 和阴极 K 之间存在一个 PN 结 J_3，所以门极电压、电流的关系呈现出二极管的伏安特性，如图 2-4 中的曲线 B 所示。由于工艺原因，不同晶闸管的门极特性相差较大，因而晶闸管门极伏安特性对应着一个相当宽的区域，常用高阻特性曲线 A 和低阻特性曲线 B 作为边界来表示所有晶闸管的门极特性。晶闸管在正常使用中，门极 PN 结 J_3 不能承受过大的电压、过大的电流及过大的功率，这就是门极伏安特性区的上限，它分别用门极正向峰值电压 U_{FGM}、门极正向峰值电流 I_{FGM}、门极峰值功率 P_{GM} 来表示。另外，门极触发电压、电流也有一个灵敏度问题，不能太小。为了保证可靠触发，门极触发电路所提供的触发电压、触发电流和功率都应限制在晶闸管门极伏安特性曲线中的可靠触发区（图中阴影区域）内。图 2-4 中，U_{GT} 为最小门极触发电压，I_{GT} 为最小门极触发电流。

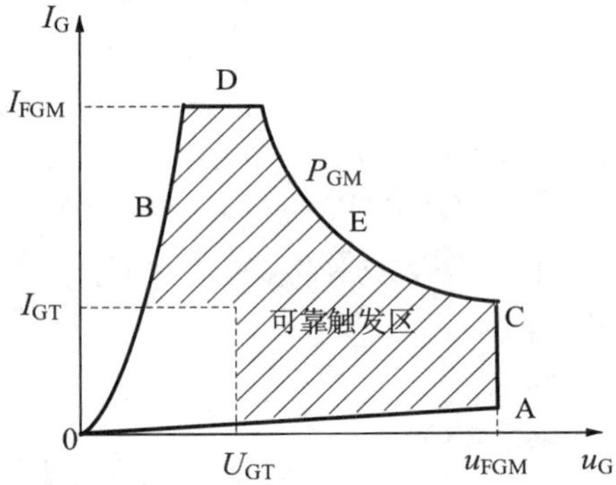

U_{GT}—最小门极触发电压；I_{GT}—最小门极触发电流；U_{FGM}—门极正向峰值电压；
I_{FGM}—门极正向峰值电流；P_{GM}—门极峰值功率。

图 2-4　晶闸管的门极伏安特性

2.1.2.3 晶闸管的动态特性

1）开通过程

晶闸管的开通过程是指晶闸管施加正向阳极电压的条件下，门极施加正向触发信号使晶闸管由截止转变为导通的过程。如图 2-5 所示，在晶闸管施加阳极电压处于正向阻断状态的情况下，在 0 时刻突加门极触发信号，由于晶闸管内部正反馈过程及外电路电感的影响，晶闸管受触发后，阳极电流的增长需要一定的时间。从门极突加触发信号时刻开始，到阳极电流上升到稳定值的 10% 所需要的时间，称为延迟时间 t_d；而阳极电流从 10% 上升到稳定值的 90% 所需要的时间，称为上升时间 t_r。晶闸管从断态到通态的开通时间 t_{on} 定义为

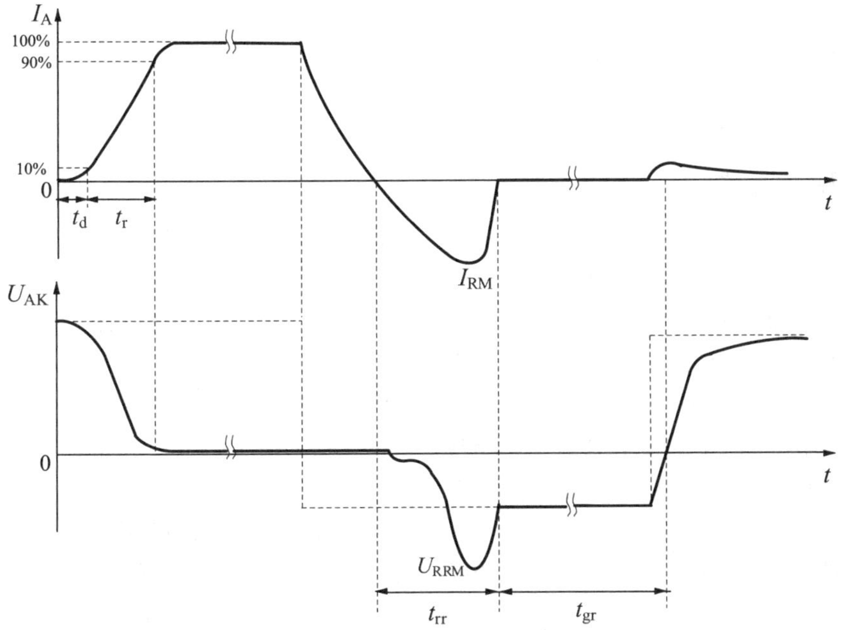

图 2-5　晶闸管的开通、关断过程

延迟时间和上升时间之和，即 $t_{on}=t_d+t_r$。普通晶闸管延迟时间为 0.5 ~ 1.5 μs，上升时间为 0.5 ~ 3 μs。晶闸管导通后其管压降一般为 1 V 左右。

2）关断过程

晶闸管的关断方式通常采用施加反向电压的方法，反向电压可利用电源、负载和辅助换流电路来提供。如图 2-5 所示，对已导通的晶闸管，在某一时刻阳极电压突然由正向变为反向（如图中点画线波形），由于外电路电感的影响，其阳极电流衰减时必然有一个过渡过程，阳极电流将逐步衰减到零，然后同电力二极管的关断动态过程类似，会流过反向恢复电流，经过最大值 I_{RM} 后，再反向衰减；同样，由于外电路电感的影响，会在晶闸管两端产生反向峰值电压 U_{RRM}，最终反向恢复电流减至接近于 0，晶闸管恢复反向阻断能力。从正向电流降到 0 开始，到晶闸管反向恢复电流减小至接近于 0 的时间，称为晶闸管的反向阻断恢复时间 t_{rr}。反向恢复过程结束后，由于载流子复合过程较慢，晶闸恢复到具有正向阻断能力还需要一段时间，故这一时间称为正向阻断恢复时间 t_{gr}。在正向阻断恢复时间内，如果重新对晶闸管施加正向电压，则晶闸管会重新正向导通，而这种导通不是受门极控制信号控制导通的。所以实际应用中，晶闸管应当施加足够长时间的反向电压，使晶闸管充分恢复到对正向电压的阻断能力，电路才能可靠工作。晶闸管的关断时间 t_{off} 为反向阻断恢复时间 t_{rr} 与正向阻断恢复时间 t_{gr} 之和，即 $t_{off}=t_{rr}+t_{gr}$。

普通晶闸管的 t_{off} 通常约为几十微秒以上，快速晶闸管的 t_{off} 可减小到 10 ~ 20 μs 以下，高频晶闸管的关断时间更短（小于 10 μs），可用于高频开关电路。但通常频率越高，容量越小。

2.1.3 晶闸管的主要参数

2.1.3.1 晶闸管的电压参数

1）额定电压 U_R

如图 2-3 所示，在门极开路（$I_G = 0$）和额定结温时定义以下参数：

① 正向断态不重复峰值电压 U_{DSM}：施加于晶闸管的正向阳极电压上升到正向伏安特性曲线急剧弯曲处所对应的电压值。U_{DSM} 低于转折电压 U_A。正向断态不重复峰值电压是一个不能重复且每次持续时间不大于 10 ms 的断态最大脉冲电压。

② 正向断态重复峰值电压 U_{DRM}：允许重复加在器件上的正向峰值电压。规定断态重复峰值电压 U_{DRM} 为正向断态不重复峰值电压（即断态最大瞬态电压）U_{DSM} 的 90%。正向断态重复峰值电压是每秒 50 次、每次持续时间不大于 10 ms 的断态最大脉冲电压。

③ 反向不重复峰值电压 U_{RSM}：施加于晶闸管的反向电压并对应于反向伏安特性曲线急剧弯曲处的电压值。U_{RSM} 低于反向击穿电压 U_B。

④ 反向重复峰值电压 U_{RRM}：允许重复加在晶闸管上的反向峰值电压。规定反向重复峰值电压 U_{RRM} 为反向不重复峰值电压 U_{RSM} 的 90%。

⑤ 额定电压 U_R：取 U_{DRM} 和 U_{RRM} 这两个电压中较小的一个电压值规定为该晶闸管的额定电压 U_R。在实际应用中，通常选取晶闸管正常工作峰值电压的 2 ~ 3 倍的电压值作为晶闸管的额定电压，以确保足够的安全裕量，防止偶然出现较大的瞬时过电压损坏晶闸管。

2）通态峰值电压 U_{TM}

通态峰值电压 U_{TM} 规定为晶闸管通以某一规定倍数的额定通态平均电流时的瞬态电压峰值，一般为 1.5 ~ 2.5 V，该电压随着阳极电流的增大而略微增加。一般额定电流时的通态平均压降为 1 V 左右。

2.1.3.2 晶闸管的电流参数

1）额定电流 I_R

晶闸管的额定电流 I_R 定义为在环境温度为 40 °C 和规定的散热条件下，晶闸管在电阻性负载的单相工频正弦半波导电时，稳定结温不超过额定结温（125 °C）时所允许流过的最大工频正弦半波电流的平均值。额定电流也是根据功耗发热不超过结温允许值来限定的，而功耗发热与电流的有效值有关。

正弦半波电流平均值为

$$I_{AV} = \frac{1}{2\pi}\int_0^{\pi} I_m \sin\omega t \mathrm{d}\omega t = \frac{I_m}{\pi} \tag{2-1}$$

在实际应用中，先计算实际电流波形的有效值，正弦半波的有效值（均方根值）为

$$I = \sqrt{\frac{1}{2\pi}\int_0^{\pi} (I_m \sin\omega t)^2 \mathrm{d}\omega t} = \frac{I_m}{2} \tag{2-2}$$

则正弦半波的有效值与平均值的关系为

$$I=\frac{\pi}{2}I_{AV}=1.57I_{AV} \quad 或 \quad I_{AV}=\frac{I}{1.57} \tag{2-3}$$

计算出实际电流波形的有效值后，除以 1.57 换算为正弦半波的平均值，再乘以 1.5 ~ 2 倍的电流安全裕量作为额定电流来选择晶闸管。例如，当晶闸管通过的某波形电流有效值为 314 A 时，$I_R=(314/1.57)\times(1.5\sim2.0)=300\sim400$ A。

2）维持电流 I_H

维持电流 I_H 是指使晶闸管维持导通所必需的最小阳极电流。当通过晶闸管的阳极电流 I_A 小于维持电流 I_H 时，晶闸管自然关断。

3）擎住电流 I_L

擎住电流 I_L 是指晶闸管刚从断态转化为通态并除掉门极触发信号时，能维持器件通态所需要的最小电流。一般擎住电流比维持电流大 2 ~ 4 倍。

擎住电流 I_L 和维持电流 I_H 在概念上是不同的，维持电流 I_H 用在晶闸管由通到断的过程，而 I_L 用在晶闸管由断到通的过程。

4）浪涌电流 I_{TSM}

浪涌电流 I_{TSM} 是指晶闸管在电路异常情况引起结温超过额定结温的情况下，在规定的极短时间内所允许通过的不重复性最大正向过载电流。浪涌电流有上下两个级别，这个参数可作为设计保护电路的依据。例如，额定电流 100 A 的晶闸管，其浪涌电流值为 1.3 ~ 1.9 kA；额定电流 1000 A 的晶闸管，其浪涌电流值为 13 ~ 19 kA。

2.1.3.3 晶闸管的动态参数

晶闸管的开通时间 t_{on} 和关断时间 t_{off} 已在前面论述，下面介绍其他动态参数。

1）断态电压临界上升率 d*u*/d*t*

断态电压临界上升率 d*u*/d*t* 是指在额定结温和门极开路的条件下，不会导致晶闸管从断态到通态转换的最大阳极电压上升率。即使晶闸管阳极电压低于转折电压 U_A，但在过大的 d*u*/d*t* 下也会引起误导通。因为对断态的晶闸管施加较大的 d*u*/d*t* 时，晶闸管的结电容会有较大的充电电流，这个过大的电流流经 J_3 结时，起到触发电流的作用，严重时会导致晶闸管的误触发导通。

2）通态电流临界上升率 d*i*/d*t*

通态电流临界上升率 d*i*/d*t* 是指在规定条件下，晶闸管能够承受而不致损坏的通态电流的最大上升率。过大的 d*i*/d*t* 可使晶闸管内部局部过热而损坏。晶闸管开通瞬间先集中在靠近门极的阴极表面较小的区域，局部电流密度很大，若晶闸管开通时电流上升率 d*i*/d*t* 过大，很大的电流将全部在门极附近的小区域内通过，造成局部过热而烧坏。

3）对电流上升率、电压上升率的抑制和保护

电流上升率 d*i*/d*t* 的抑制：在晶闸管的阳极回路串联电感（空心电抗器或母线上套磁环）。

电压上升率 du/dt 的抑制：可以在晶闸管阳极与阴极间并上一个 RC 阻容吸收电路（缓冲电路），利用电容抑制电压突变的特性来限制晶闸管 A、K 两端电压上升率。电阻 R 又可限制 SCR 再次导通时电容 C 的放电电流。

2.1.3.4 晶闸管的门极参数

1）门极触发电压 U_{GT}

门极触发电压 U_{GT} 是指在规定条件下（规定条件是指规定的环境温度和阳极与阴极间加一定的正向电压），使晶闸管触发导通需要的最小门极直流电压，一般为 1～5 V。

2）门极触发电流 I_{GT}

门极触发电流 I_{GT} 是指在规定条件下，触发晶闸管导通所需要的最小门极直流电流，一般为几十到几百毫安。

在普通晶闸管的基础上还派生出许多新型器件，如快速晶闸管 FST（Fast Switching Thyristor）、逆导晶闸管 RCT（Reverse Conducting Thyristor）、双向晶闸管 TRIAC、门极可关断晶闸管 GTO（Gate Turn off Thyristor）、光控晶闸管 LTT（Light Triggered Thyristor）等。

2.2 单相可控整流电路

2.2.1 单相半波可控整流电路

2.2.1.1 带电阻性负载的单相半波可控整流电路

带电阻性负载的单相半波可控整流电路由变压器、晶闸管 T 和负载电阻组成，如图 2-6(a) 所示，变压器把单相交流电 u_1（AC220 V）变换为所需要的交流电压 u_2，晶闸管 T 把交流电整流成直流电。

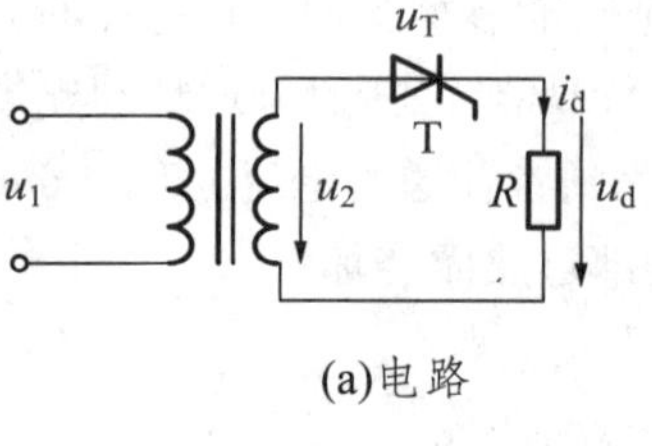

(a)电路

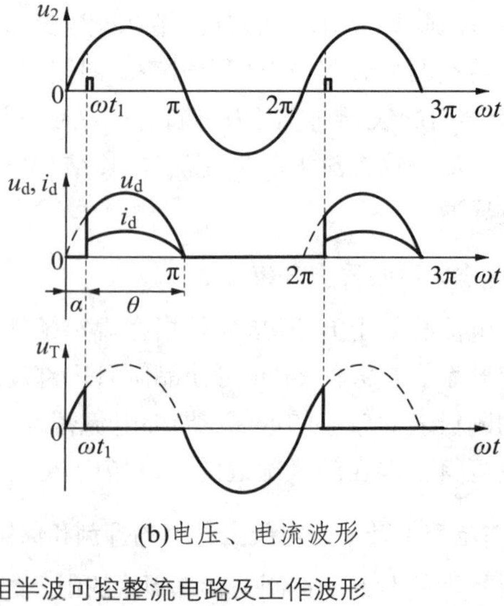

(b)电压、电流波形

图 2-6 带电阻性负载的单相半波可控整流电路及工作波形

单相半波可控整流电路就是把图 1-5(a)中的二极管换成可控的晶闸管，如图 2-6(a)所示。在 u_2 正半波时，晶闸管加上了正向电压，但晶闸管的导通还需要门极触发脉冲的控制，如图 2-6(b)所示，在 ωt_1 时刻触发脉冲来到，晶闸管 T 才导通。在 u_2 的负半波，晶闸管由于承受反向电压而被强迫关断，负半波电压也被隔离掉了。

单相半波可控整流电路的缺点是只有半波通过晶闸管加到负载上，电能利用率低。

1）工作原理

下面详细分析带电阻性负载的单相半波可控整流电路的工作原理。

(1) 在电压 u_2 的正半周

① $0 < \omega t < \omega t_1$： $u_g = 0$，没有门极触发脉冲，晶闸管 T 虽承受正向电压，但晶闸管 T 不导通，$u_d = 0$，$i_d = 0$， $u_T = u_2$。

② $\omega t = \omega t_1$：触发脉冲 u_g 到来，根据晶闸管的导通条件可知，晶闸管 T 正向导通，忽略晶闸管正向压降， $u_d = u_2$，$i_d = \dfrac{u_d}{R}$， $u_T = 0$。

(2) 在电压 u_2 的负半周

$\pi \leqslant \omega t < 2\pi$，当 u_2 过零时，晶闸管 T 承受反向电压而被强制关断，此时 $u_d = 0$，$i_d = 0$，$u_T = u_2$。

2）相控整流电路常用术语

① 控制角 α：从晶闸管承受正向电压开始，到晶闸管门极触发电流到来的这一电角度称为控制角，也称触发角。如图 2-6(b)所示，$0 \sim \omega t_1$ 之间的电角度即为控制角 α，控制角 α 范围内的正弦波电压由于晶闸管未导通而被隔离掉了。

② 导通角 θ：晶闸管在一个周期内导通的电角度称为导通角 θ。θ 的大小与负载性质有关。如图 2-6(b)所示，$\omega t_1 \sim \pi$ 之间的电角度即为导通角 θ，导通角 θ 范围内的正弦波电压加到了负载电阻 R 上。

显然，$\alpha + \theta = \pi$，当 α 为 0°时，$\theta = \pi$，晶闸管全导通，此时电路与不可控整流电路一样。当 $\alpha = \pi$ 时，$\theta = 0°$，晶闸管全关断，输出电压 u_d 为 0。

③ 移相：改变控制角的大小，即改变晶闸管门极触发脉冲电压出现的相位，称为移相。

④ 移相控制：通过改变控制角 α 的相位可以调节输出电压 U_d，简称为相控。

⑤ 移相范围：控制角 α 允许的调节范围。当 α 从 0°到最大角度 α_{max} 变化时，整流输出电压平均值随着变化。相控整流电路的移相范围与电路结构及负载性质有关。

⑥ 同步：触发脉冲信号与电源电压在频率和相位上应协调配合，如晶闸管承受正向电压时，触发脉冲才起作用，这种相互协调配合的关系，称为同步。

⑦ 自然换相点：当电路中的可控元件全部由不可控元件代替时，各元件的导电转换点称为自然换相点。自然换相点与控制角 α 紧密相关，控制角 α 是从自然换相点算起的。

3）基本电量计算

单相半波可控整流电路的电阻性负载的基本电量计算如下：

① 单相半波可控整流电路输出电压平均值

$$U_d = \frac{1}{2\pi}\int_{\alpha}^{\pi}\sqrt{2}U_2\sin\omega t\mathrm{d}\omega t = 0.45U_2\frac{1+\cos\alpha}{2} \tag{2-4}$$

② 输出电流平均值

$$I_d = \frac{U_d}{R} = 0.45\frac{U_2}{R}\cdot\frac{1+\cos\alpha}{2} \tag{2-5}$$

当 $\alpha = 0°$ 时，整流输出直流电压平均值最大，为 $0.45U_2$；随着控制角 α 的增大，输出直流电压平均值减小，当 $\alpha = \pi$ 时，$U_d = 0$。输出直流电压平均值在 $0 \sim 0.45U_2$ 之间连续可调，控制角 α 的移相范围为 $0° \sim 180°$。

2.2.1.2 带阻感性负载的单相半波可控整流电路

实际生产中，更常见的负载是阻感性负载，既有电阻 R 也有电感 L。电感的感抗为 ωL，若 $\omega L \gg R$，则负载主要呈现为电感，称为电感负载。例如交-直传动电力机车整流调压回路中的平波电抗器、电动机的励磁绕组、经大电感滤波的负载等都属于电感性负载，图 2-7(a)所示为带阻感性负载的单相半波可控整流电路。

负载中的电感有以下特点：电感有阻碍电流变化的作用，使得流过电感的电流不能发生突变，当电流增加时，感应电动势 $e = L\mathrm{d}i/\mathrm{d}t$ 阻止电流增加，当电流减小时，感应电动势 $e = L\mathrm{d}i/\mathrm{d}t$ 反过来阻止电流减小，这使得流过电感的电流不能发生突变。另外，电感在电路的工作过程中储存磁场能量，但不消耗能量。理解阻感性负载的特点是理解带阻感性负载整流电路工作原理的关键。

1）阻感性负载单相半波可控整流电路的工作原理

图 2-7(b)所示为带阻感性负载的单相半波可控整流电路的工作波形图。

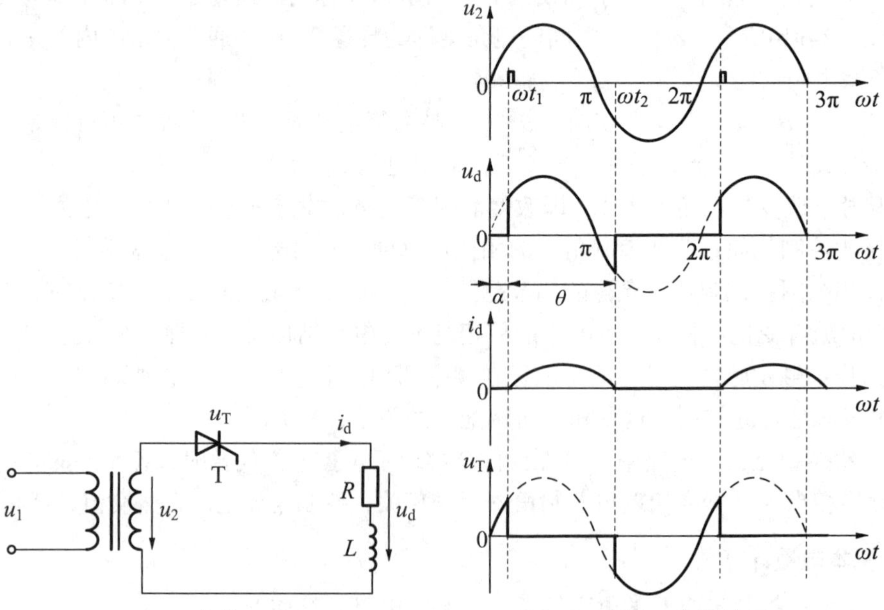

(a)电路　　(b)电压、电流波形

图 2-7　带阻感性负载的单相半波可控整流电路及工作波形

下面详细分析带阻感性负载的单相半波可控整流电路的工作原理：

① 在 u_2 正半周，晶闸管 T 承受正向电压，$0 \sim \omega t_1$ 期间，门极无触发脉冲，T 处于正向阻断状态，输出电压 $u_d = 0$，电路中电流 $i_d = 0$，晶闸管承受电源正向电压，$u_T = u_2$。

② 在 ωt_1 时刻，晶闸管 T 施加触发脉冲 u_g 而导通，忽略晶闸管的管压降，$u_T = 0$，则 u_2 加于负载两端，输出电压 $u_d = u_2$。

③ 在 $\omega t_1 \sim \pi$ 期间，电感 L 的存在使得电流 i_d 不能突变，电流 i_d 从 0 开始增加，同时 L 的感应电动势 e 的极性为上正、下负，阻止电流 i_d 的增加，虽然此时 e 与 u_2 极性相反，但作用在晶闸管的阳极电压 $(u_2 - e) > 0$，晶闸管仍承受正向电压而导通，此时，交流电源除供给电阻 R 所消耗的能量外，还要供给电感 L 所吸收的磁场能量。

④ 在 π 时刻，$u_2 = 0$，$u_d = 0$，i_d 已经处于减小的过程中，但尚未降到零，感应电动势 e 的极性为上负、下正，晶闸管承受 e 的正向电压仍然处于导通状态，故 $i_d > 0$。

⑤ 在 $\pi \sim \omega t_2$ 期间，电感 L 释放出先前储存的能量，除供给电阻 R 消耗外，还要向变压器二次绕组反馈能量，并通过一次侧绕组把能量反送至电网，直至 i_d 逐渐减为 0，在此期间电感 L 的感应电势极性是上负、下正，使电流方向不变，只要该感应电动势 e 比 u_2 大，T 仍承受正向电压而继续维持导通，直至 L 中的磁场能量释放完毕，$i_d = 0$。

⑥ 在 ωt_2 时刻，T 承受反向电压而关断。晶闸管承受的最大正/反向电压均为电源电压 u_2 的峰值，即 $\sqrt{2}U_2$。

在带阻感性负载的单相半波可控整流电路中，因为电感的存在，导致晶闸管关断的时刻延迟至 ωt_2，使输出电压 u_d 出现负值，因此输出的直流电压平均值下降。

2）阻感性负载带接续流二极管的单相半波可控整流电路

为了不使输出的直流电压平均值下降，在整流电路的负载两端并联一个二极管，称为续流二极管，如图 2-8(a)所示，图 2-8(b)为该电路的工作波形。下面分析其工作原理。

(1) 工作原理

① 在 $\omega t_1 \sim \pi$ 期间，T 导通，D 承受反向电压，不导通，不影响电路的正常工作，此时电路的工作情况与没有续流二极管的情况相同。

② 在 $\pi \sim 2\pi$ 期间，电感 L 的感应电动势（上负、下正）使 D 导通，D 导通后其管压降近似为零，此时电源电压 u_2 通过 D 全部施加在晶闸管 T 上，晶闸管 T 因承受反向电压而关断，负载上得不到电源的负电压，而只有续流二极管的管压降，并趋近于零，输出电压 $u_d = 0$；电感 L 释放其存储的能量，维持负载电流通过 $R \to L \to$D 构成回路，而不通过变压器，此过程通常称为续流。当 $\omega L \gg R$ 时，i_d 不但连续而且基本上维持不变，电流波形接近一条直线，这是因为根据电感公式 $u_L = L\dfrac{\mathrm{d}i}{\mathrm{d}t}$，可以变换成 $\dfrac{u_L}{L} = \dfrac{\mathrm{d}i}{\mathrm{d}t}$；当 $L \to \infty$ 时，u_L 是个有限值，所以 $\dfrac{\mathrm{d}i}{\mathrm{d}t} \to 0$，电流 $i \to C$ (常数)。

③ 在 $2\pi \sim \omega t_2$ 期间，晶闸管虽承受正向电压，但触发脉冲未到来，晶闸管仍然处于关断状态，二极管 D 继续续流，直至 ωt_2 时刻触发脉冲到来，开始下一个周期。在一个周期

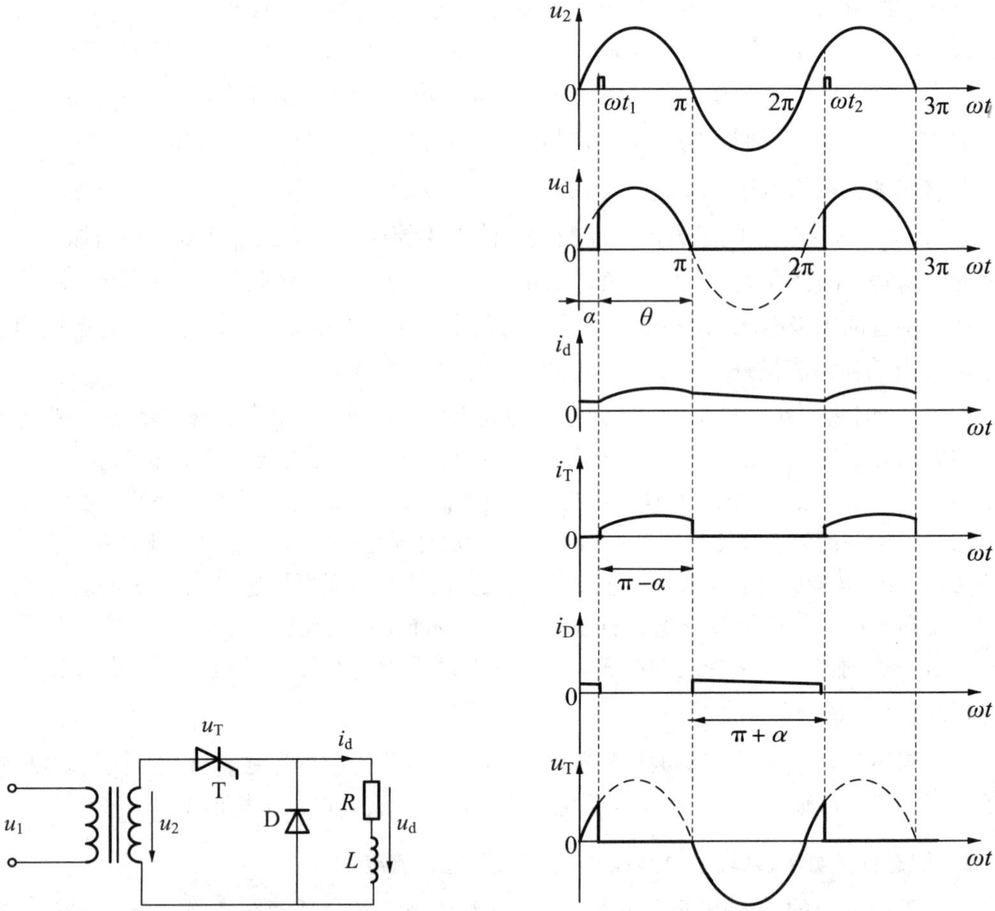

(a)电路　　　　(b)电压、电流波形

图 2-8　阻感性负载带接续流二极管的单相半波可控整流电路及工作波形

内，晶闸管导通角为 $\pi-\alpha$ ，续流二极管导通角为 $\pi+\alpha$ 。

晶闸管承受的最大正/反向电压均为电源电压的峰值，即 $\sqrt{2}U_2$ ，续流二极管承受的最大反向电压为 $\sqrt{2}U_2$ 。

(2) 基本电量计算

基本电量计算如下（阻感性负载带续流二极管时）：

① 输出电压平均值

$$U_{\mathrm{d}}=\frac{1}{2\pi}\int_{\alpha}^{\pi}\sqrt{2}U_2\sin\omega t\mathrm{d}\omega t=0.45U_2\frac{1+\cos\alpha}{2} \tag{2-6}$$

② 输出电流平均值为

$$I_{\mathrm{d}}=\frac{U_{\mathrm{d}}}{R}=0.45\frac{U_2}{R}\cdot\frac{1+\cos\alpha}{2} \tag{2-7}$$

2.2.2　单相桥式全控整流电路

在单相半波整流电路中，变压器输出电流仅存在直流分量，容易造成变压器的直流磁化问题；而且变压器和晶闸管只在正弦交流电的正半波通电流，通电流的时间太短、利用率太低，半波整流电路输出电压脉动较大，输出电压平均值也偏低。在实际应用中，极少使用半波整流电路，而是采用桥式全控整流电路。根据负载性质不同，桥式全控整流电路分为 R 负载（电阻性负载）、R-L 负载（阻感性负载）、R-E 负载（反电动势负载）及 R-L-E 负载几种典型电路。

2.2.2.1　带电阻性负载的单相桥式全控整流电路

带电阻性负载的单相桥式全控整流电路如图 2-9(a)所示，它是在图 1-7(a)的基础上把四只二极管用四只晶闸管代替。下面在对该电路的分析中均把电路元件当作理想化元件，即晶闸管导通时管压降为零、关断时阻抗为无穷大。

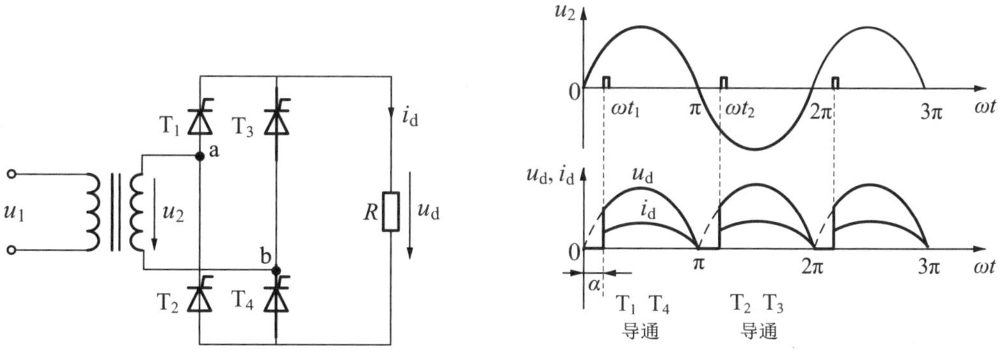

(a)电路　　　　(b)电压、电流波形

图 2-9　带电阻性负载的单相桥式全控整流电路及工作波形

1）工作原理

由图 2-9(a)可知，T_1、T_3 两只晶闸管组成共阴极接法，T_2、T_4 两只晶闸管组成共阳极接法。在 u_2 正半波，其极性为上正(+)、下负(−)，a 点电位高于 b 点电位，与由二极管组成的单相桥式不可控整流电路的工作原理相似，意味着共阴极接法的 T_1 导通、共阳极接法的 T_4 导通，但 T_1、T_4 是否导通还受门极脉冲的控制。如图 2-9 (b)所示，在 $0 \sim \omega t_1$ 期间，门极脉冲未到来，晶闸管关断，$u_d = 0$；在 ωt_1 时刻门极脉冲同时加到 T_1、T_4 的门极，T_1、T_4 导通，电流通路为 $a \to T_1 \to R \to T_4 \to b$，$u_2$ 的部分正半波电压加在负载电阻 R 上。在 u_2 的负半波，其极性为上负(−)、下正(+)，b 点电位高于 a 点电位，意味着共阴极接法的 T_3 导通、共阳极接法的 T_2 导通，T_2、T_3 是否导通仍然受门极脉冲的控制，在 ωt_2 时刻门极脉冲同时加到 T_2、T_3 的门极时，T_2、T_3 导通。电流通路为 $b \to T_3 \to R \to T_2 \to a$，$u_2$ 的部分负半波电压加在负载电阻 R 上。同单相桥式不可控整流电路一样，u_2 的方向是交变的，但通过负载 R 的电流 i_d 及其两端电压 u_d 的方向都不变，得到脉动的直流电流和直流电压，波形如图 2-9(b)所示。

由于负载在电源电压的正、负半波中均有电流流过负载，形成全波整流，一个周期内整流电压脉动两次，改善了波形，而且提高了输出电压。从整流变压器二次绕组来看，由于正、负半周内变压器二次侧的电流大小相等、方向相反，直流分量为0，因此不存在半波整流电路中的变压器直流磁化问题，也提高了变压器和晶闸管的利用率，在要求输出同等功率时，可以选择小型号的变压器，降低了成本、体积和重量。

2）基本电量计算

单相桥式全控整流电路的电阻性负载的基本电量计算如下：

① 整流电压输出平均值

$$U_{\mathrm{d}}=\frac{1}{\pi}\int_{\alpha}^{\pi}\sqrt{2}U_2\sin\omega t\mathrm{d}\omega t=0.9U_2\frac{1+\cos\alpha}{2} \tag{2-8}$$

② 负载电流平均值

$$I_{\mathrm{d}}=\frac{U_{\mathrm{d}}}{R}=\frac{0.9U_2}{\mathrm{R}}\cdot\frac{1+\cos\alpha}{2} \tag{2-9}$$

③ 晶闸管平均电流值

$$I_{\mathrm{dT}}=\frac{I_{\mathrm{d}}}{2} \tag{2-10}$$

④ 负载电阻电压有效值

$$U=\sqrt{\frac{1}{\pi}\int_{\alpha}^{\pi}(\sqrt{2}U_2\sin\omega t)^2\,\mathrm{d}\omega t}=U_2\sqrt{\frac{\sin2\alpha}{2\pi}+\frac{\pi-\alpha}{\pi}} \tag{2-11}$$

⑤ 变压器二次侧电流有效值

$$I_2=\frac{U}{R}=\frac{U_2}{R}\sqrt{\frac{\sin2\alpha}{2\pi}+\frac{\pi-\alpha}{\pi}} \tag{2-12}$$

3）移相范围

由式(2-8)可知，当$\alpha=0°$时，$U_{\mathrm{d}}=0.9U_2$；当$\alpha=180°$时，$U_{\mathrm{d}}=0$。因此，电阻负载的桥式全控整流电路的移相范围为0°～180°，电路中晶闸管承受的最大反向电压是$\sqrt{2}U_2$。

2.2.2.2 带阻感性负载的单相桥式全控整流电路

阻感性负载是指电阻和电感串联组成的负载，一般电感值很大，在交-直电传动电力机车整流调压回路中通常使用平波电抗器，平波电抗器实际上是一个大电感。与电阻性负载相比，阻感性负载的桥式全控整流电路有两个显著特点：① 输出电流连续且基本平直；② 输出电压u_{d}波形中出现负面积。

1）工作原理

阻感性负载的单相桥式全控整流电路如图2-10(a)所示，其工作波形如图2-10(b)所示，在u_2的正半波，触发角α处给晶闸管T_1和T_4加触发脉冲使其开通，$u_{\mathrm{d}}=u_2$。负载中有电

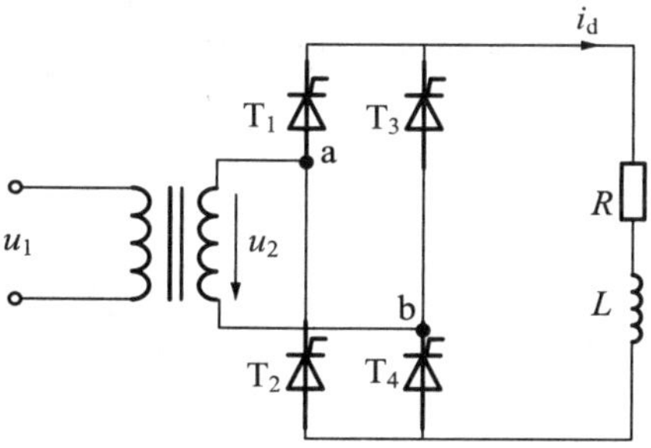

(a)电路

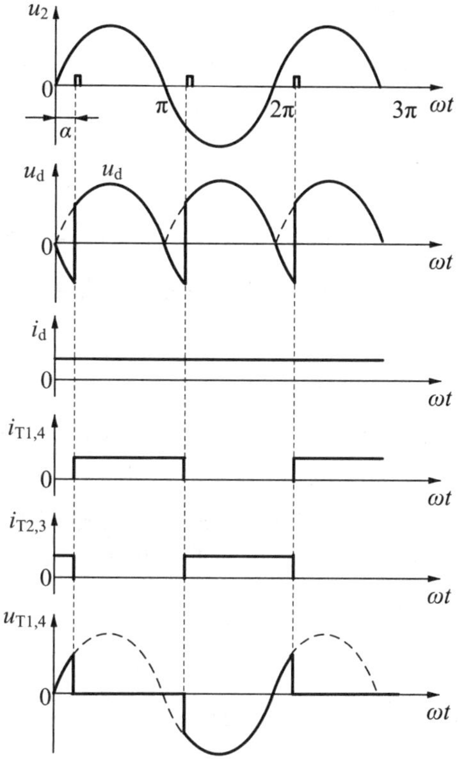

(b)电压、电流波形

图 2-10　带阻感性负载的单相桥式全控整流电路及工作波形

感存在使负载电流不能突变，电感对负载电流起平波作用，假设负载电感很大，负载电流 i_d 连续且波形近似为一水平线。u_2 过零变负时，由于电感的作用晶闸管 T_1 和 T_4 中仍流过电流 i_d，继续导通，此时 u_d 波形为 u_2 的负半波，在输出电压 $u_d = u_2$ 波形中出现电压负值。至 $\omega t = \pi + \alpha$ 时刻，给 T_2 和 T_3 加触发脉冲，因 T_2 和 T_3 本已承受正电压，故两管导通。T_2 和 T_3 导通后，u_2 通过 T_2 和 T_3 分别向 T_1 和 T_4 施加反压使 T_1 和 T_4 关断，流过 T_1 和 T_4 的电流迅速转移到 T_2 和 T_3 上，此过程称为换相，亦称换流。至下一周期重复上述过程，如此循环下去，u_d 的波形如图 2-10(b)所示。

2）基本电量计算

单相桥式全控整流电路的阻感性负载的基本电量计算如下：

① 整流电压平均值（电感较大，负载电流连续时）

$$U_d = \frac{1}{\pi}\int_{\alpha}^{\pi+\alpha} \sqrt{2}U_2 \sin\omega t \mathrm{d}\omega t = 0.9U_2\cos\alpha \tag{2-13}$$

②负载电流平均值

$$I_d = \frac{U_d}{R} = \frac{0.9U_2}{R}\cos\alpha \tag{2-14}$$

3）移相范围

当 $\alpha=0°$ 时，$U_d=0.9U_2$；当 $\alpha=90°$ 时，$U_d=0$。因此，阻感性负载的单相桥式全控整流电路（大电感负载）的移相范围为 $0°\sim90°$，电路中晶闸管承受的最大反向电压是 $\sqrt{2}U_2$。

2.2.2.3　带反电动势（R-E）负载及（R-L-E）负载的单相桥式全控整流电路

当整流电路的负载为蓄电池、直流电机的电枢时，这类负载的电动势均有阻止负载电流的作用，故称为反电动势负载。

1）工作原理

如图 2-11 所示为反电动势负载（R-E 负载）的单相桥式全控整流电路及其工作波形图。根据晶闸管的导通条件，只有变压器二次侧电压 u_2 大于负载反电动势 E 时，即晶闸管承受正向电压时，才可能导通而流过电流，因而晶闸管的导通时间缩短了，其最小起始导电角或停止导电角 δ 可以用下式求出

$$E=\sqrt{2}U_2\sin\delta \tag{2-15}$$

可得

$$\delta=\arcsin\frac{E}{\sqrt{2}U_2} \tag{2-16}$$

当控制角 $\alpha>\delta$ 时，$u_2>E$，晶闸管一经触发就能导通，晶闸管一直导通到 $\omega t=\pi-\delta$ 时刻 $u_2=E$ 为止，晶闸管的导通范围为 $\alpha\sim(\pi-\delta)$。当控制角 $\alpha<\delta$ 时，虽然在 $\omega t=\alpha$ 时刻给晶闸管门极施加了触发脉冲，但此时电源电压 $u_2<E$，晶闸管承受反向电压而不能导通，为了保证晶闸管可靠导通，要求触发脉冲有足够的宽度，确保当 $\omega t=\delta$ 时刻晶闸管开始承受正向电压时，触发脉冲尚未消失，这相当于将控制角 α 推迟到 δ，即 $\alpha=\delta$，晶闸管的导通范围为 $\delta\sim(\pi-\delta)$。R-E 负载的工作波形如图 2-11(b)所示。

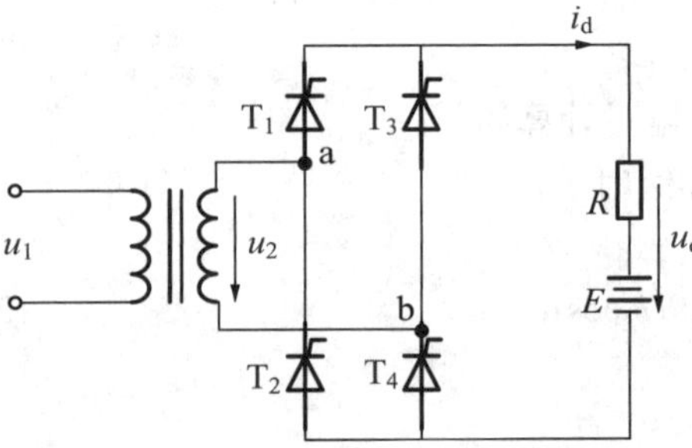

(a)电路

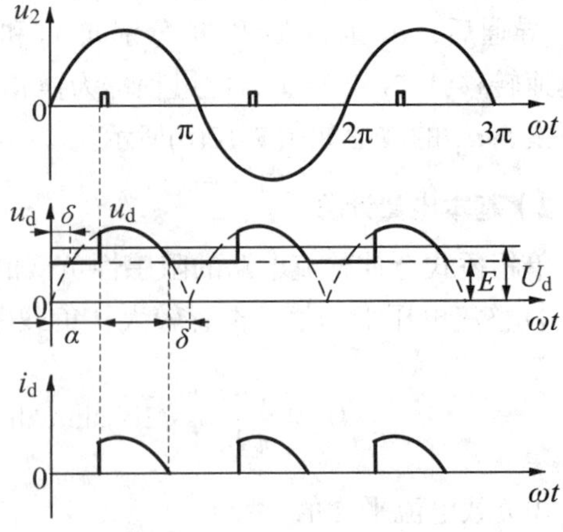

(b)电压、电流波形（$\alpha>\delta$）

图 2-11　带反电动势负载的单相桥式全控整流电路及工作波形

2）基本电量计算

单相桥式全控整流电路的 R-E 负载的基本电量计算如下：

① 直流输出电压平均值

$$U_{\mathrm{d}}=E+\frac{1}{\pi}\int_{\alpha}^{\pi-\delta}(\sqrt{2}U_2\sin\omega t-E)\,\mathrm{d}\omega t\quad(\alpha>\delta)\tag{2-17}$$

$$U_{\mathrm{d}}=E+\frac{1}{\pi}\int_{\delta}^{\pi-\delta}(\sqrt{2}U_2\sin\omega t-E)\,\mathrm{d}\omega t\quad(\alpha<\delta)\tag{2-18}$$

② 直流输出电流平均值

$$I_{\mathrm{d}}=\frac{1}{\pi}\int_{\alpha}^{\pi-\delta}\frac{\sqrt{2}U_2\sin\omega t-E}{R}\mathrm{d}\omega t\quad(\alpha>\delta)\tag{2-19}$$

假若负载是直流电机，由于晶闸管导通角变小，电流波动较大且可能断续，使电动机运行条件严重恶化，机械特性变得很软。为了改善电动机的运行条件，一般常在负载回路中串联一个大电感 L_{d}（通常称为平波电抗器），构成 R-L-E 负载，大电感 L_{d} 用来减小电流波动和延长晶闸管的导通时间，保持电流连续。平波电抗器 L_{d} 的电感量是按低速轻载时保证电流连续来选择的。加了平波电抗器 L_{d} 后，整流电路的工作情况就接近 R-L 负载了，但电流比 R-L 负载波动略大，因此要求大电感 L_{d} 更大。因此，R-L-E 负载的整流输出电压、电流波形及输出电压平均值的计算（$U_{\mathrm{d}}=0.9U_2\cos\alpha$）与 R-L 性负载的单相桥式全控整流电路相同，但负载平均电流的计算与 R-L 负载时不同，其平均电流 I_{d} 为

$$I_{\mathrm{d}}=\frac{U_{\mathrm{d}}-E}{R}\tag{2-20}$$

2.2.3 单相桥式半控整流电路

在单相桥式全控整流电路中，每个导电回路中都有两个晶闸管，通过两个晶闸管同时导通来控制导电回路，但实际上为了控制每个导电回路，只需要一个晶闸管，另一个晶闸管可以用二极管来代替，从而使电路简化，如图 2-12(a)所示，这就是单相桥式半控整流电路，该电路由两只晶闸管和两只二极管组成，晶闸管采用共阴极接法，二极管采用共阳极接法。单相桥式半控整流电路的半控桥只需要对两个晶闸管进行控制，触发控制电路比较简单，经济性较好。

半控电路和全控电路在电阻负载时的工作情况完全相同，这里不再讨论。以下只针对阻感性负载的桥式半控整流电路进行讨论，假定负载电感的感抗远大于电阻阻抗（$\omega L\gg R$），则阻感性负载的桥式半控整流电路的负载电流波形连续且为一条水平直线，如图 2-12(b)所示。

2.2.3.1 工作原理

带阻感性负载的单相桥式半控整流电路的工作原理分析如下：

① 在电源电压 u_2 的正半周，控制角为 α 时刻触发 T_1，T_1 导通，电流通路为 $a\rightarrow T_1\rightarrow$

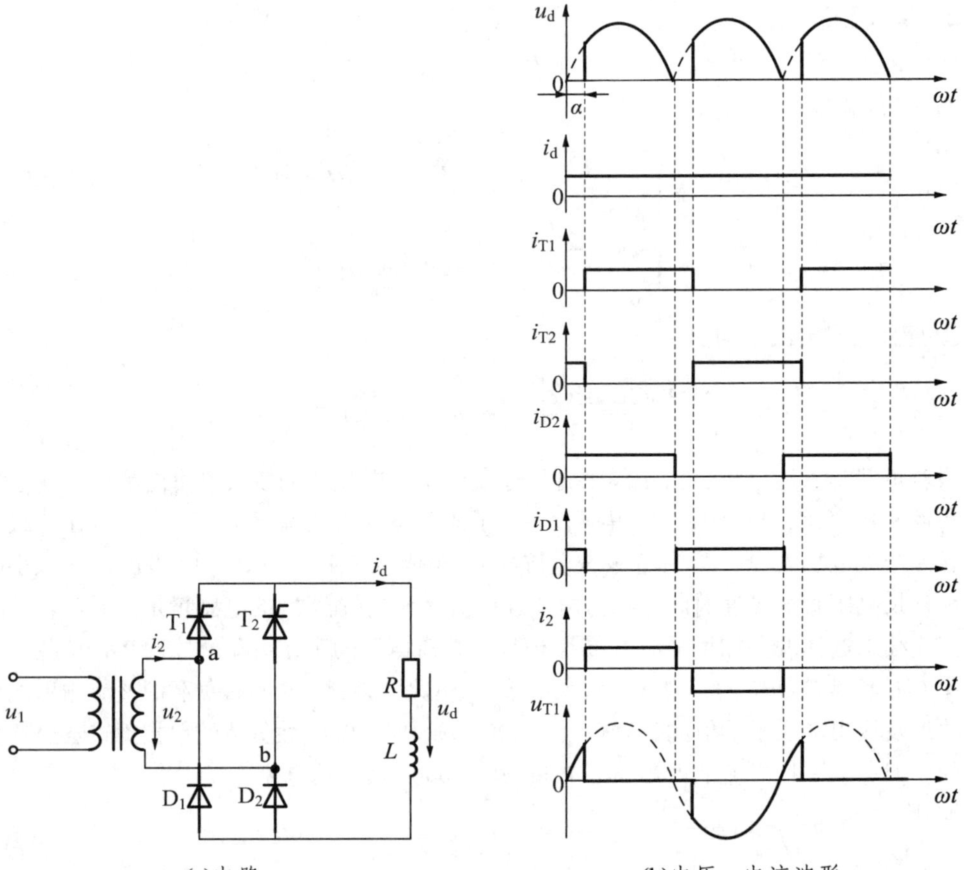

(a)电路　　(b)电压、电流波形

图 2-12　带阻感性负载的单相桥式半控整流电路及工作波形

$R \to L \to D_2 \to b$，$u_d = u_2$，电感 L 储能。

② 在电源电压 u_2 过 0 变负时，由于电感释放能量，负载电流 i_d 维持不变，与全控电路不同的是，由于二极管 D_1、D_2 为共阳极接法，此时 b 点阴极电位高于 a 点阴极电位，因此二极管 D_2 截止，二极管 D_1 导通，晶闸管 T_1、二极管 D_1 构成负载的续流回路，此时忽略管子导通压降，$u_d = 0$，直到晶闸管 T_2 的触发脉冲出现，T_2 导通而使 T_1 承受反压被迫关断，负载电流从 b 点经 $T_2 \to R \to L \to D_1$ 最后到 a 点形成新的通路，此时 $u_d = -u_2$。

③ 当电源电压 u_2 再次过 0 变正时，由于电感释放能量，T_2 继续导通，但由于 a 点电位高于 b 点电位，负载电流 i_d 由 D_1 自然换流到 D_2 续流，D_1 承受反压截止，T_2、D_2 为负载形成续流通路，$u_d = 0$，直到 T_1 触发脉冲再次出现，如此往复，其工作波形如图 2-12(b)所示。

2.2.3.2　基本电量计算

由于 D_1、D_2 过 0 时自然换流，输出电压 u_d 中不再出现负值。由图 2-12(b)所示的波形图可知，其直流平均电压 U_d、平均电流 I_d 和负载有效值 U 的计算，均与电阻性负载时的单相全控桥式整流电路相同。

2.2.3.3 单相桥式半控整流电路的“失控”现象

单相桥式半控整流电路的缺点是容易产生“失控”现象。例如，在触发脉冲缺失或触发脉冲控制角增大到π时，电路就会产生“失控”现象。这里以图 2-12 中的晶闸管 T_1 为例说明失控现象。在电源电压 u_2 正半周 T_1 导通时，T_1、D_2 导通构成电流通路。如果 T_2 触发脉冲丢失，到 u_2 负半周时，则 T_2 不可能导通，此时 T_1、D_1 构成续流通路，假设电感足够大，T_1 将持续导通，直到下个周期 u_2 的正半周到来时，a 点电位高于 b 点电位，D_2 导通，D_1 承受反压截止，T_1、D_2 又重新构成通路为负载供电，此时 T_1 触发脉冲已不起作用，T_1 一直处于导通状态，造成 T_1 关不断而失控，而 D_1、D_2 总在电源电压过 0 时自然换相，轮流导通。输出电压 u_d 成为不可控的正弦半波电压，这就是“失控”现象。失控时，晶闸管 T_1 一直处于导通状态，很容易因过载而烧坏。

为避免“失控”现象的发生，可在整流输出侧反向并联一个续流二极管 D_3，如图 2-13(a)所示，由于有续流二极管存在，在电源电压 u_2 过 0 点时，因晶闸管和二极管串联的导通压降之和明显大于单个续流二极管 D_3 的导通压降，电流自然经过单个续流二极管 D_3 续流，晶闸管自然关断，从而避免了“失控”现象的发生。工作波形如图 2-13(b)所示。

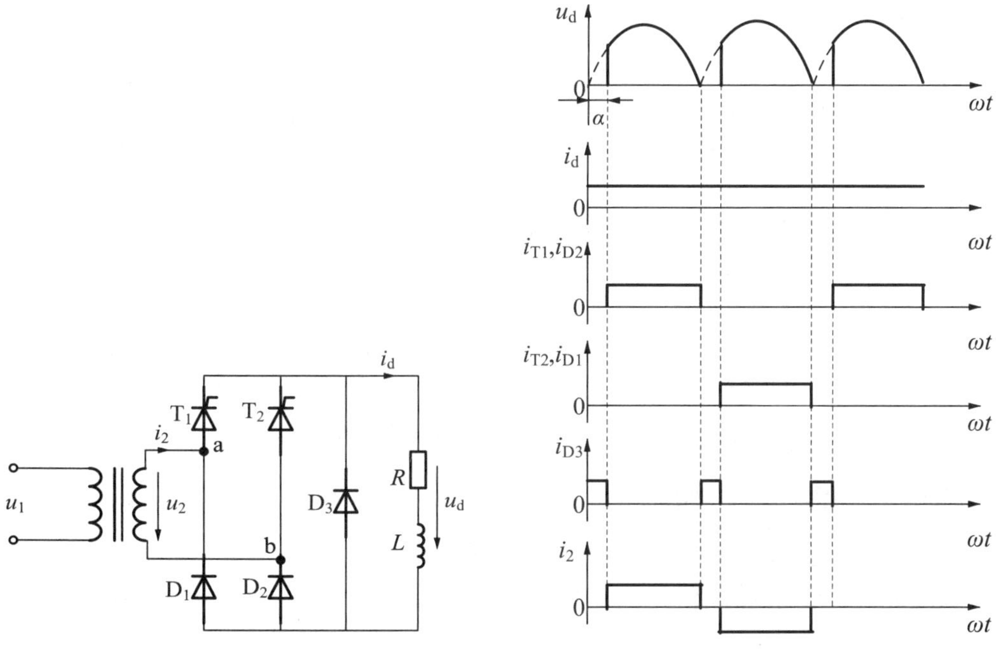

(a)电路　　(b)电压、电流波形

图 2-13　电感性负载续流二极管的单相桥式半控整流电路及工作波形

单相桥式半控整流电路还有另一种接法，如图 2-14 所示为晶闸管串联的单相桥式半控整流电路，该电路的优点是两个串联的二极管起到了续流二极管的作用，使电路不会出现“失控”现象，这种形式的电路在交-直电传动电力机车（SS 型）三段不等分半控桥式整流中得到了应用。

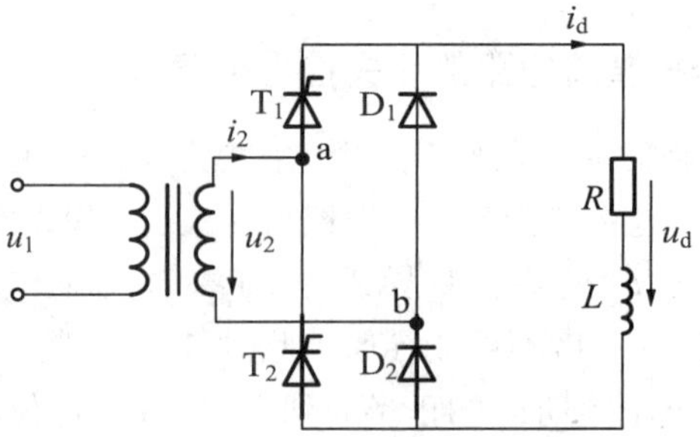

图 2-14　晶闸管串联的单相桥式半控整流电路

2.2.4　单相全波可控整流电路

单相全波可控整流电路又称单相双半波可控整流电路，其带电阻负载时的电路如图 2-15(a)所示。单相全波可控整流电路的整流变压器无直流磁化现象。

在图 2-15(a)中，变压器 T 带中心抽头，在 u_2 正半周，T_1 导通，变压器侧绕组的上半部分流过电流；在 u_2 负半周，T_2 导通，变压器二次绕组的下半部分流过电流。单相全波可控整流电路的整流波形与单相桥式全控整流电路相同，如图 2-15(b)所示，变压器也不存在直流磁化问题。

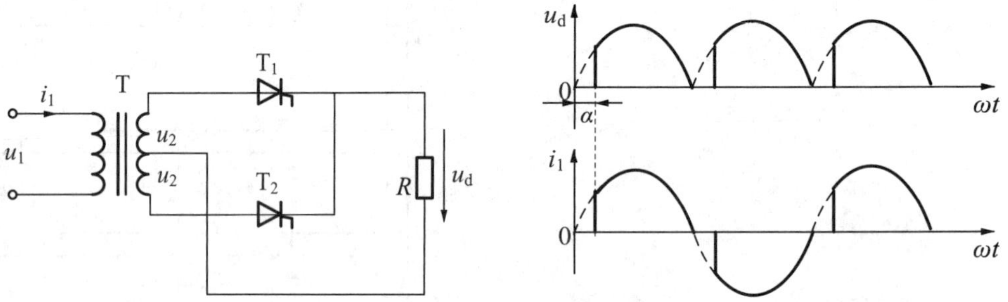

(a)电路　　(b)电压、电流波形

图 2-15　带电阻负载的单相全波整流电路及其工作波形

2.2.4.1　单相全波可控整流电路的优点

单相全波可控整流电路的优点如下：

① 单相全波整流电路只有一个晶闸管导通，比全桥少一个，因此功率损耗小，适合用在低电压、大电流的应用场合。

② 只驱动两个共阴极或共阳极接法的晶闸管，门极驱动电路比单相全桥整流电路的驱动电路简单。

2.2.4.2　单相全波可控整流电路的缺点

单相全波可控整流电路的缺点如下：

① 晶闸管关断时承受的反向电压峰值比较大，为 $2\sqrt{2}\,U_2$。

② 单相全波整流变压器的二次绕组带中心抽头，结构复杂；绕组及铁心对铜、铁等材料的消耗比单相桥式整流电路的多。

由本节可以看出，单相整流电路结构简单，但输出直流电压波头少，脉动较大，因此一般用在 4 kW 以下的小容量设备上，对于大容量设备通常采用三相整流电路。

2.3 三相可控整流电路

2.3.1 三相半波共阴极可控整流电路

2.3.1.1 带电阻性负载的三相半波共阴极可控整流电路

带电阻性负载的三相半波共阴极可控整流电路如图 2-16 所示，变压器二次侧采用星形接法以得到零线，一次侧绕组接成三角形，使三次谐波能够流过，避免三次谐波流入电网。三个晶闸管分别接入 a、b、c 三相电源，将它们的阴极连接在一起，称为共阴极接法。这种接法的触发电路有公共端，连线方便。

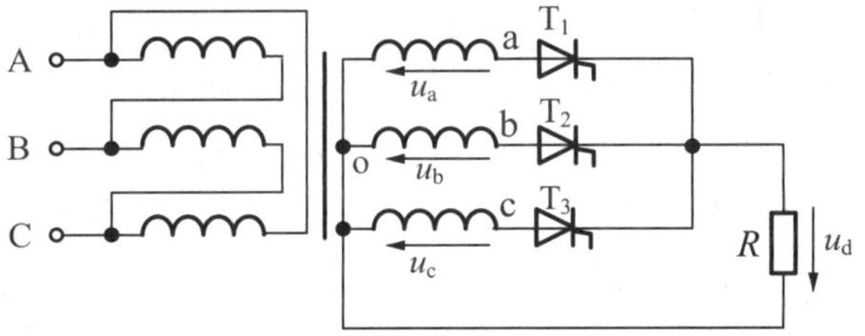

图 2-16　带电阻性负载的三相半波共阴极可控整流电路

假设将电路中的晶闸管换成二极管，该电路就成为图 1-8(a)所示的三相半波不可控整流电路，此时，三个二极管对应的相电压中哪一个的电压值最大，则该相对应的二极管导通，并使另外两相的二极管承受反向电压而关断，输出整流电压即为该相的相电压。图 2-17(a)所示的三相交流电压波形($\alpha = 0°$)也是由二极管组成的三相半波共阴极不可控整流电路的波形，由此可知，在一个周期内，随着 a、b、c 三相交流电幅值的变化，处于导通状态的二极管在发生规律性变化，在相电压的 ωt_1、ωt_2、ωt_3 处，均会出现二极管自然换相，即电流由一个二极管向另一个二极管转移，这些交点称为自然换相点。

再换回到晶闸管电路，自然换相点是各相晶闸管能触发导通的最早时刻，将其作为计算各晶闸管触发角 α 的起点，即 $\alpha = 0°$。a 相、b 相、c 相的三个晶闸管的自然换相点就在三相电压交叉点 ωt_1、ωt_2、ωt_3 处，如图 2-17(a)所示。当 $\alpha = 0°$ 时，即在 ωt_1 点，a 相电压高于 b 相和 c 相电压，此时给 T_1 触发脉冲，则 T_1 导通，T_2、T_3 承受反压而截止，负载电压 u_d 等于 a 相电压 u_a。过 ωt_2 点后，b 相电压高于 a 相和 c 相电压，此时给 T_2 触发脉冲，则 T_2 导通，T_1、T_3 承受反压而截止，负载电压 u_d 等于 b 相电压 u_b。过 ωt_3 点后，c 相电压高于 a 相和 b 相电压，此时给 T_3 触发脉冲，则 T_3 导通，T_1、T_2 承受反压而截止，负载电压 u_d 等于 c 相电压 u_c。各晶闸管按同样规律依次触发导通，$\alpha = 0°$ 时的三相半波可控整流电

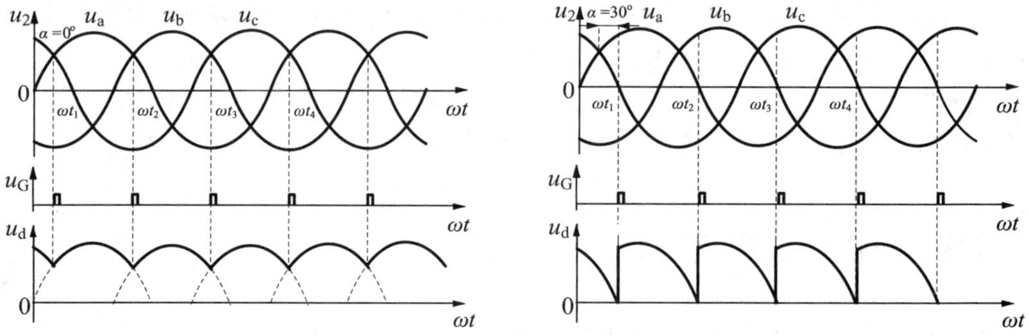

(a) $\alpha = 0°$　　　　(b) $\alpha = 30°$

图 2-17　带电阻性负载的三相半波共阴极可控整流电路的工作波形

路与三相半波不可控（二极管）整流电路的工作波形完全一样。各晶闸管上的触发脉冲相序为 $T_1 \to T_2 \to T_3$，各相触发脉冲依次间隔 120°，每个晶闸管导通 120°，输出整流电压是三相交流相电压正半周的包络线，一个周期内有三次脉动。负载电流波形与整流电压波形的形状相同。

当 $\alpha = 30°$ 时，负载电压波形如图 2-17(b)所示。$\omega t = 0$ 时刻开始，T_3 管导通，负载电压 $u_d = u_c$，当经过 a 相自然换相点处时，虽然 $u_a > u_c$，但 a 相晶闸管 T_1 门极尚未施加触发脉冲，T_1 管不能导通，T_3 管继续导通工作，负载电压 $u_d = u_c$。在 ωt_1 时刻，即控制角 $\alpha = 30°$ 时，触发脉冲施加在晶闸管 T_1 门极，T_1 导通，T_3 承受反向阳极电压 u_{ac} 而关断，负载电压 $u_d = u_a$，晶闸管 T_1 导通 120°。在经过 b 相自然换向点时，虽然 b 相电压最高，但由于 T_2 触发脉冲未到，T_1 继续维持导通，直到 ωt_2 时刻，晶闸管 T_2 的触发脉冲来临，T_2 导通，T_1 承受反向电压而关断。以后是三相晶闸管轮流导通，各相导通角 $\theta = 120°$，输出电流处于连续和断续的临界状态。

当 $\alpha > 30°$ 时，负载电压、电流波形均出现断续情况，晶闸管导通角度 $\theta = 150° - \alpha$，小于 $120°$，直到 $\alpha = 150°$ 时，整流输出电压、电流均为零，所以电阻性负载时控制角 α 的移相范围为 0° ~ 150°。

三相半波共阴极可控整流电路的电阻性负载的基本电量计算如下：

① 当 $\alpha \leqslant 30°$ 时，输出电压波形连续，输出电压平均值为

$$U_d = \frac{1}{\frac{2\pi}{3}} \int_{\frac{\pi}{6}+\alpha}^{\frac{5\pi}{6}+\alpha} \sqrt{2} U_2 \sin\omega t \mathrm{d}\omega t = 1.17 U_2 \cos\alpha \tag{2-21}$$

② 当 $30° < \alpha \leqslant 150°$ 时，输出电压波形断续，输出电压的平均值为

$$U_d = \frac{1}{\frac{2\pi}{3}} \int_{\frac{\pi}{6}+\alpha}^{\pi} \sqrt{2} U_2 \sin\omega t \mathrm{d}\omega t = 0.675 U_2 \left[1 + \cos\left(\frac{\pi}{6} + \alpha\right)\right] \tag{2-22}$$

2.3.1.2 带阻感性负载的三相半波共阴极可控整流电路

图 2-18 所示为带阻感性负载的三相半波共阴极可控整流电路。如前所述，如果负载为阻感性负载，而且电感值很大，则负载电流连续，简单分析时可认为输出电流近似为一条直线。

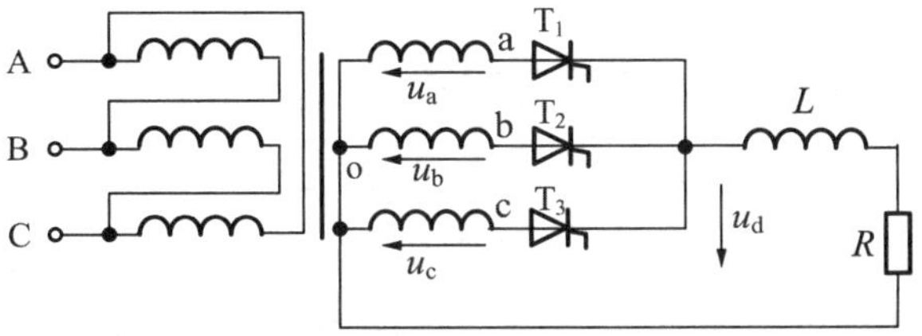

图 2-18 带阻感性负载的三相半波共阴极可控整流电路

当 $\alpha \leqslant 30°$ 时，输出电压波形与电阻性负载时完全相同，如图 2-17 所示。当 $\alpha > 30°$ 时，输出电压过 0 变负时，由于电感的作用，原来导通的晶闸管不会关断，直到另一晶闸管触发导通为止才将其强迫关断，各晶闸管导通角 $\theta = 120°$，保证输出电流连续。虽然整流电压脉动较大，而且出现负值，但整流电流脉动很小。阻感性负载在控制角 $\alpha = 60°$ 时的波形如图 2-19 所示。

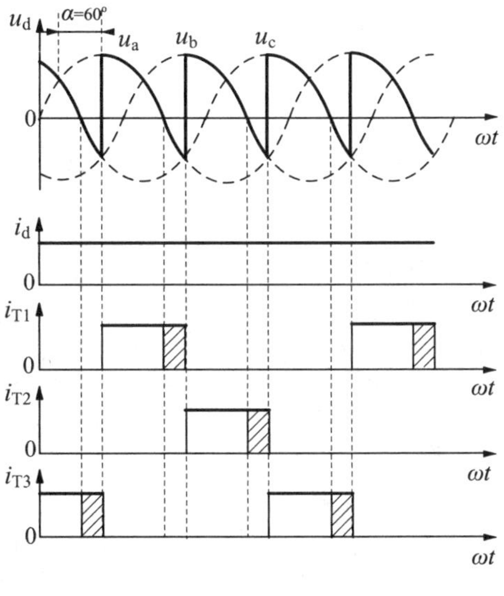

图 2-19 带阻感性负载的三相半波共阴极可控整流电路 $\alpha = 60°$ 时的工作波形

三相半波可控整流电路的阻感性负载的基本电量计算如下：

① 输出电压波形连续，输出电压平均值为

$$U_d = \frac{1}{\frac{2\pi}{3}} \int_{\frac{\pi}{6}+\alpha}^{\frac{5}{6}\pi+\alpha} \sqrt{2} U_2 \sin\omega t \mathrm{d}\omega t = 1.17 U_2 \cos\alpha \tag{2-23}$$

当 $\alpha=0°$ 时，$U_d=1.17U_2$；当 $\alpha=90°$ 时，$U_d=0$，因此，大电感性负载的移相范围为 0°～90°。

② 输出电流平均值为

$$I_d=\frac{U_d}{R} \tag{2-24}$$

2.3.2　三相半波共阳极可控整流电路

共阳极接法的三相半波可控整流电路如图 2-20 所示，这种接法要求三个晶闸管的触发电路必须彼此绝缘。由于晶闸管只有在阳极电位高于阴极电位时才具备导通条件，因此共阳极接法只能在相电压的负半周工作，换相总是换到阴极电位最低的那一相去。其工作情况、波形和基本电量关系与共阴极接法时相仿，仅输出极性相反。

图 2-21(a)所示为控制角 $\alpha=0°$ 时负载上的电压波形，与三相半波共阳极不可控整流电路的电压波形完全一致[见图 1-9(b)]。图 2-21(b)所示为控制角 $\alpha=30°$ 时负载上的电压波形，输出电流处于连续和断续的临界状态。

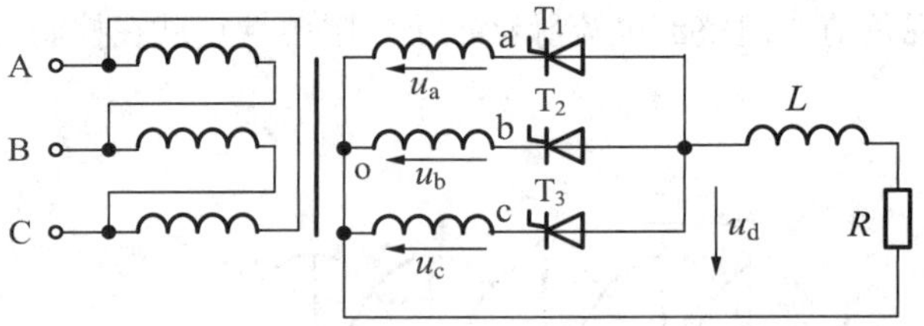

图 2-20　三相半波共阳极可控整流电路

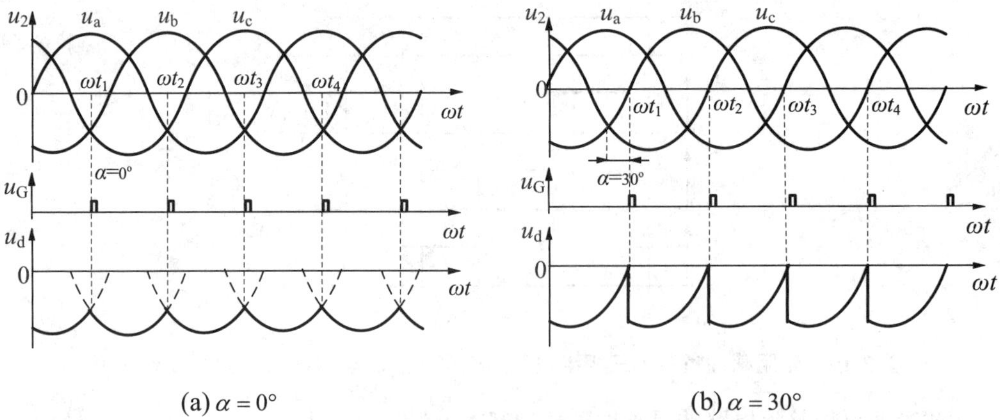

(a) $\alpha=0°$　　(b) $\alpha=30°$

图 2-21　三相半波共阳极可控整流电路的工作波形

三相半波共阳极可控整流电路的输出电压波形连续时，输出电压平均值为

$$U_d=-1.17U_2\cos\alpha \tag{2-25}$$

三相半波可控整流电路结构简单，所用元件较少，但存在变压器直流磁化问题，因此多用在中等偏小功率的设备上，大功率设备多采用三相桥式整流电路。

2.3.3　三相桥式全控整流电路

目前在各种整流电路中，应用最为广泛的是三相桥式全控整流电路，如图 2-22 所示。习惯上将阴极连接在一起的三个晶闸管（T_1、T_3、T_5）称为共阴极组，将阳极连接在一起的三个晶闸管（T_4、T_6、T_2）称为共阳极组，三相桥式整流电路相当于 1 个三相共阴极接法的半桥和 1 个三相共阳极接法的半桥的组合。习惯上希望晶闸管按从 1 ~ 6 的顺序导通，为此将晶闸管按图 2-22 所示的顺序编号，共阴极组中与 a、b、c 三相电源相接的晶闸管分别为 T_1、T_3、T_5，共阳极组中与 a、b、c 三相电源相接的晶闸管分别为 T_4、T_6、T_2，晶闸管的导通顺序为 $T_1 \to T_2 \to T_3 \to T_4 \to T_5 \to T_6$。由于共阴极组在正半周触发导通，流过变压器二次绕组的是正向电流，而共阳极组在负半周触发导通，流过变压器二次绕组的是反向电流，因此在变压器绕组中不存在直流磁化问题，而且每相绕组在正、负半周都有电流流过，延长了变压器的导电时间，提高了变压器绕组的利用率。

2.3.3.1　带电阻性负载的三相桥式全控整流电路

图 2-22 所示为带电阻性负载的三相桥式全控整流电路，整流桥由 a、b、c 三相交流电供电，每相上下 2 个桥臂，共由 6 个晶闸管组成。如图 2-23(a)所示，ωt_1、ωt_3、ωt_5 分别为共阴极组 T_1、T_3、T_5 的自然换相点（$\alpha = 0°$），ωt_2、ωt_4、ωt_6 分别为共阳极组 T_2、T_4、T_6 的自然换相点（$\alpha = 0°$），两组自然换相点对应相差 60°。

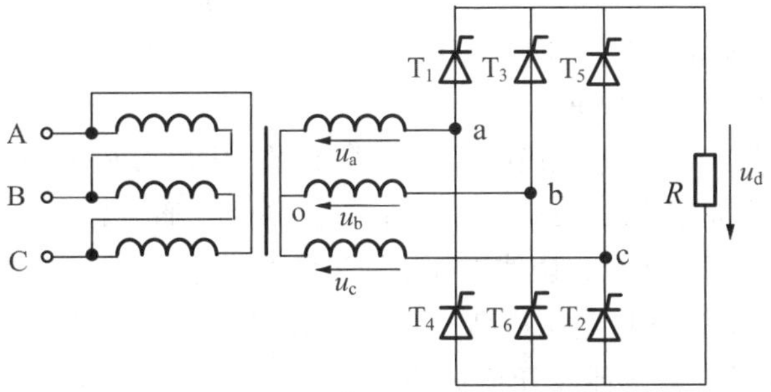

图 2-22　带电阻性负载的三相桥式全控整流电路

为了使变压器二次绕组与负载形成通路，给负载提供电流，上、下两组晶闸管中必须各有一只同时导通且不能为同一相的晶闸管，这样，在 360°的电角度范围内，平均划分成六个 60°，$T_1 \sim T_6$ 六只晶闸管按两两导通的原则按如下顺序进行：$T_6T_1 \to T_1T_2 \to T_2T_3 \to T_3T_4 \to T_4T_5 \to T_5T_6 \to T_6T_1$。$T_1 \sim T_6$ 的触发脉冲相位依次相差 60°。为保证晶闸管的可靠触发，常采用在共阴极组和共阳极组的晶闸管用双窄脉冲同时触发，如图 2-23(b)和(c)所示。采用双窄脉冲进行上、下管同时触发的原因是使触发更加可靠，否则可能会造成晶闸管不能触发导通。例如在 $\alpha = 0°$ 时，在 ωt_1 时刻，同时触发 T_1 和 T_6。

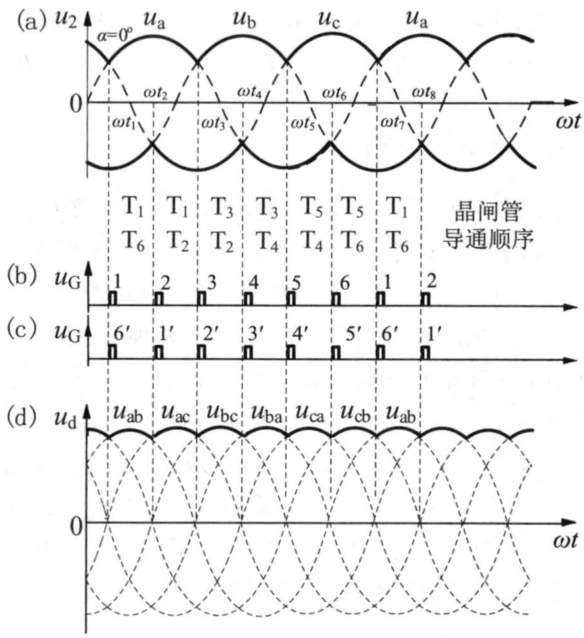

图 2-23　带电阻性负载的三相桥式全控整流电路 $\alpha=0°$ 时的工作波形

1）$\alpha=0°$ 时的工作情形

为了方便分析，这里先对 $\alpha=0°$ 时的电路进行分析。$\alpha=0°$ 时，电阻性负载的三相桥式全控整流电路的工作情况及波形与图 1-10(b)所示的三相桥式不可控整流电路相同，只是把二极管换成了晶闸管。

① 在 $\omega t_1\sim\omega t_2$ 期间，a 相电压最高，意味着 T_1 要导通，b 相电压最低，意味着 T_6 要导通，在 T_1、T_6 上同时施加触发脉冲，则 T_1、T_6 同时导通，电流从 a 点经 T_1→负载 R→T_6 回到 b 点，由线电压 u_{ab} 为负载供电。

② 在 $\omega t_2\sim\omega t_3$ 期间，a 相电压最高，意味着 T_1 要导通，c 相电压最低，意味着 T_2 要导通，此时在 T_1、T_2 上同时施加触发脉冲，则 T_1、T_2 同时导通，T_6 承受反压而截止，电流从 a 点经 T_1→负载 R→T_2 回到 c 点，由线电压 u_{ac} 为负载供电。

③ 在 $\omega t_3\sim\omega t_4$ 期间，b 相电压最高，c 相电压最低，此时在 T_2、T_3 上同时施加触发脉冲，则 T_2、T_3 同时导通，T_1 承受反压而截止，电流从 b 点经 T_3→负载 R→T_2 回到 c 点，由线电压 u_{bc} 为负载供电。

④ 在 $\omega t_4\sim\omega t_5$ 期间，b 相电压最高，a 相电压最低，为 T_3、T_4 同时施加触发脉冲，T_3、T_4 导通，T_2 承受反压而截止，负载电压为 u_{ba}。

⑤ 在 $\omega t_5\sim\omega t_6$ 期间，c 相电压最高，a 相电压最低，为 T_4、T_5 同时施加触发脉冲，T_4、T_5 导通，T_3 承受反压而截止，负载电压为 u_{ca}。

⑥ 在 $\omega t_6\sim\omega t_7$ 期间，c 相电压最高，b 相电压最低，为 T_5、T_6 同时施加触发脉冲，T_5、T_6 导通，T_4 承受反压而截止，负载电压为 u_{cb}。

⑦ 在 $\omega t_7\sim\omega t_8$ 期间，a 相电压最高，b 相电压最低，为 T_6、T_1 同时施加触发脉冲，T_6、T_1 导通，T_5 承受反压而截止，负载电压又变为 u_{ab}。

由此可见，三相桥式全控整流电路中晶闸管的导通顺序为 $T_6T_1 \to T_1T_2 \to T_2T_3 \to T_3T_4 \to T_4T_5 \to T_5T_6 \to T_6T_1$。$\alpha = 0°$ 时，输出电压为线电压 u_{ab}、u_{ac}、u_{bc}、u_{ba}、u_{ca}、u_{cb} 正半周的包络线，每个周期脉动 6 次。

2）$\alpha = 30°$ 时的工作情形

图 2-24 所示为电阻性负载的三相桥式全控整流电路在 $\alpha = 30°$ 时的工作波形，从 ωt_1 时刻开始将波形中的一个周期分为六段，每段为 60°。与控制角 $\alpha = 0°$ 时的情况相比，一个周期中整流输出电压 u_d 的波形仍由六段线电压构成，晶闸管的起始导通时刻推迟了 30°，组成 u_d 的每一段线电压因此推迟了 30°。电路工作情况及每一段导通晶闸管的编号仍符合前述规律。

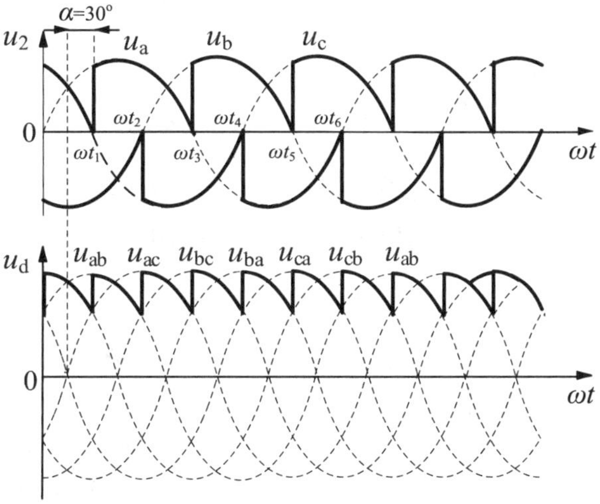

图 2-24　带电阻性负载的三相桥式全控整流电路 $\alpha = 30°$ 时的工作波形

① 在 $\omega t_1 \sim \omega t_2$ 期间，T_6、T_1 导通，电流从 a 相经 T_1、负载 R、T_6 流回 b 相，负载上电压 $u_d = u_{ab} = u_a - u_b$，这一阶段虽然经过共阳极组的自然换相点，c 相电压开始低于 b 相电压，T_2 开始承受正向电压，但它的触发脉冲还未来临，故不能导通，由 T_6 继续导通，电流依然从 a 相经 T_1、负载 R、T_6 流回 b 相。

② 在 $\omega t_2 \sim \omega t_3$ 期间，u_a 从最高相电压经过自然换相点降到 0，但 T_3 触发脉冲还未来临，T_1 继续导通，T_2 触发导通，T_6 承受反向电压而关断，电流从 a 相经 T_1、负载 R、T_2 流回 c 相，负载上电压 $u_d = u_{ac} = u_a - u_c$。

其他阶段依此类推。

3）$\alpha = 60°$ 时的工作情形

图 2-25 给出了电阻性负载的三相桥式全控整流电路 $\alpha = 60°$ 时的工作波形，与控制角 $\alpha = 0°$ 时的情况相比，一个周期中整流输出电压 u_d 的波形仍由六段线电压构成，晶闸管的起始导通时刻推迟了 60°，组成 u_d 的每一段线电压因此推迟 60°，u_d 平均值降低，电路工作情况及每一段导通晶闸管的编号仍符合前述规律，但是出现了 u_d 为 0 的点。综合以上分析，控制角 $\alpha = 60°$ 是输出整流电压连续和断续的临界点。当控制角 $\alpha < 60°$ 时，整流输出电压 u_d 连续；当控制角 $\alpha > 60°$ 时，整流输出电压 u_d 断续。

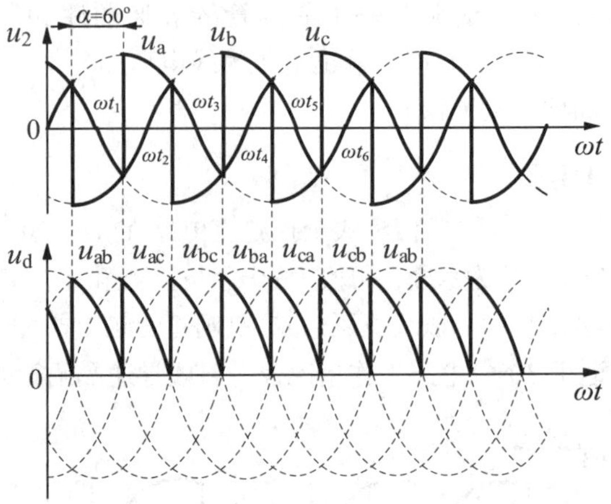

图 2-25　带电阻性负载的三相桥式全控整流电路 $\alpha=60°$ 时的工作波形

控制角 α 继续增大至 120°，整流输出电压 u_d 的波形将全部为零，其平均值也为零，所以带电阻性负载的三相桥式全控整流电路控制角 α 的移相范围是 0° ~ 120°。

2.3.3.2　带阻感性负载的三相桥式全控整流电路

三相桥式全控整流电路大多用于给电感性负载和反电动势负载供电（用于直流电动机传动），这里主要分析带阻感性负载时的工作情况：当控制角 $\alpha<60°$ 时，整流输出电压 u_d 的波形连续，工作情况与带电阻性负载时十分相似，各晶闸管的通断情况、输出整流电压 u_d 的波形等都一样；区别在于由于负载不同，同样的整流输出电压加到负载上，得到的负载电流 i_d 的波形不同，阻感性负载时，由于电感的作用，使得负载电流波形变得平直，当电感足够大时，负载电流的波形可近似为一条水平线。

三相桥式可控整流电路的基本电量计算如下：

① 整流输出电压波形连续时（阻感负载或电阻负载 $\alpha\leqslant 60°$），输出电压平均值为

$$U_d=\frac{1}{\frac{\pi}{3}}\int_{\frac{\pi}{3}+\alpha}^{\frac{2\pi}{3}+\alpha}\sqrt{6}U_2\sin\omega t\mathrm{d}\omega t=2.34U_2\cos\alpha \tag{2-26}$$

② 带电阻负载且 $\alpha>60°$ 时，输出电压平均值为

$$U_d=\frac{1}{\frac{\pi}{3}}\int_{\frac{\pi}{3}+\alpha}^{\pi}\sqrt{6}U_2\sin\omega t\mathrm{d}\omega t=2.34U_2\left[1+\cos\alpha\left(\frac{\pi}{3}+\alpha\right)\right] \tag{2-27}$$

③ 假设电感值远大于电阻值，三相桥式整流电路输出的平均电压

$$U_d=2.34U_2\cos\alpha=1.35U_{线}\cos\alpha$$

三相桥式整流电路与单相桥式整流电路相比，输出电压的平均值幅值提高了，电压、电流的脉动减小了，因此它在大功率整流电路中得到了广泛应用。

2.3.4 三相桥式半控整流电路

CRH_1 动车组的电池充电模块输入整流器采用了三相桥式半控整流电路，如图 2-26 所示，这种电路结构输出的直流电压比三相桥式全控整流电路的高，旁边的二极管是为了防止三相桥式半控整流电路发生失控现象，有利于 3 个晶闸管的关断。

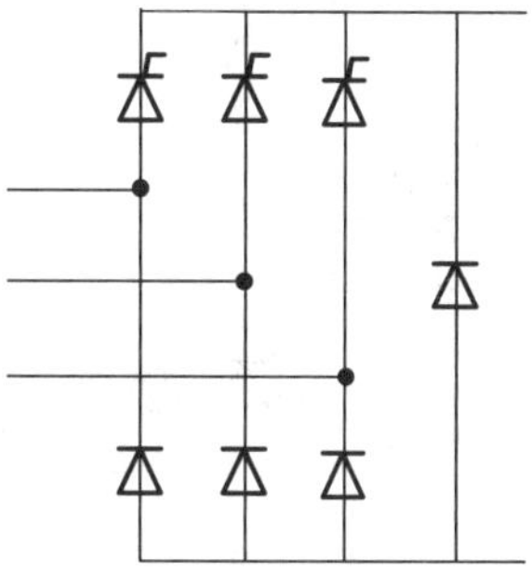

图 2-26　三相桥式半控整流电路

2.4 整流电路滤波

通过学习整流电路就会发现，整流后的电流、电压波形都是脉动波形，在工频交流电一个周期内，单相半波整流输出 1 个波头，单相桥式整流输出 2 个波头，三相半波整流输出 3 个波头，三相桥式整流输出 6 个波头，波头数越多，输出电压的波形波动程度就越小，但这与要求的恒定直流还是有较大差距，不符合预期要求。为了滤除整流电路的交流分量，得到直流分量，一般在整流后，需要利用滤波电路将整流后的脉动输出电压变为平滑的直流电压。实现滤波功能的电路很多，常用的有电容（C）滤波电路、电感（L）滤波电路和 L-C 滤波电路。

2.4.1 电容滤波电路

电容（C）滤波电路是根据电容两端电压不能突变的原理进行滤波的，其原因就是电容具有储存电荷的能力，在电路中存在充放电过程。以单相全波整流电路为例，在电源波形的上升沿，要对电容进行充电，而在电源波形的下降沿，电容又要对负载进行放电，如此反复，但在电容放电的过程中，负载电流的波形不再按正弦规律变化，而是按指数规律降低，放电时间越慢，负载电流波形就愈加平滑。

图 2-27 所示为单相桥式整流电路，输出端并联了一个较大的电容 C，构成电容滤波电路。设电容两端初始电压为零，并假定在 $\omega t=0$ 时接通电路，u_2 为正半周，当 u_2 由零上升时，D_1、D_4 导通，C 被充电，同时电流向负载电阻供电。如果忽略二极管正向电压降和变压器内阻抗，电容充电时间常数近似为零，因此，$u_d=u_C\approx u_2$，在 u_2 达到最大值时，u_C 也达到最大值，见图 2-27(b)中的 a 点；然后 u_2 下降，此时 $u_C>u_2$，D_1、D_4 截止，电容 C 向负载电阻 R 放电，由于放电时间常数 τ 一般较大（$\tau=RC$），电容电压 u_C 按指数规律缓慢下降。当 u_C (u_d)下降到图 2-27(b)中的 b 点后，$u_2>u_C$，D_2、D_3 导通，电容 C 再次被充电，输出电压增大。之后重复上述充、放电过程，便可得到图 2-27(b)所示的输出电压波形，它近似为一锯齿波直流电压。

在整流电路中，为稳定输出电压，一般 C 值取较大，通常在 1000 pF 以上，这样 RC 越大，电容放电速度就越慢。而电容越大，冲击电流也越大，从图 2-27(b)所示的波形可以看

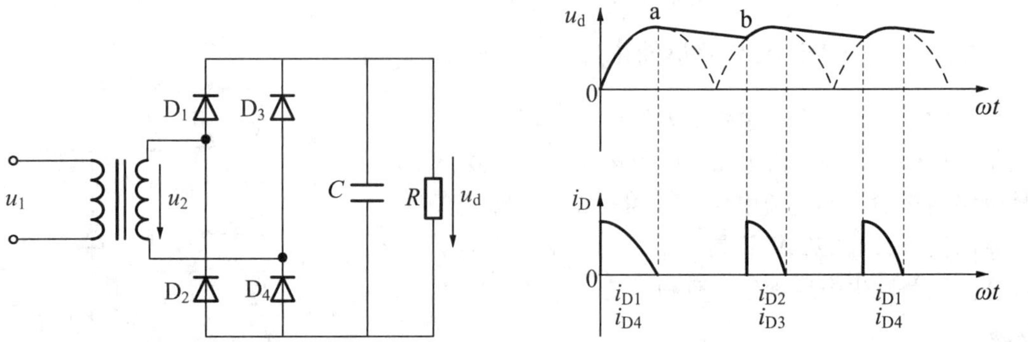

(a)电路　　　　(b)电压、电流波形

图 2-27　电容滤波电路及输出电压、电流波形

出，电容滤波的冲击电流比较大，过大的冲击电流会损坏电路及元件，因此在大容量的场合应用电容滤波时，需要采取相应的防护措施，比如交流传动电力机车、动车组变流器采用了电容滤波，启动初期先通过充电电阻充电，限制充电电流，当电压升高到一定值后再切除充电电阻，使变流器正常运行。

一般取放电时间常数 $RC \geqslant (3\sim5)\dfrac{T}{2}$。$u_d$ 与负载 R 有关，R 越大，输出电压 u_d 就越大；R 越小，输出电压 u_d 也越小。当 RC 很大时，输出平均电压 $U_d \approx \sqrt{2}U_2$；而 RC 较小时，输出平均电压通常取 $U_d \approx (1.1\sim1.2)U_2$，因此，电容滤波虽然电路简单，但输出特性较差且与负载有关，只适合于负载变动不大的场合。

2.4.2　电感滤波电路

电感滤波器（L）是在负载端串联一个大电感 L，利用电感电流不能突变的原理，使电感起着阻止负载电流变化使之趋于平直的作用，如图 2-28 所示，当电感很大时，电感的交流阻抗 ωL 很大，而电感直流阻抗却很小，因此交流电压大都落在电感上，而直流电压都落在负载电阻上。电感 L 对于工频交流电，一般取值较大，在几亨以上，L 越大，滤波效果越好，但体积也越大。当电感比较大时，输出平均电压 $U_d = 0.9U_2$，电流平直。

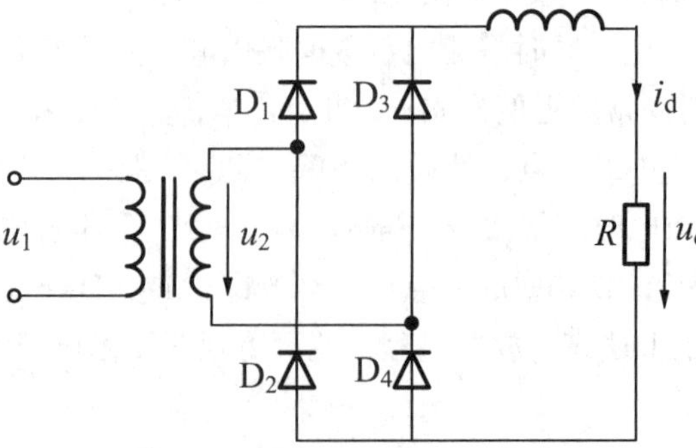

图 2-28　电感滤波电路

电感滤波器的主要优点是带负载能力强，缺点是体积大、成本高，且电磁辐射较强；电感元件本身的直流阻抗还会引起电压损失和较大的功率损耗，但负载对输出电压影响相对较小，因此电感滤波器适用于大容量的场合。

2.4.3 L-C 滤波电路

如果只采用电容进行滤波，电容充电瞬间冲击电流比较大，这对电容、晶闸管及变压器的容量要求都很高，而为了抑制电容冲击电流，在直流侧常常串入一个电感 L，与负载侧电容形成 L-C 滤波电路，如图 2-29 所示，L-C 滤波器实质上是一个低通滤波器，截止频率为 $f_L = \dfrac{1}{2\pi\sqrt{LC}}$，通过改变 L、C 的大小可以改变截止频率的大小。由于电感 L 具有阻碍电流变化的作用，因此冲击电流的上升沿缓和了很多，电流脉动较小，电压波形也变得平直。L-C 滤波器可以用在大容量的场合，且 L、C 的取值都可以不太大。这种滤波电路在 DC-DC 变换器中得到了广泛应用。

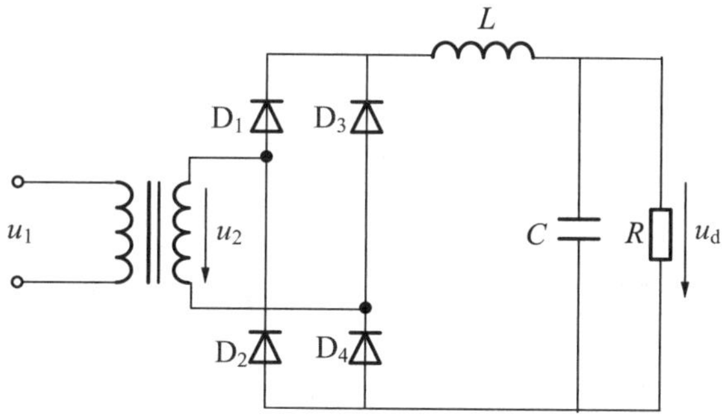

图 2-29 L-C 滤波电路

2.5 晶闸管触发电路

为了保证相控整流电路的正常工作，最重要的是应保证按触发角 α 的大小在正确的时刻向电路中的晶闸管施加有效的触发脉冲。常用的晶闸管触发电路包括单结晶体管触发电路和晶体管触发电路。晶体管触发电路利用晶体管的开关特性，由同步移相、脉冲形成、放大输出等环节组成，按其同步信号的不同，可分为正弦波同步式和锯齿波同步式两种基本类型。正弦波同步式是指同步电压为正弦波；锯齿波同步式是指同步电压为锯齿波。本节主要介绍单结晶体管触发电路，对于晶体管触发电路，请同学们参考有关文献。

2.5.1 晶闸管的驱动要求

触发信号常采用脉冲形式，触发脉冲的相位必须与主电路电源电压保持固定相位关系，即同步，而且触发时必须满足晶闸管阳极 A 和阴极 K 之间的电压为正向电压，即 $U_{AK} > 0$；触发脉冲的移相范围与主电路形式、负载性质及变流装置的用途有关。

触发脉冲的基本要求如下：

① 正向脉冲：门极对阴极为正电压。

② 脉冲形式：宽脉冲、窄脉冲、脉冲列均可。

③ 与主电路同步：保持固定相位关系。

④ 与主电路隔离：高、低压电源隔离。

⑤ 抗干扰能力：防止误触发。

2.5.2 单结晶体管触发电路

单结晶体管（简称 UJT）又称基极二极管，是一种常用的半导体器件，它虽有三个管脚，很像半导体三极管，但它只有一个 PN 结，即一个发射极和两个基极，所以又称它为双基极二极管；它的基片为条状的高阻 N 型硅片，两端分别引出两个基极 B_1 和 B_2，在硅片中间略偏 B_2 一侧用合金法制作一个 P 区作为发射极 E。

单结晶体管的内部结构、等效电路、符号表示如图 2-30(a)、(b)、(c)所示。引脚 B_1、B_2 分别为第一基极和第二基极（双基极），E 为发射极。E 极和 N 型硅片间构成一个 PN 结。PN 结 A 点至两基极间的等效电阻分别用 R_{B1} 和 R_{B2} 表示。

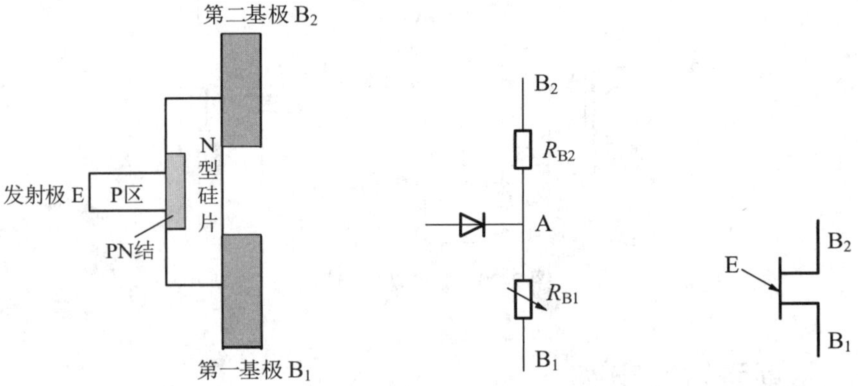

(a)内部结构　(b)等效电路　(c)电路符号

图 2-30　单结晶体管的内部结构、等效电路和电路符号

单结晶体管的特性如图 2-31(a)所示，其特性有两个特征点：峰点 P 和谷点 V，对应有峰点电压 U_P、峰点电流 I_P 及谷点电压 U_V 和谷点电流 I_V。发射极电压由 0 开始上升，当发射极电压低于峰点电压 U_P 时，PN 结不导通，单结晶体管截止；当发射极电压上升至峰点电压 U_P 时，PN 结导通，单结晶体管导通，由截止区进入负阻区；当发射极电压小于谷点电压 U_V 时，单结晶体管就恢复截止。峰点电压

$$U_P = \eta U + U_D$$

式中　U_D——单结晶体管中 PN 结的正向电压降，一般为 0.7 V。

η——分压比，即

$$\eta = \frac{R_{B1}}{R_{B1} + R_{B2}} \tag{2-28}$$

其中，R_{B1}、R_{B2}为单结晶体管的内部电阻。

单结晶体管的典型电路如图 2-31(b)所示，其中 R_1、R_2 是外加的电阻，接通电源 U 后，经 R 向电容 C 充电使电容电压按指数规律增加。当 $u_C = U_P$ 时，单结晶体管导通，此时电容 C 经单结晶体管向 R_1 放电，通常 R_1 取值很小，放电很快，放电电流在 R_1 上形成一个脉冲电压 u_g，随着电容 C 放电使 u_C 下降到谷点电压 U_V 时，单结晶体管截止。而后电源 U 再次经 R 向电容充电，因此在电阻 R_1 上得到一个又一个的脉冲电压 u_g，如图 2-31(c)所示。改变电阻 R 的值就可以改变触发脉冲 u_g 的频率和相位，电阻 R 调小，则 $\tau = RC$ 小，u_C 上升速度加快，单结晶体管提前导通，触发脉冲前移；反之，则单结晶体管滞后导通，触发脉冲后移。

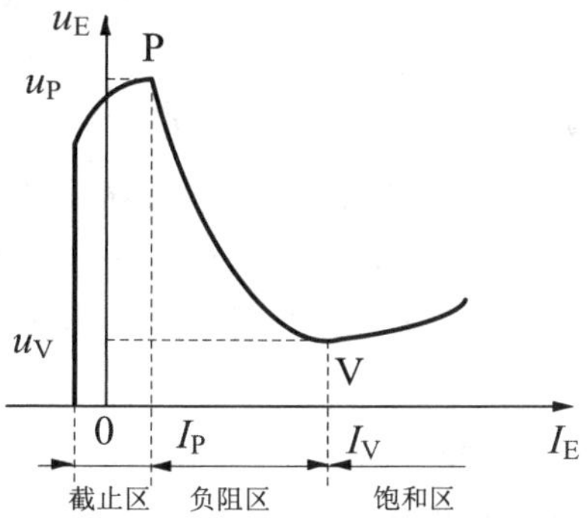

(a)特性

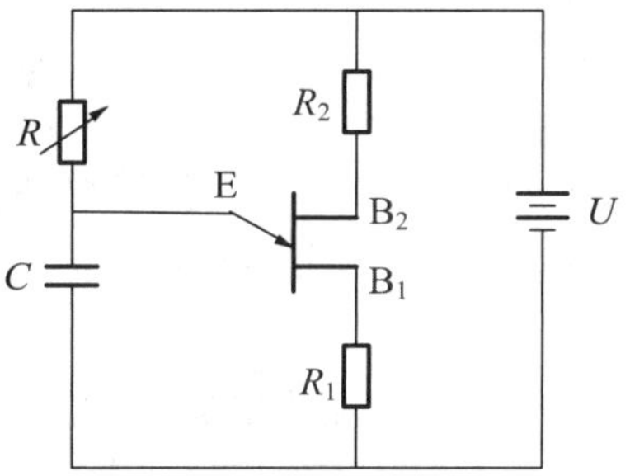

(b)典型电路

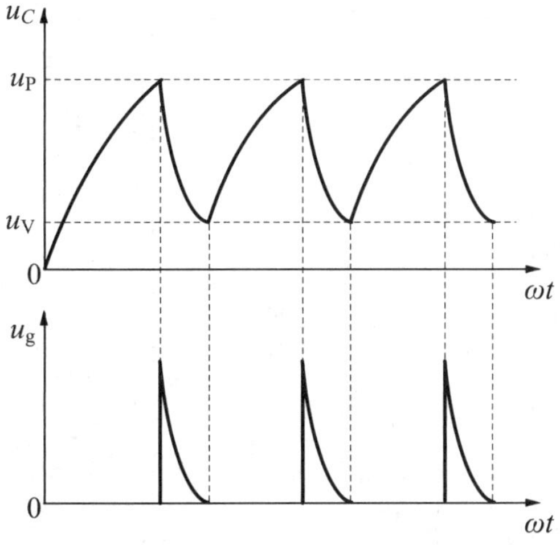

(c)脉冲波形

图 2-31　单结晶体管的特性、典型电路及脉冲波形

图 2-31(b)中电路参数的选择应注意：

① 如果 R_1 或 C 太小，放电快，则触发脉冲的宽度小，不能使晶闸管触发；而 R_1 如果太大，当单结晶体管尚未导通时，其漏电流可能在 R_1 上产生较大的电压，这个电压施加在晶闸管的控制极上导致误触发，因此 R_1 上的电压一般低于 0.3 V。

② 电阻 R 不能太大，否则在峰点电流 I_P 处的电压低于 U_P 而不能触发单结晶体管；电阻 R 也不能太小，否则充电速度过快，单结晶体管导通后，电容电压 u_C 可能会始终大于谷点电压 U_V 而不能截止，造成单结晶体管的直通现象。应满足 $\dfrac{U-U_P}{I_P}>R>\dfrac{U-U_V}{I_V}$。

③ 电容也不能选得太大，否则为减小充电时间，充电电阻 R 必须很小，容易发生单结晶体管的直通现象。

单结晶体管的触发脉冲调节电路如图 2-32 所示，图中左侧的二极管 D_1 是单方向导通，保证触发脉冲与主电路同步，在正半波触发晶闸管。两个稳压管 D_2 、D_3 主要是给 R_P 提供稳定的工作电压。下面分析触发控制角 α 的调节原理：当调节可调电阻 R_P 时，如 R_P 滑线上移，根据 $u_1=u_{BE1}+i_{E1}R$，则电流 i_{E1}、i_{c1} 变大。i_{c1} 变大使电压 u_{c1} 变大，A 点电位 u_A 变低。根据 $u_{c1}=u_{E2}+u_{BE2}$，u_{c1} 变大则 u_{E2} 变大，i_{E2} 也变大，因此电容 C 的充电电流 i_C 变大，电容电压 u_C 的上升速度变快，单结晶体管导通提前，使第一个触发脉冲前移，触发控制角 α 变小；反之，R_P 滑线下移，则控制角 α 变大。上述过程中电路各点的电压波形如图 2-33 所示，其中起触发晶闸管作用的是第一个触发脉冲。从图 2-33 中也可以看出，在 u_1 正半周时，才有触发脉冲。

单结晶体管触发电路输出脉冲较窄，且输出功率也小。在要求较高、功率较大的晶闸管变流器中，经常采用性能更好的由晶体管组成的触发电路，包括正弦波同步式和锯齿波同步式两种。

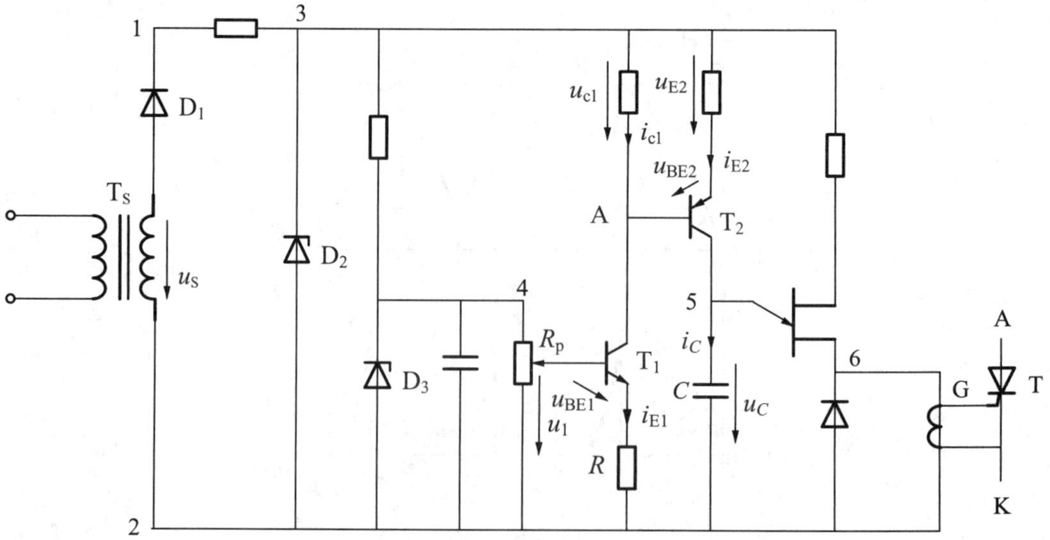

图 2-32　单结晶体管触发脉冲调节电路

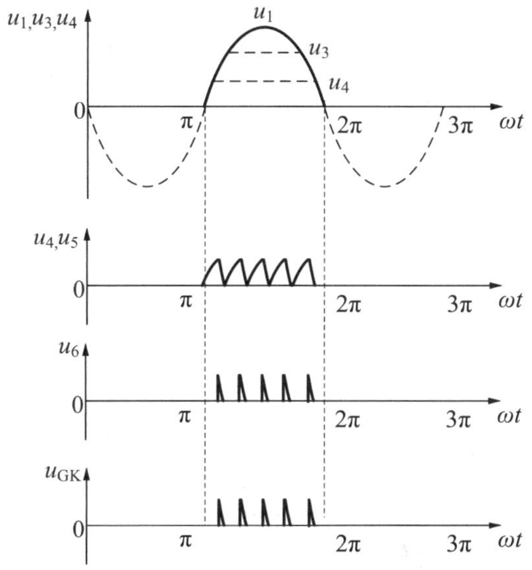

图 2-33 单结晶体管触发电路及各点电压波形

2.6 SS_{4G}型电力机车整流柜及 DC 600 V 列车供电柜

2.6.1 SS_{4G}型电力机车整流柜的调压原理

单相桥式半控整流电路与单相桥式全控整流电路相比，其主电路成本低，触发电路简单，功率因数更高，在交-直传动电力机车中得到了广泛的应用。SS_{4G}型电力机车整流柜中的主电路，其整流调压电路采用的三段不等分半控桥就是单相桥式半控整流电路的具体应用，如图 2-34 所示，其中 D_1、D_2、T_1、T_2 构成的单相半控桥由绕组 a_2x_2 供电，为一段桥，控制 T_1、T_2 的控制角 α_1 即可调节一段桥的输出电压；D_3、D_4、T_3、T_4 构成的单相半控桥由绕组 a_4b_4 供电，为二段桥，控制 T_3、T_4 的控制角 α_2 即可调节二段桥的输出电压；D_3、D_4、T_5、T_6 构成的单相半控桥由绕组 b_4x_4 供电，为三段桥，控制 T_5、T_6 的控制角 α_3 即可调节三段桥的输出电压。各段绕组的电压比为 2∶1∶1。在机车低速起动阶段，电机供电电压较低，只开通一段半控桥，二段桥和三段桥都封锁（$\alpha_2=\alpha_3=\pi$），通过调整 α_1 调节整流电路输出直流电压为 $U_d=0.9U_{a2x2}\dfrac{1+\cos\alpha_1}{2}$，$U_d$ 从 0 V 上升到 $\dfrac{1}{2}U_{d0}$，从而调节机车速度；当机车运行速度提高后，牵引电机需要更高的供电电压，让一段桥满开（$\alpha_1=0°$），然后打开二段桥（调节 α_2），整流电路电压继续升高，调压公式为 $U_d=\dfrac{1}{2}U_{d0}+0.9U_{a4b4}\dfrac{1+\cos\alpha_2}{2}$，满开后（$\alpha_2=0°$）电压可上升到 $U_d=\dfrac{3}{4}U_{d0}$；二段桥满开后如果还要继续升压提速，再打开三段桥（调节 α_3），整流器输出电压继续升高，调压公式为 $U_d=\dfrac{3}{4}U_{d0}+0.9U_{b4x4}\dfrac{1+\cos\alpha_3}{2}$，

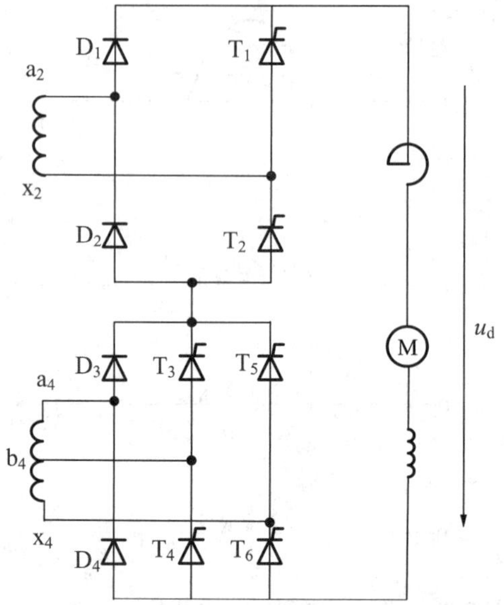

图 2-34　三段不等分半控桥整流调压电路

满开后（$\alpha_3 = 0°$）输出直流电压可升到 $U_d = U_{d0}$，直到牵引电机端电压达到额定电压，机车达到一定运行速度。这就是三段不等分半控桥顺序升压控制过程，其降压顺序控制过程与上述升压顺序控制过程相反，读者可自行分析。

2.6.2　DC 600 V 列车供电柜

DC 600 V 列车供电柜有两套完全独立的供电系统，其电路原理完全相同，如图 2-35 所示，单相交流输入电压为 AC 860 V，由主变压器供电绕组 $a_7(a_8)$-$x_7(x_8)$提供，经接触器 30 KM 与快速熔断器 1FU 到单相半控整流桥与电流传感器 9SC，通过滤波电抗器 L1 和柜内的滤波电容器 29C、33C，输出直流电压 600 V。

整流桥的交流侧并联了由电阻 67R、68R、电容 31C 和压敏电阻 RL1 组成的过电压吸收电路以及控制用同步变压器 4T，同步变压器提供整流用同步移相电压信号，该信号还可作为整流器投入或停止工作的电压提示信号；同时，有元件击穿短路时，快速熔断器 1FU 能快速熔断以保护、分断主电路，避免故障的进一步扩大。整流桥内各元件两端并联 RC 滤波电路用于吸收元件的换相过电压。

直流侧输出由平波电感 L1、滤波电容 29C、33C 构成滤波电路。直流侧还有空载电阻 69R、70R 与检测用电流传感器 9SC，电压传感器 3SV、5SV。主电路接地保护通过 7SV 取得电压信号，由微机控制板实现，当主电路或客车 600 V 干线某点接地，列车供电柜封锁脉冲，同时将接地故障信息送到 TCMS。电压传感器 3SV、5SV 实现保护冗余。直流输出通过位于机车两端的 4 芯连接器 15XS(16XS)、17XS(18XS)对外供电。每套供电系统输入侧还有电流互感器，用于判断交流过电流的状态。

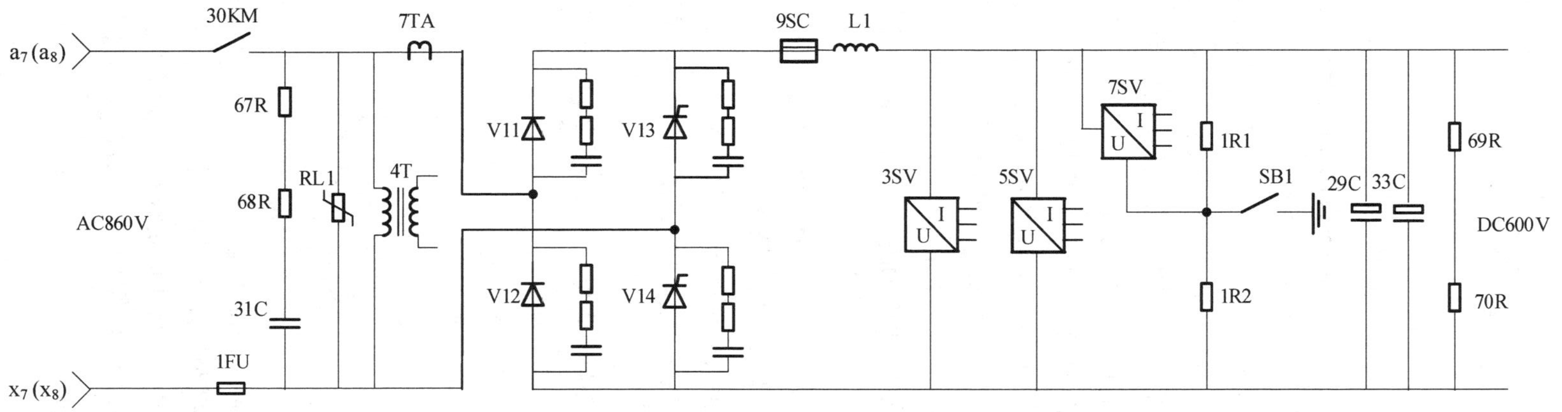

图 2-35　DC 600 V 列车供电柜的原理电路

本章小结

1. 晶闸管的导通条件是加上阳极正向电压的同时在门极上加上驱动电压和驱动电流，但在晶闸管导通后，门极即失去作用，门极只控制晶闸管的开通而不能控制关断，属于半控型器件。

2. 单相半波可控整流电路是分析其他可控整流电路的基础，但由于只有半波流过电流，所以存在变压器直流磁化现象。单相桥式全控整流电路不存在变压器直流磁化现象，但需要较多的晶闸管，成本较高，所以也常采用单相桥式半控整流电路，其简单、经济、可靠。

3. 大功率场合采用三相桥式可控整流电路。

4. 整流电路的负载包括电阻性负载、阻感性负载、含有反电动势负载等，其负载输出电压波形会有很大不同，掌握各种负载的特点对分析输出电压的波形会有很大帮助。

5. 整流电路伴随半波整流、全波整流、三相半波整流、三相全波整流，在一个周期中波头数分别为 1 个、2 个、3 个、6 个，波形脉动程度逐渐减小，波形平滑程度逐渐改善，为了得到更加平滑的直流电，在整流器后面采用了滤波器，在交-直-交电力传动机车和动车组中普遍采用电容滤波器。

6. 触发电路是控制晶闸管导通的重要组成部分。本章只介绍了简单的单结晶体管触发电路，还有正弦波触发电路、锯齿波触发电路等。

7. SS_{4G}型电力机车采用单相三段不等分半控桥整流电路，DC 600 V 供电柜采用了简单的单相半控桥整流电路，CRH_1型动车组电池充电模块输入整流器采用了三相桥式半控整流电路。

8. 学习本章内容，应重点掌握各种可控整流电路的输出电压、电流波形分析，另外还要能进行简单的参数计算。

思考题

1. 晶闸管的导通条件和关断条件是什么？

2. 试解释晶闸管开通和关断时的特性曲线。

3. 单相桥式全控整流电路中，带纯电阻负载时，晶闸管触发角 α 的移相范围是多少？

4. 单相桥式全控整流电路如题 4 图所示，已知 $U_2 = 100\ \text{V}$，负载 $R = 2\ \Omega$，当触发角 $\alpha = 30°$ 时，试回答以下问题：

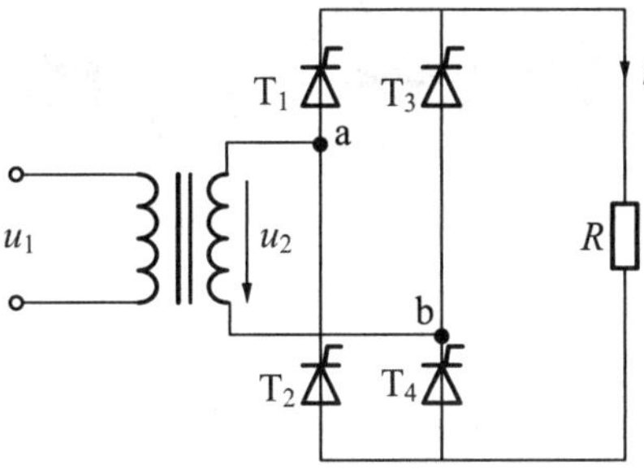

题 4 图

①画出输出电压 u_d 、输出电流 i_d 和晶闸管两端电压 u_{T1} 的波形。

②求整流输出平均电压 U_d 、平均电流 I_d 。

③求晶闸管承受的最大电压 U_{Tmax} 。

④求流过晶闸管电流的平均值 I_{dT} 。

5. 三相半波可控整流电路如题 5 图所示，已知 $U_2 = 100\ \text{V}$ ，负载 $R = 2\ \Omega$ ，当触发角 $\alpha = 0°$ 时，试回答以下问题：

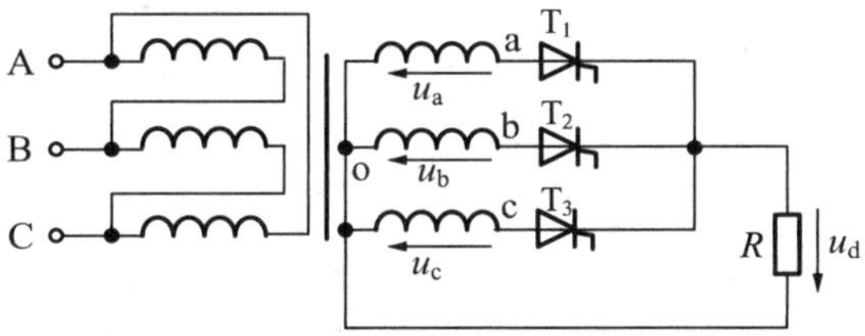

题 5 图

① 画出输出电压 u_d 、输出电流 i_d 和晶闸管两端电压 u_{T1} 的波形。

② 求整流输出平均电压 U_d 、平均电流 I_d 。

③ 求晶闸管承受的最大电压 U_{Tmax} 。

6. 简述电容(C)滤波电路、电感(L)滤波电路和 L-C 滤波电路各自的特点。

7. 简述 SS4G 型电力机车三段不等分半控桥的调压原理。

第 3 章　全控型电力电子器件

前两章分别介绍了不控型电力电子器件电力二极管(D)和半控型电力电子器件晶闸管（SCR），本章介绍典型的四种全控型电力电子器件：门极可关断晶闸管（GTO）、电力晶体管（GTR）、金属氧化物场效应管（MOSFET）、绝缘栅双极型晶体管（IGBT）。

3.1　门极可关断晶闸管

门极可关断晶闸管（Gate Turn-off Thyristor，GTO）是一种具有自关断能力的电流驱动型晶闸管。GTO 由门极正脉冲信号控制导通、由门极负脉冲信号控制关断，开通时与晶闸管 SCR 相似，关断时则完全不同。GTO 处于断态时，如果有阳极正向电压，在其门极加上正向触发脉冲电流后，可由断态转入通态；GTO 已处于通态时，在其门极加上足够大的反向脉冲电流，可由通态转入断态。由于 GTO 不需要用外部电路强迫关断或使其阳极电流为零被关断，仅由门极加负脉冲电流就可以关断，简化了电力变换主电路，减少了关断损耗。因此，GTO 是一种比较理想的大功率开关器件。随着 GTO 的发展，产生了先进的交-直-交传动系统，并逐步取代了交-直传动系统，德国 ICE 系列、国产的“中华之星”动车组的主变流器均采用了 GTO 元件。

3.1.1　GTO 的结构与工作原理

同晶闸管 SCR 一样，GTO 的外部也引出阳极、阴极、门极 3 个电极，但和普通晶闸管不同的是，GTO 是多元的功率集成器件。尽管外部同样引出 3 个电极，但内部则包含数十个甚至数百个共阳极的小 GTO 单元，这些小 GTO 单元的阴极和门极在器件内部并联在一起，且每个 GTO 单元的阴极和门极的距离很短，从而有效减少了横向电阻，能从门极抽出较大电流，易于 GTO 关断。GTO 的这种特殊结构是为了便于实现门极控制关断而设计的。图 3-1(a)所示为典型的 GTO 各单元阴极、门极间隔排列的图形和其并联单元结构的断面示意图，图 3-1(b)所示为 GTO 的电气图形符号，其中 A、K 和 G 分别表示 GTO 的阳极、阴极和门极。

GTO 也是一种 PNPN 四层结构的半导体器件，如图 3-2(a)所示。同晶闸管一样，可以把 GTO 等效为图 3-2(b)所示的由两个等效晶体管组成的等效电路。其中 β_1 为 $P_1N_1P_2$ 晶体管 T_1 的共基极电流放大系数，β_2 为 $N_1P_2N_2$ 晶体管 T_2 的共基极电流放大系数。当 $\beta_1+\beta_2=1$ 时，GTO 临界导通；当 $\beta_1+\beta_2>1$ 时，两个等效晶体管过饱和而使 GTO 导通；当 $\beta_1+\beta_2<1$ 时，GTO 不能维持饱和导通而关断。与 $\beta_1+\beta_2=1$ 状态对应的阳极电流称为临界导通电流。

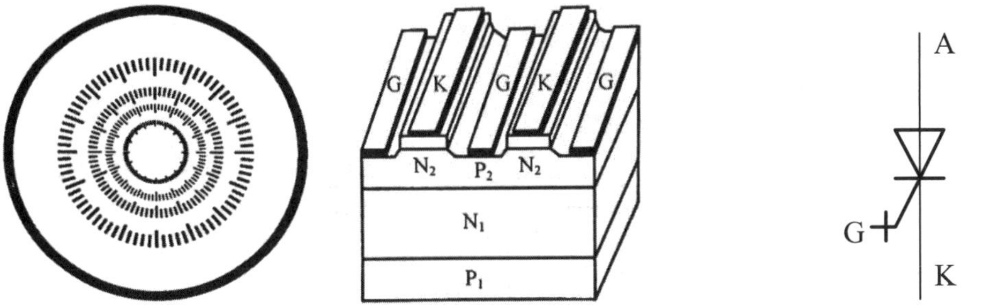

(a)内部结构　　　　　　　　(b)电气图形符号

图 3-1　GTO 的内部结构和电气图形符号

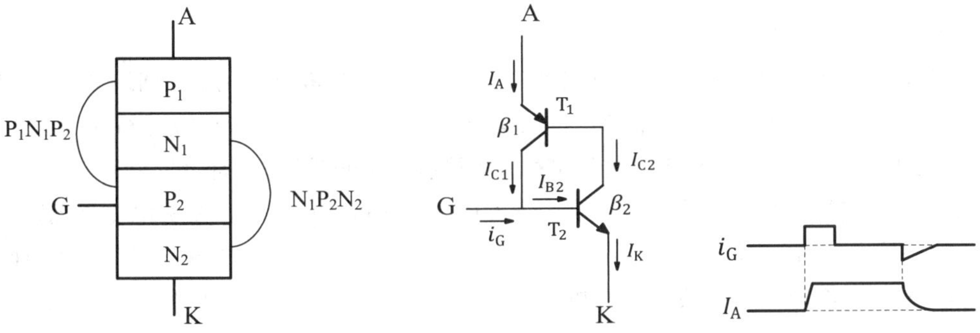

(a)结构模型　　　　　　(b)等效电路　　　　　　(c)驱动电流波形

图 3-2　GTO 元件的结构模型、等效电路和驱动电流波形示意图

GTO 的开通过程和 SCR 类似，也是一个电流正反馈增大的过程，即

$$i_G\uparrow\rightarrow I_{B2}\uparrow\rightarrow I_{C2}\uparrow\rightarrow I_{C1}\uparrow\rightarrow I_{B2}\uparrow\rightarrow I_{C2}\uparrow\rightarrow I_{C1}\uparrow\rightarrow\cdots\rightarrow I_{AM}$$

GTO 与 SCR 不同的是，在 GTO 门极加上一个合适的反向电流后可以使其关断，其关断的基本过程是：足够大的门极反向电流 i_G 将 I_{B2} 抽走，I_{C2} 下降，进一步使得 I_{C1}、I_{B2} 下降，两个晶体管的电流放电倍数 β_1 和 β_2 也下降，当 $\beta_1+\beta_2<1$ 后，就会最终使 I_A 变为零，GTO 关断。图 3-2(c)所示为 GTO 的驱动电流波形。

3.1.2　GTO 的基本特性

3.1.2.1　阳极伏安特性

GTO 阳极与阴极之间的电压 U_{AK} 与阳极电流 I_A 之间的关系称为阳极伏安特性，GTO 的阳极伏安特性如图 3-3 所示。当外加电压超过正向转折电压 U_{DRM} 时，GTO 即正向开通，这种现象称为电压触发，此时不一定会破坏 GTO 的性能；但若外加电压超过反向击穿电压 U_{RRM} 之后，GTO 会发生雪崩击穿现象，极易损坏器件。将 90%U_{DRM} 值定义为正向额定电压，将 90%U_{RRM} 值定义为反向额定电压。当在门极上加上门极电流 I_G 时，GTO 正向转折电压大大降低，GTO 正常开通。

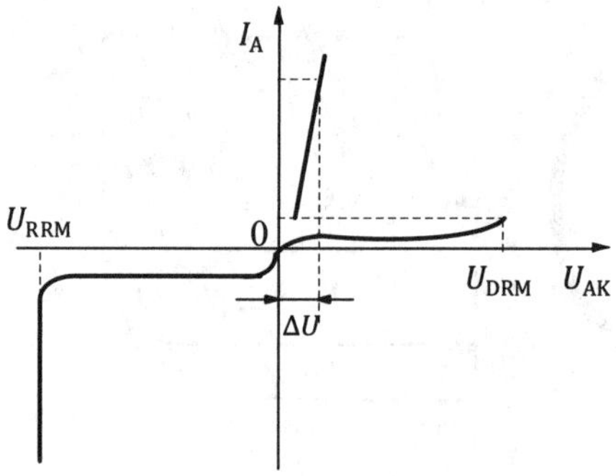

图 3-3　GTO 的阳极伏安特性

3.1.2.2　动态特性

图 3-4 所示为 GTO 开通和关断过程中门极电流 i_G 和阳极电流 i_A 的波形。与普通晶闸管类似，GTO 的开通时间 t_{on} 包括延迟时间 t_d 和上升时间 t_r，$t_{on}=t_d+t_r$。GTO 的关断过程有所不同，需要经历抽取饱和导通时储存的大量载流子的时间——储存时间 t_s，从而使等效晶体管退出饱和状态；然后则是等效晶体管从饱和区退至放大区，阳极电流逐渐减小的时间——下降时间 t_f；最后还有残存载流子复合所需的时间——尾部时间 t_t；关断时间为 $t_{off}=t_s+t_f$，关断时间不包括尾部时间。

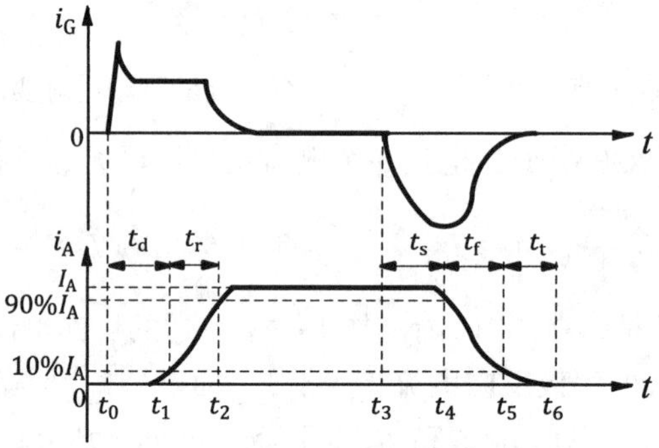

图 3-4　GTO 的开通与关断过程门极驱动电流和阳极电流波形

3.1.3　GTO 的主要参数

GTO 的许多技术参数和普通晶闸管的相应参数意义相同，下面只介绍几个意义不同的参数。

1）最大可关断阳极电流 I_{ATO}

最大可关断阳极电流 I_{ATO} 是 GTO 的标称额定电流参数，表示 GTO 的容量，这与普通晶闸管以通态平均电流作为平均电流是不同的。目前 GTO 的 I_{ATO} 值最高可达到 9000 A。

GTO 导通的必要条件是：

$$\beta_1+\beta_2>1 \tag{3-1}$$

GTO 关断的必要条件是：

$$\beta_1+\beta_2<1 \tag{3-2}$$

GTO 导通后，若阳极电流过大，必然使 I_{C1}、I_{C2} 也很大，$\beta_1+\beta_2$ 当然也大，从而使 GTO 处于深度饱和状态，关断电压很难将 I_{C1} 从 GTO 门极抽出，也就不能使 $\beta_1+\beta_2$ 下降到满足式(3-2)的条件，故不能关断 GTO。若最大可关断阳极电流为 I_{ATO}，那么关断 GTO 时需要抽出的最小门极电流 $|-I_{GM}|$ 要满足：

$$|-I_{GM}|>\frac{\beta_1+\beta_2-1}{\beta_2}\times I_{ATO} \tag{3-3}$$

它们之间的临界关系也可以用电流关断增益 β_{off} 来表示。

2）电流关断增益 β_{off}

最大可关断阳极电流与门极负脉冲电流最大值 I_{GM} 之比称为电流关断增益，即

$$\beta_{off}=\frac{I_{ATO}}{I_{GM}} \tag{3-4}$$

β_{off} 反映了 GTO 的关断能力，β_{off} 不能太大，一般取 3 ~ 5，否则 GTO 将处于深度饱和状态，难以关断。I_{ATO} 值达 1000 A 的 GTO，关断时门极负脉冲电流的峰值达 200 A，数值很大。

3）浪涌电流 I_{TSM}

GTO 可以承受时间很短、幅值很高的尖峰电流，该尖峰电流称为浪涌电流，用 I_{TSM} 表示。浪涌电流一般是因不正常工作状态或故障造成的。GTO 能承受的浪涌电流的幅值和持续时间是有限的，一般由 I^2t 的值决定。I^2t 值代表了 GTO 在持续时间不满 10 ms 的期间内通过正向非重复电流的能力。

4）开通时间 t_{on} 和关断时间 t_{off}

开通时间 t_{on} 是指延迟时间与上升时间之和。GTO 的延迟时间一般为 1 ~ 2 μs，上升时间则随通态阳极电流值的增大而增大。

关断时间 t_{off} 是指储存时间和下降时间之和，但不包括尾部时间。GTO 的储存时间随阳极电流的增大而增大，下降时间一般小于 2 μs。

5）$\mathrm{d}u/\mathrm{d}t$ 和 $\mathrm{d}i/\mathrm{d}t$

$\mathrm{d}u/\mathrm{d}t$ 包括静态 $\mathrm{d}u/\mathrm{d}t$ 和动态 $\mathrm{d}u/\mathrm{d}t$。静态 $\mathrm{d}u/\mathrm{d}t$ 是指 GTO 处于阻断状态时的 $\mathrm{d}u/\mathrm{d}t$，过高会使 GTO 结电容流过较大的电流，引发误导通。动态 $\mathrm{d}u/\mathrm{d}t$ 是 GTO 关断过程中的 $\mathrm{d}u/\mathrm{d}t$，此时如果电压上升过快，即 $\mathrm{d}u/\mathrm{d}t$ 太大，则关断作用可能失效。

GTO 的门极并非在管芯的整个断面上都有，而是具有特定的结构。GTO 的 $\mathrm{d}i/\mathrm{d}t$ 意味着在 GTO 开通过程中，其管芯的通电流面积是由小到大变化的。所以，如果 $\mathrm{d}i/\mathrm{d}t$ 太大，势必会造成电流集中，使管芯局部发热并难以散开，发生局部热点，从而损坏 GTO。

3.2 电力晶体管

电力晶体管 GTR（Giant Transistor）是一种耐高电压、大电流的双极结型晶体管（Bipolar Junction Transistor，BJT）。通常把集电极最大允许耗散功率在 1 W 以上，或最大集电极电流在 1 A 以上的三极管称为电力晶体管或大功率晶体管。电力晶体管既有晶体管的固有特性，又扩大了功率容量，它在大功率电力变换电路中（10 kHz 以下）应用较多。

3.2.1 GTR 的结构和工作原理

GTR 有 NPN 型和 PNP 型两类，有单管 GTR、达林顿式 GTR（复合管）和 GTR 模块等几种形式。单管 GTR 的饱和压降 U_{ces} 低，开关速度稍快，但其电流增益 β 小，电流容量小，驱动功率大，一般用于容量较小的逆变电路。达林顿式 GTR 的电流增益 β 值大，电流容量大，驱动功率小，但饱和压降 U_{ces} 较高，关断速度较慢。单管 GTR 和达林顿式 GTR 在现代逆变电路中已不常用，目前应用比较广泛的是 GTR 模块，它是将 2 只、4 只、6 只甚至 7 只单管 GTR 或达林顿式 GTR 的管芯封装在一个管壳内，分别组成单桥臂、单相桥、三相桥和带泄放管的三相桥形式，外壳绝缘，便于设计和安装。

GTR 与普通双极结型晶体管的基本原理是一样的。GTR 通常采用至少由 2 个晶体管按达林顿式接法组成的单元结构，它同 GTO 一样采用集成电路工艺将许多这样的单元并联组成。单管 GTR 的结构与普通双极结型晶体管是类似的。如图 3-5 所示，GTR 是由三层半导体（分别引出集电极、基极和发射极）形成的两个 PN 结（集电结和发射结）构成，多采用 NPN 结构。图 3-5(a)、(b)所示分别为 NPN 型 GTR 的内部结构断面示意图和电气图形符号。注意：表示半导体类型的字母的右上角标志“+”表示高掺杂浓度，“-”表示低掺杂浓度。

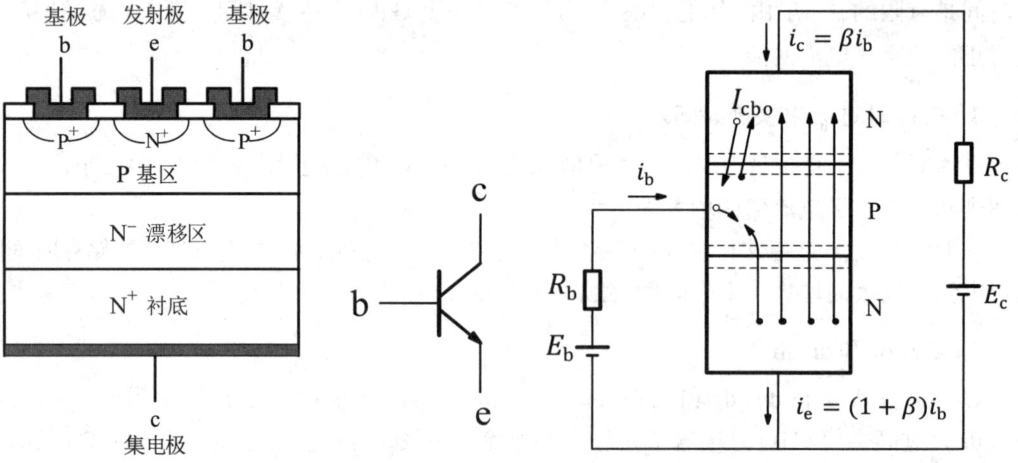

(a)内部结构　　(b)电气符号　　(c)内部载流子的运动

图 3-5　GTR 的结构、电气图形符号和内部载流子流动示意图

GTR 与普通双极结型晶体管相比多了一个 N^- 漂移区（低掺杂 N 区），这与电力二极管中的掺杂作用一样，是用来承受高电压的，而且 GTR 导通时也是靠从 P 区向 N^- 漂移区注

入大量的少子形成的电导调制效应来减小通态电压和损耗的。

GTR 通常采用共发射极接法，图 3-5(c)所示为共发射极接法时的 GTR 内部主要载流子流动情况。集电极电流 i_c 与基极电流 i_b 之比为

$$\beta = \frac{i_c}{i_b} \tag{3-5}$$

式中　β——GTR 的电流放大系数，它反映了基极电流对集电极电流的控制能力。

3.2.2　GTR 的基本特性

3.2.2.1　静态特性

图 3-6 所示为 GTR 共发射极接法时的典型输出特性，可分为三个工作区：截止区、放大区和饱和区。在截止区，$I_b = 0$，I_c 很小，为集电极发射极漏电流。在放大区，当 I_b 增大时，I_c 也跟随 I_b 线性增加。在饱和区，随着 U_{ce} 降低，I_c 已没有增长能力，U_{ce} 很小，相当于开关接通，此时尽管电流很大，但损耗并不大。在电力电子电路中，GTR 工作在开关状态，即工作在截止区和饱和区，GTR 在开关过程中，即在截止区和饱和区之间过渡时，一般要经过放大区。

3.2.2.2　动态特性

动态特性用来描述 GTR 开关过程中的瞬态性能，又称为开关特性，在实际应用中，GTR 频繁工作在开关状态。图 3-7 所示为 GTR 开通和关断过程中基极电流和集电极电流的波形。

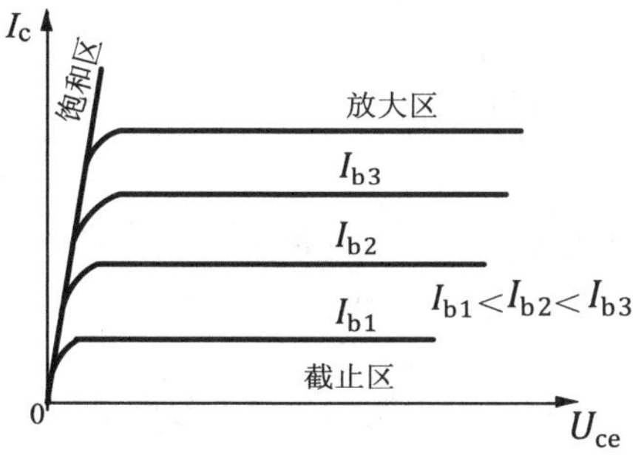

图 3-6　共发射极接法时 GTR 的输出特性

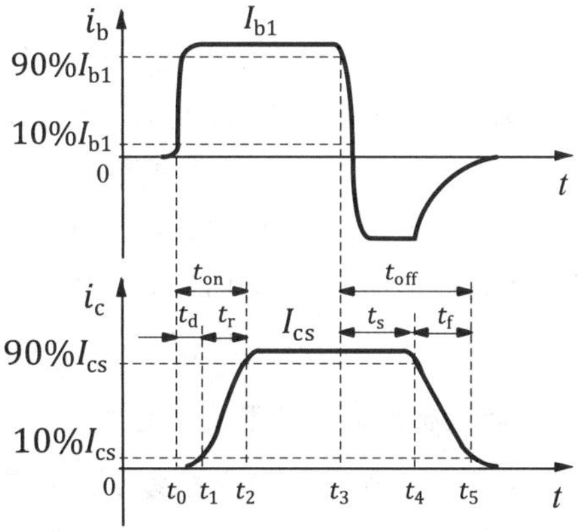

图 3-7　GTR 开通和关断过程中的电流波形

GTR 的开通过程是从 t_0 时刻注入基极电流，经过一小段时间后，集电极电流开始上升，逐渐增至饱和电流 I_{cs}，把 i_c 达到 $10\% I_{cs}$（t_1 时刻）的这段时间称为延迟时间 t_d，把 i_c 从 $10\% I_{cs}$ 达到 $90\% I_{cs}$（t_2 时刻）的这段时间称为上升时间 t_r，把延迟时间 t_d 和上升时间 t_r 之和称为开通时间 t_{on}，$t_{on} = t_d + t_r$。延迟时间主要是由发射结势垒电容和集电结势垒电容充电产生的。增大基极驱动电流 i_b 的幅值并增大 di_b/dt 可以缩短延迟时间，同时也可以缩短上升时间，从而加快开通过程。

GTR 关断时，通常给基极加一个负的电流脉冲，经过一段时间后集电极电流开始减小，再逐渐降为 0，把 i_c 从稳态值 I_{cs} 降为 90% I_{cs}（t_4 时刻）的这段时间称为储存时间 t_s，把 i_c 从 90% I_{cs} 下降到 10% I_{cs}（t_5 时刻）的这段时间称为下降时间 t_f，把储存时间 t_s 和下降时间 t_f 之和称为关断时间 t_{off}，$t_{off} = t_s + t_f$。储存时间是用来除去饱和导通时储存在基区的载流子的，是关断时间的主要部分。减小导通时的饱和深度可以减小储存的载流子，或者增大基极抽取负电流的幅值和负偏压，可以缩短储存时间，从而加快关断速度。

GTR 的开关时间在几微秒以内，比晶闸管 SCR 短很多，也短于 GTO。

3.2.3 GTR 的主要参数

1）电流放大倍数 β

在放大区，I_c 随 I_b 线性增长，GTR 的电流放大倍数用 β 表示，即

$$\beta = \frac{\Delta I_c}{\Delta I_b} \tag{3-6}$$

GTR 的 β 值不高，单管 GTR 的 β 值只有 10 左右，达林顿式 GTR 的 β 值可达几十甚至几百。

2）最高工作电压

GTR 上所加的电压超过规定值时，就会发生击穿。击穿电压不仅和晶体管本身的特性有关，还与外电路的接法有关。各种击穿电压存在下列关系：

$$BU_{cbo} > BU_{cex} > BU_{ces} > BU_{cer} > BU_{ceo} \tag{3-7}$$

式中 BU_{cbo}——发射极 e 开路，集电极 c 与基极 b 之间的击穿电压；

BU_{cex}——b、e 极之间加负电压时，c、e 极之间的击穿电压；

BU_{ces}——b、e 极之间短路时，c、e 极之间的击穿电压；

BU_{cer}——b、e 极之间接电阻时，c、e 极之间的击穿电压；

BU_{ceo}——b 极开路时，c、e 极之间的击穿电压。

实际使用 GTR 时，为确保安全，其最高工作电压要比 BU_{ceo} 低得多。

3）集电极最大允许电流 I_{cm}

通常规定直流电流放大系数下降到规定值的 1/2 ~ 1/3 时，所对应的 I_{cm} 为集电极最大允许电流。实际使用时要留有较大的安全裕量，只能用到 I_{cm} 的一半或稍多一点。

4）集电极最大耗散功率 P_{cm}

集电极最大耗散功率 P_{cm} 是指 GTR 在最高工作温度下允许的耗散功率。它应保证 GTR 的耗散功率为 P_{cm} 时，管芯的温度不超过额定结温。

5）最高工作结温 T_{Jm}

T_{Jm} 是 GTR 在正常工作状态下允许的最高结温，GTR 结温过高时，会导致热击穿而烧坏。

3.3　电力场效应晶体管

场效应晶体管是电压型控制器件，它是利用电场效应来控制其电流的大小的。场效应晶体管工作时，内部只有一种载流子参与导电，因此又称为单极性器件。场效应晶体管有两类，即结型场效应管和绝缘栅型场效应管。结型场效应管是利用PN结反向电压对耗尽层的控制来改变漏极、源极之间导电沟道的宽度，从而控制等效电阻的大小。绝缘栅型场效应管则是利用栅极、源极之间电压（栅-源电压）形成的电场来改变半导体表面感生电荷的多少，从而改变导电沟道的导电能力和等效电阻。

电力场效应晶体管都是绝缘栅型场效应管。电力场效应晶体管（电力 MOSFET，Metal-Oxide-Semiconductor Field-Effect Transistor）与双极型晶体管相比，具有开关速度快、损耗低、驱动功率小、驱动电路简单等特点，因此它在小功率电力电子装置中应用最为广泛。

3.3.1　电力 MOSFET 的结构和工作原理

电力 MOSFET 的种类繁多，按导电沟道可分为 P 沟道和 N 沟道。在电力 MOSFET 中，应用最多的是绝缘栅 N 沟道增强型。电力 MOSFET 在导通时只有一种极性的载流子（多子）参与导电，属于单极型晶体管。电力 MOSFET 的结构大都采用垂直导电结构，以提高器件的耐压和耐电流能力。现在应用最多的是具有垂直导电双扩散 MOS 结构的 VDMOSFET（Vertical Double-diffused MOSFET）。

普通的平面导电绝缘栅型 MOSFET 结构与三极管一样也有三层半导体和两个 PN 结（J_1、J_2），如图 3-8(a)所示，图中为 N 沟道 NPN 型电力场效应晶体管。电力 MOSFET 有三个极：绝缘栅极（控制极或门极）G、漏极 D 和源极 S。栅极 G 与两个 N 型半导体和 P 型半导体之间通过 SiO_2 绝缘层隔开。它是以一块杂质浓度低的 P 型材料作为衬底，其上有两处高掺杂 N 型区（自由电子为多子），分别引出作为漏极 D 和源极 S，相互隔离的两个 N 区的表面覆盖着金属氧化物 SiO_2 绝缘层，栅极 G 与两个 N 区被 SiO_2 绝缘层隔开，故 G 被称为绝缘栅极。N_1 为漏极 D，N_2 为源极 S，N_1、N_2 之间的区域是 P 型半导体。图 3-8(b)所示为电力 MOSFET 的等效结构，与普通三极管一样，在栅极不加驱动信号的情况下，在 D 极、S 极之间加上正向电压，PN 结 J_1 处于反向偏置状态，MOSFET 处于截止状态。只有在栅极 G 加上一定的驱动电压的情况下，在 D 极、S 极之间加上正向电压 MOSFET 才导通。但 MOSFET 的导电原理和三极管完全不同，因为 MOSFET 的栅极和中间层半导体之间采用二氧化硅（SiO_2）绝缘栅结构，只有在 D 极、S 极之间加上一定正向驱动电压 U_{GS}，U_{GS} 通过 SiO_2 绝缘层在栅极 G 和半导体 P 之间形成电场，在电场力的作用下，栅极 G 的正电位推开 P 区中的空穴，而吸引 P 区的电子至邻近栅极的一侧形成一个电子浓度很高的沟道，称为 N 沟道，这个 N 沟道将 N_1 和 N_2 两个区连接在一起，成为 D 极和 S 极之间的导电沟道，导电沟道的宽度可以随着 U_{GS} 的改变而改变，从而可调节漏极电流 I_D，导通时只有电子这一种载流子参与导电，为单极型器件。另外，MOSFET 又是电压驱动型器件，驱动功率

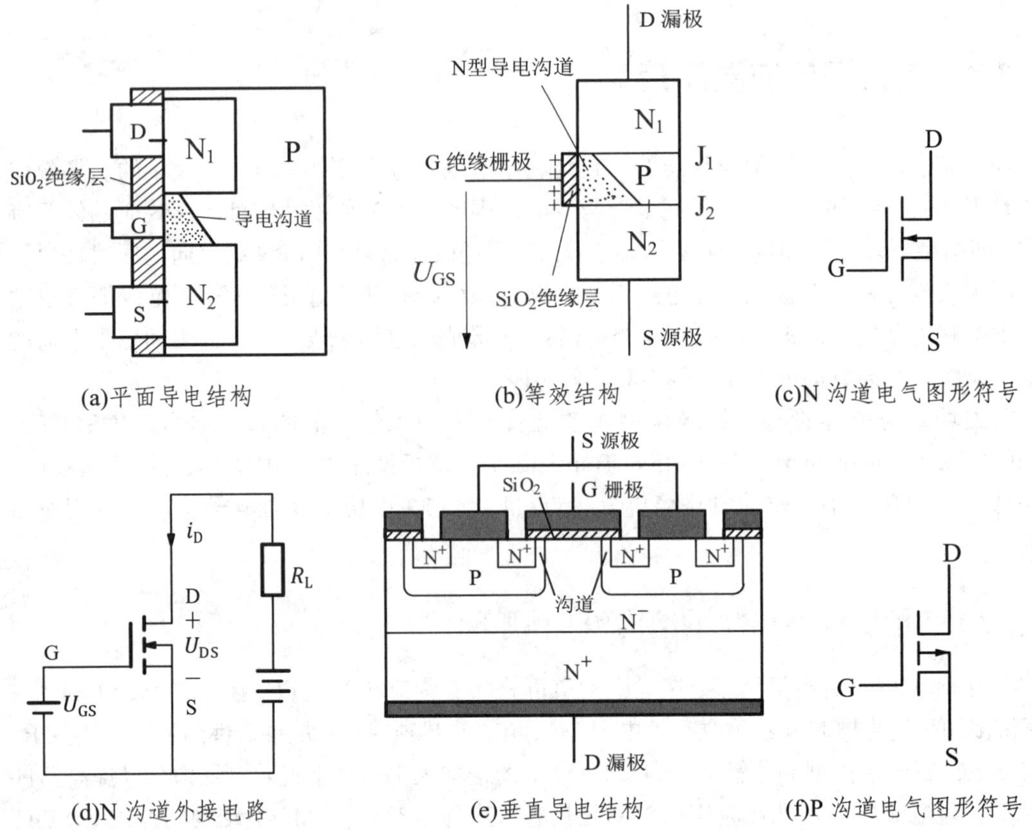

图 3-8　电力 MOSFET 的结构和电气图形符号

很小。图 3-8(c)所示为 N 沟道电力 MOSFET 的电气图形符号。图 3-8(d)所示为 N 沟道增强型 MOSFET 的典型外接电路。图 3-8(f)所示为 P 沟道电力 MOSFET 的电气图形符号。

下面介绍 MOSFET 的工作原理：

① 当 $U_{GS}=0$ 时，漏极的 N 型半导体与 P 型半导体之间的阻挡层构成反向 PN 结，漏极、源极之间不可能导电。

② 当 $U_{GS}>0$ 时，U_{GS} 通过 SiO_2 绝缘层在 G、P 之间形成电场，在电场力的作用下，栅极 G 的正电位吸引 P 区的电子至邻近栅极的一侧，形成 N 沟道。

③ 当 $U_{GS}>U_{GSth}$ 时，由栅极正电位形成的这个 N 型半导体的表层产生了大量的电子载流子。栅极 G 下面吸引的电子数超过该处的空穴数以后，原空穴多的 P 型半导体表面就变成电子数目多的 N 型半导体表层。它是一个电子浓度很高的沟道（称为 N 沟道），这个 N 沟道将 N_1 和 N_2 两个区连在一起，成为 D 和 S 之间的导电沟道，一旦 D、S 极之间施加正向电压 U_{DS}，就会形成漏极电流 I_D。因为 D 和 S 之间的电位呈梯度分布，因此 N 沟道上窄、下宽[见图 3-8(b)]。改变 U_{GS} 可以改变沟道的宽度和导通电阻，从而可以调节 I_D。

新型电力 MOSFET 采用多元集成结构，将成千上万个 MOSFET 单元并联连接而成，并联后沟道电阻大大减小，降低了通态电阻，提高了电流和工作频率。

对于大功率的电力 MOSFET，采用如图 3-8(e)所示的垂直导电结构，减小了导通电阻，增大了电流容量。同其他电力半导体器件一样，电力 MOSFET 也多了一个 N^- 漂移区（低掺杂 N 区），以提高耐压能力。目前电力 MOSFET 产品设计的耐压能力一般都在 1 kV 以下。

3.3.2 电力 MOSFET 的基本特性

3.3.2.1 静态特性

1）转移特性

漏极电流 I_D 与栅源电压 U_{GS} 之间的关系反映了输入电压和输出电流的关系，称为 MOSFET 的转移特性，它反映了 U_{GS} 对 I_D 的控制作用。如图 3-9(a)所示，图中特性曲线的斜率 $\Delta I_D / \Delta U_{GS}$ 反映了 MOSFET 对漏极电流的控制能力。

电力 MOSFET 是电压驱动型器件，绝缘栅极的输入电阻很高、输入电流很小，故在突加 U_{GS} 时需要不大的输入电流，因此 MOSFET 的驱动功率很小。通常电力 MOSFET 的开启电压 $U_{GSth} \approx 2 \sim 4\ V$。为保证通态时漏极、源极之间的等效电阻、管压降尽可能小，栅极电压 U_{GS} 通常设计为大于 10 V。

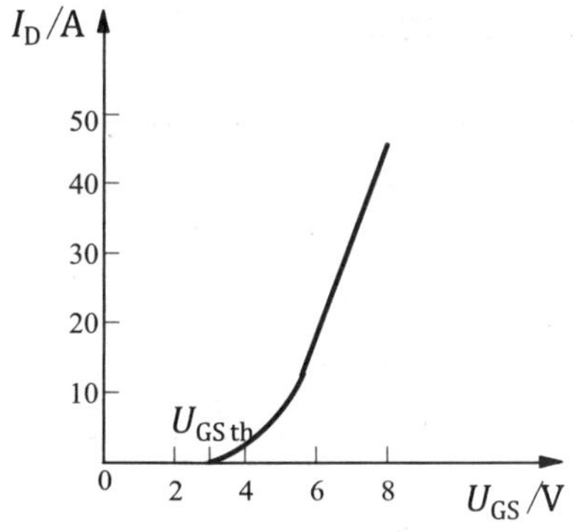

(a)转移特性

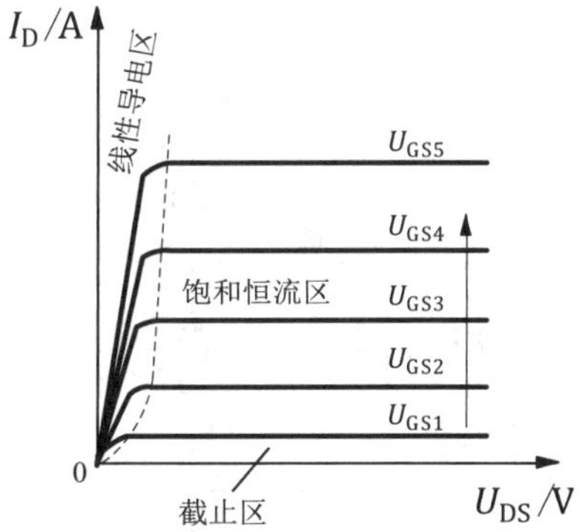

(b)输出特性

图 3-9 电力 MOSFET 的特性

2）输出特性

MOSFET 的输出特性是指 MOSFET 的漏极伏安特性，即在栅源电压 U_{GS} 变化时，漏极电流 I_D 与漏源电压 U_{DS} 的关系曲线。图 3-9(b)所示是 MOSFET 的输出特性曲线，由图可见该特性曲线分为 3 个区，即截止区、线性导电区（非饱和区）、饱和恒流区。电力 MOSFET 工作在开关状态，即在截止区和线性导电区（非饱和区）之间来回转换，饱和恒流区是这个转换的过渡区。

① 截止区：当 $U_{GS} < U_{GSth}$ 时，电力 MOSFET 处于截止状态，$I_D = 0$。

② 线性导电区（非饱和区）：又称为可变电阻区，在这个区，漏极电流 I_D 与漏源电压 U_{DS} 之间呈线性关系，但这个线性关系随 U_{GS} 的变化而变化，所以称它为可变电阻区。因为 U_{GS} 增加时导电沟道变宽，等效调制电阻线性变小。

③ 饱和恒流区：在这个区，漏极电流 I_D 与栅源电压 U_{GS} 之间呈线性关系。当 U_{GS} 一定、U_{DS} 较大时，随着 U_{DS} 增大，I_D 不再增加，使 I_D 达到饱和值，并基本恒定。在逆变电路中，MOSFET 通常不工作在这个区，只是在开通与关断两状态之间转换时通过这个区。

3.3.2.2　动态特性

1）电力 MOSFET 的开通过程

电力 MOSFET 的开关过程如图 3-10 所示。在开通过程中，由于输入电容的影响，栅极电压 u_{GS} 呈指数规律上升，当 u_{GS} 上升到开启电压 U_{GSth} 时，MOSFET 开始导通，漏极电流 i_D 随着 u_{GS} 的上升而增加。当 u_{GS} 达到使 MOSFET 进入线性导电区的栅压 U_{GSP} 后，MOSFET 进入线性导电区，此时虽然 u_{GS} 继续升高，但 i_D 已不再变化。从 u_{GS} 开始上升至 MOSFET 开始导通这段时间称为开通延迟时间 $t_{d(on)}$，u_{GS} 从 U_{GSth} 上升到 U_{GSP} 的这段时间称为电流上升时间 t_{ri}。漏极电压 U_{DS} 下降的时间称为电压下降时间 t_{fv}。在漏极电压下降的过程中，栅极电压 u_{GS} 将维持在 U_{GSP} 这个值[图 3-10(b)中形成了一个平台]，直到电压下降时间结束才继续以指数曲线上升至其稳态值。MOSFET 的开通时间定义为开通延迟时间、电流上升时间及电压下降时间之和，即

$$t_{on} = t_{d(on)} + t_{ri} + t_{fv}$$

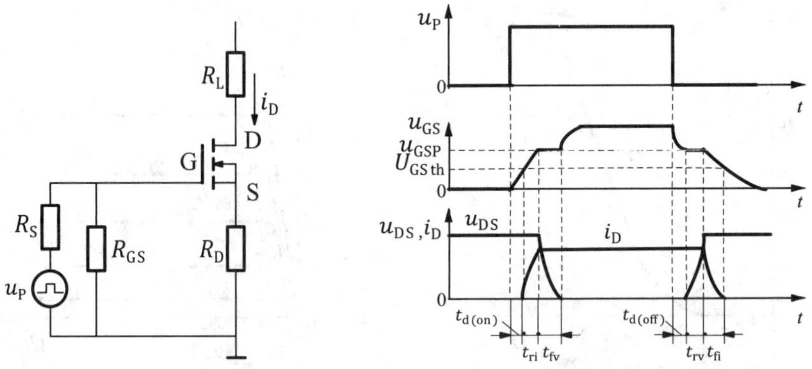

(a)驱动电路　　　　(b)电流、电压波形

图 3-10　电力 MOSFET 的驱动电路及其工作波形

2）电力 MOSFET 的关断过程

关断时，同样由于输入电容的影响，u_{GS} 呈指数规律下降，当 u_{GS} 低于 U_{GSP} 时，漏极电流 i_D 开始下降，直至 u_{GS} 低于开启电压 U_{GSth}，i_D 下降到零。从 u_{GS} 开始下降至 MOSFET 开始关断的这段时间称为关断延迟时间 $t_{d(off)}$。栅极电压维持在 U_{GSP} 时 U_{DS} 上升的时间称为电压上升时间 t_{rv}。u_{GS} 从 U_{GSP} 下降到 $u_{GS} < U_{GSth}$ 时沟道消失，i_D 从通态电流降到零为止的时间段称为电流下降时间 t_{fi}。MOSFET 的关断时间 t_{off} 定义为关断延迟时间、电压上升时间和电流下降时间之和，即 $t_{off} = t_{d(off)} + t_{rv} + t_{fi}$。

MOSFET 只靠多子导电，不存在少子储存效应，因而关断过程非常迅速，开关时间在 10 ~ 100 ns 之间，工作频率可达 100 kHz 以上，这是常用电力电子器件中最高的。

电力 MOSFET 无反向阻断能力，这是由电力 MOSFET 的结构所致，漏、源极间形成一个寄生的反并联二极管（见图 3-11），使漏极电压 U_{DS} 为负时呈现导通状态，也称本体二极管，它与 MOSFET 构成一个不可分割的整体，这样虽然在许多应用中简化了电路，减少了

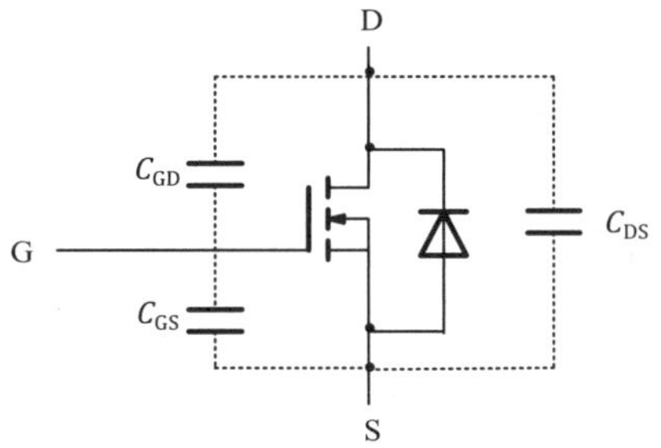

图 3-11　电力 MOSFET 的极间电容

元件数量，但由于本体二极管的反向恢复时间较长，在高频应用时必须注意其影响，必要时可并联快速恢复二极管。现今的同步整流技术就利用了这个本体二极管。

3.3.3　电力 MOSFET 的主要参数

1）正态导通电阻 R_{on}

通常规定在一定的 U_{GS} 下，MOSFET 漏、源极间的导通电阻称为正态导通电阻 R_{on}。它决定管子的发热，是器件产生损耗的主要原因，影响电力 MOSFET 的输出功率和通态压降。MOSFET 的耐压越高，R_{on} 就越大；随着温度升高，R_{on} 逐渐增大，具有正的温度系数。实际应用中常将多个 MOSFET 并联使用，可以实现自动均流，不用另外采取均流措施。

2）栅极开启电压 U_{GSth}

栅极开启电压 U_{GSth} 也称阈值电压，在转移特性曲线上为特性曲线与横轴的交点，是使漏极刚开始有电流的栅-源电压，一般为 2 ~ 4 V。

3）漏极击穿电压 U_{BDS}

漏极击穿电压 U_{BDS} 是电力 MOSFET 的最高工作电压，是为了避免器件进入雪崩击穿区而设置的极限参数。常用的 MOSFET 的 U_{BDS} 通常在 1000 V 以下。

4）栅极击穿电压 U_{BGS}

MOSFET 的二氧化硅绝缘层很薄，栅-源电压过高会导致绝缘层击穿，一般将栅-源电压的极限值称为栅极击穿电压（U_{BGS}），定为±20 V。

5）最大漏极电流 I_{DM}

最大漏极电流 I_{DM} 表征电力 MOSFET 的电流容量。工作温度对电力 MOSFET 的漏极电流影响很大。

6）极间电容

电力 MOSFET 的极间电容对开关过程有直接影响，其等效电路如图 3-11 所示。

MOSFET 的 3 个电极之间分别存在极间电容 C_{GS}、C_{GD} 和 C_{DS}，在实际应用中常采用输入电容 C_{iss}、输出电容 C_{oss} 和反馈电容 C_{rss} 的概念，电力 MOSFET 极间电容的关系可表示为

$$
\begin{cases}
C_{\text{iss}} = C_{\text{GS}} + C_{\text{GD}} \\
C_{\text{oss}} = C_{\text{DS}} + C_{\text{GD}} \\
C_{\text{rss}} = C_{\text{GD}}
\end{cases}
\tag{3-8}
$$

尽管电力 MOSFET 是利用栅-源电压驱动，阻抗很高，但由于其存在输入电容 C_{iss}，开关过程中驱动电路要对输入电容充/放电，这样，当电力 MOSFET 用作高频开关时，其驱动电路必须具有很低的内阻抗及一定的驱动电流能力，因此仍需要一定的驱动功率。

7）漏-源电压上升率 $\mathrm{d}u_{\text{DS}}/\mathrm{d}t$

电力 MOSFET 的动态性能受到漏-源电压上升率 $\mathrm{d}u_{\text{DS}}/\mathrm{d}t$ 的限制，上升率过大，可能导致 MOSFET 误导通。

3.4 绝缘栅双极型晶体管

绝缘栅双极型晶体管 IGBT（Insulated-gate Bipolar Transistor）是由 MOSFET 和 GTR 复合而成的电力电子器件，属于电压驱动器件，既具有 MOSFET 的工作速度快、输入阻抗高、驱动电路简单、热稳定性好的优点，又包含了 GTR 的饱和压降低、可耐高电压和大电流等一系列优点。IGBT 的开关频率虽低于 MOSFET，但高于 GTR，已经被广泛应用于各种逆变器中。根据封装形式，IGBT 通常分为单只 IGBT、半桥（两单元）IGBT、单相全桥 IGBT、三相全桥 IGBT 等。

3.4.1 IGBT 的结构和工作原理

IGBT 为三端器件，具有栅极 G、集电极 C 和发射极 E。IGBT 是在电力 MOSFET 的基础上发展起来的，两者结构十分类似，不同之处是 IGBT 多一个 P^{+} 层集电极，可以形成双极型器件的电导调制效应，具有较小的通态电阻，使导通压降下降。

图 3-12 所示为 IGBT 的结构和等效电路图。绝缘栅双极型晶体管 IGBT 也是四层半导体结构，具有三个 PN 结，如图 3-12(b)所示的 J_1、J_2、J_3，这也是一种 PNPN 结构，也可以看成是在 N 沟道 MOSFET 的基础上再增加一层 P^{+} 型半导体形成的。如图 3-12(c)所示，把四层半导体的中间二层半导体 N_1、P_2 作虚斜线裁剪，这样 IGBT 就可以看成是由 $\mathrm{P}_1\mathrm{N}_1\mathrm{P}_2$ 构成的 PNP 三极管和 $\mathrm{N}_1\mathrm{P}_2\mathrm{N}_2$ 构成的 MOSFET 两种类型的晶体管复合而成，实际上这种结构就是用 MOSFET 去控制晶体管 GTR，其等效电路如图 3-12(d)所示，这种结构具有 MOSFET 驱动简单、开关频率高和晶体管 GTR 容量大、阻断电压高、通态电压低等诸多优点，从而在交流传动电力机车、动车组和地铁车辆上获得了广泛的应用。图 3-12(e)所示为 IGBT 的电气图形符号。

IGBT 的工作原理简述如下：当栅极加正向电压时，N 沟道场效应管导通，并为 PNP 晶体管提供基极电流，使得 IGBT 导通；当栅极加反向电压时，场效应晶体管导电沟道消失，PNP 晶体管基极电流被切断，IGBT 关断。

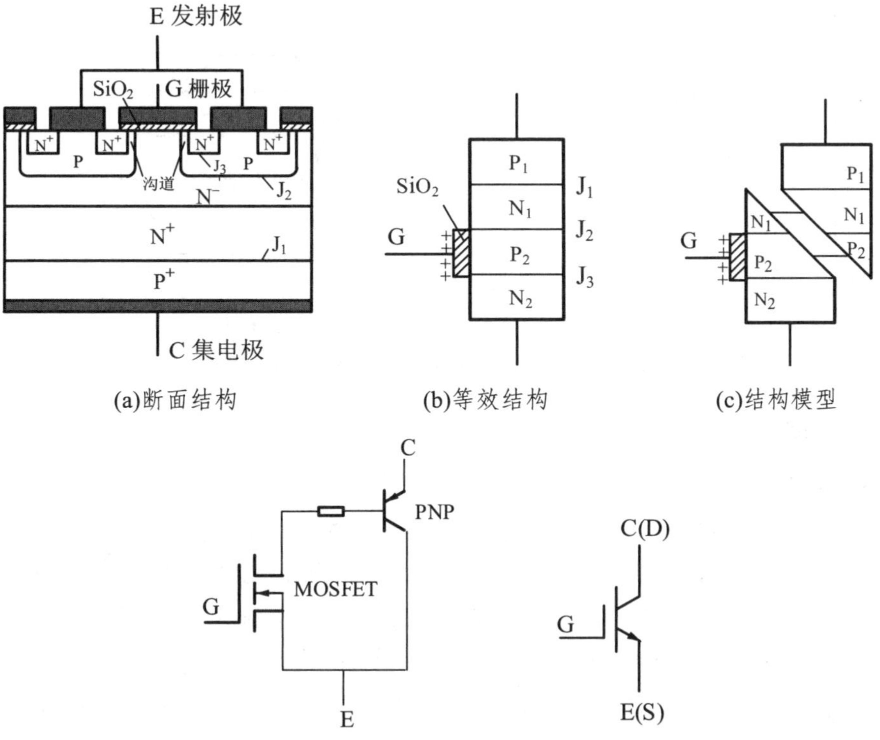

(a)断面结构　(b)等效结构　(c)结构模型

(d)等效电路　(e)电气符号

图 3-12　IGBT 的结构、等效电路和电气图形符号

3.4.2　IGBT 的基本特性

3.4.2.1　静态特性

图 3-13(a)所示为 IGBT 的转移特性，它描述的是集电极电流 I_C 与栅-射电压 U_{GE} 之间的关系。开启电压 $U_{GE(th)}$ 是 IGBT 能实现电导调制而导通的最低栅-射电压。栅-射电压 U_{GE} 小于开启电压 $U_{GE(th)}$ 时，IGBT 处于关断状态。当栅-射电压 U_{GE} 接近开启电压 $U_{GE(th)}$ 时，集电极开始出现电流 I_C，但很小。当 U_{GE} 大于 $U_{GE(th)}$ 时，在大部分范围内，I_C 与 U_{GE} 呈线性关系变化。由于 U_{GE} 对 I_C 有控制作用，所以最大栅-射电压受最大集电极电流 I_{CM} 的限制，其典型值一般为 15 V。$U_{GE(th)}$ 随温度升高而略有下降，温度每升高 1 °C，其值下降 5 mV 左右。在+25 °C 时，$U_{GE(th)}$ 的值一般为 2 ~ 6 V。

图 3-13(b)所示为 IGBT 的输出特性，又称伏安特性，它描述的是以栅-射电压为参考变量时，集电极电流 I_C 与集-射极间电压 U_{CE} 之间的关系，此特性与 GTR 的输出特性相似，不同之处是参变量，GTR 为基极电流 I_B，而 IGBT 为栅-射电压 U_{GE}。IGBT 的输出特性也分为三个区域，即正向阻断区、有源区和饱和区，这分别与 GTR 的截止区、放大区和饱和区相对应。此外，当 $u_{CE} < 0$ 时，IGBT 为反向阻断工作状态，只有微小的反向电流流过。在电力电子电路中，IGBT 工作在开关状态，因此是在正向阻断区和饱和区之间来回转换。

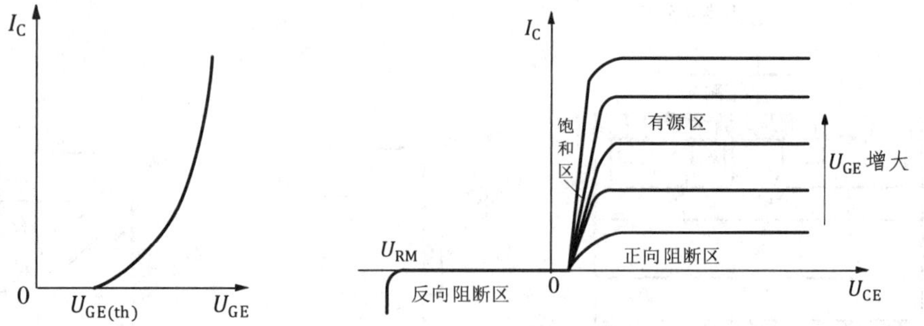

(a)转移特性　　　　　　　　　　(b)输出特性

图 3-13　IGBT 的转移特性和输出特性

3.4.2.2　动态特性

1）IGBT 的开通过程

图 3-14 所示为 IGBT 开关过程中的电流、电压波形图。IGBT 的开通过程与电力 MOSFET 很相似，这是由于 IGBT 在开通过程中大部分时间是作为 MOSFET 来运行的。如图 3-14 所示，开通过程开始，从驱动电压 u_{GE} 自脉冲前沿上升至其幅值的 10%的时刻，到集电极电流 i_C 上升至其幅值的 10%的时刻，这段时间称为开通延迟时间 $t_{d(on)}$。而 i_C 从 10% I_{CM} 上升至 90% I_{CM} 所需时间为电流上升时间 t_{ri}。集-射电压 u_{CE} 的下降时间 t_{fv} 分为 t_{fv1} 和 t_{fv2} 两段，前者为 IGBT 中 MOSFET 单独工作时的电压下降过程，在该过程中栅-射电压 u_{GE} 维持不变；后者为 MOSFET 和 PNP 晶体管同时工作时的电压下降过程。由于 u_{CE} 下降时 IGBT 中的 MOSFET 的栅-漏电容增加，而且 IGBT 中的 PNP 晶体管由放大状态转入饱和状态也需要一个过程，因此 t_{fv2} 段的电压下降过程变缓。只有在 t_{fv2} 段结束时 IGBT 才完全进入饱和状态。开通时间 t_{on} 定义为开通延迟时间与电流上升时间及电压下降时间之和，$t_{on} = t_{d(on)} + t_{ri} + t_{fv}$。

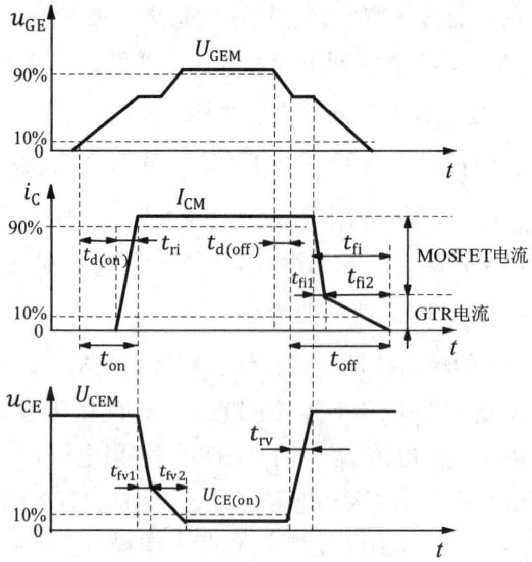

图 3-14　IGBT 的开关过程

2）IGBT 的关断过程

IGBT 关断过程开始，从驱动电压 u_{GE} 自脉冲后沿下降至其幅值的 90%的时刻，到集-射电压 u_{CE} 上升至其幅值的 10%的时刻，这段时间称为关断延迟时间 $t_{d(off)}$。随后是集-射电压 u_{CE} 上升时间 t_{rv}，在这段时间内栅极电压 u_{GE} 维持不变。集电极电流从 90% I_{CM} 下降至 10% I_{CM} 的这段时间称为电流下降时间 t_{fi}。电流下降时间可以分为 t_{fi1} 和 t_{fi2} 两段。其中 t_{fi1} 对应 IGBT 内部的 MOSFET 的关断过程，这段时间集电极电流 i_C 下降较快；t_{fi2} 对应 IGBT 内部的 PNP 晶体管的关断过程，这段时间内 MOSFET 已经关断，IGBT 又无反向电压，所以 N 基区内的少子复合缓慢，造成 i_C 下降较慢。t_{fi2} 对应的集电极电流被形象地称为拖尾电流。由于此时集-射电压已经建立，较长时间的拖尾电流会产生较大的关断损耗。关断延迟时间、电压上升时间和电流下降时间之和定义为关断时间 t_{off}，$t_{off} = t_{d(off)} + t_{rv} + t_{fi}$。

不难看出，由于 IGBT 中双极型 PNP 晶体管的存在，虽然带来了电导调制效应的好处，但也引入了少子储存现象，因而 IGBT 的开关速度要低于电力 MOSFET。此外，IGBT 的击穿电压、通态压降和关断时间也是需要折中的参数。高压器件的 N 基区必须有足够宽度和较高电阻率，这会引起通态压降增大和关断时间延长。

3.4.3 IGBT 的擎住效应与安全工作区

IGBT 的擎住效应是由内部结构决定的。分为静态擎住效应（通态时产生）和动态擎住效应（关断时产生），由此决定了 IGBT 的安全工作区。

3.4.3.1 IGBT 的静态擎住效应

图 3-15 所示为 IGBT 的寄生三极管结构，在 IGBT 复合器件内有一个寄生 NPN 晶体管，晶体管 NPN 和晶体管 PNP 构成一个寄生晶闸管，并且在基极与发射极之间并有一个体电阻 R_{br}，P 型体区的电流会在该电阻上产生一定压降，成为施加在 J_3 结上的正偏置电压。当集电极电流 i_C 大到一定程度时，这个正偏置电压足以使 NPN 晶体管导通，此时，NPN 和 PNP 晶体管处于饱和状态，寄生晶闸管开通，此时门极失去控制作用，难以通过关断 MOSFET 来关断 PNP 晶体管，这就是静态擎住效应。因此，集电极电流有一个临界值 I_{CM}，超过临界值 I_{CM} 时会产生静态擎住效应，损耗过大会导致器件损坏。

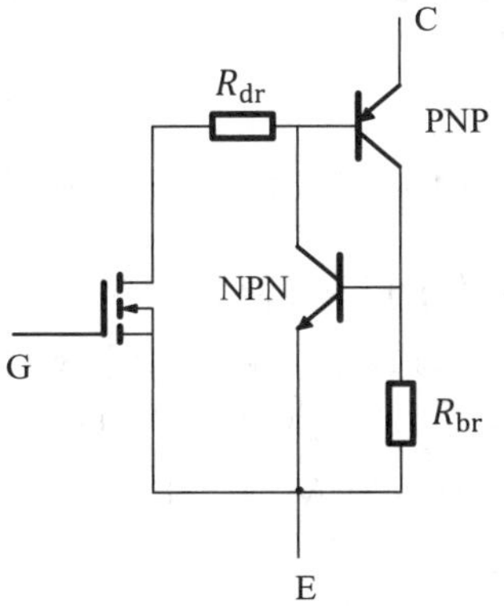

图 3-15　IGBT 的寄生三极管结构

3.4.3.2 IGBT 的动态擎住效应

在 IGBT 的关断过程中，从图 3-14 可以看出，u_{CE} 快速上升，du_{CE}/dt 越大，在 J_2 结引起的位移电流 $C_{J2}du_{CE}/dt$ 也越大，电流从 C 端流向 E 端，当电流流过体电阻 R_{br} 且 du_{CE}/dt 很大时，可产生足以使 NPN 晶体管开通的正向偏置电压，产生擎住效应。

为避免 IGBT 发生静态、动态擎住效应而烧坏 IGBT，设计电路时应保证 IGBT 中电流不超过 I_{CM} 值；或者用加大门极电阻 R_G 的办法延长 IGBT 的关断时间，减小重加 du_{CE}/dt 。

3.4.3.3 IGBT 的安全工作区

IGBT 的安全工作区（Safe Operating Area）是指在不损坏 IGBT 的前提下，器件在开通或关断时，集电极电流 I_C 和集-射电压 U_{CE} 所围成的区域。

1）正向偏置安全工作区

正向偏置安全工作区（Forward-Bias SOA，FBSOA）是 IGBT 在通态时的安全工作区，如图 3-16(a)所示，它由最大集电极电流 I_{CM} 、最大集-射电压 U_{CEM} 和最大集电极功耗 P_{CM} 三条边界极限包围而成。为了避免 IGBT 发生擎住效应，最大集电极电流 I_{CM} 有所限制。由于动态擎住效应比静态擎住效应所允许的集电极电流还要小，因此所允许的最大集电极电流 I_{CM} 实际上是根据动态擎住效应确定的；最大集-射电压 U_{CEM} 取决于 IGBT 中 PN 结 J_2 所能承受的击穿电压；最大功耗 P_{CM} 则是由最高允许结温决定的。器件导通时间越长，发热越严重，安全工作区则越小。在直流工作状态下 IGBT 的导通时间最长，因此其安全工作区最小。

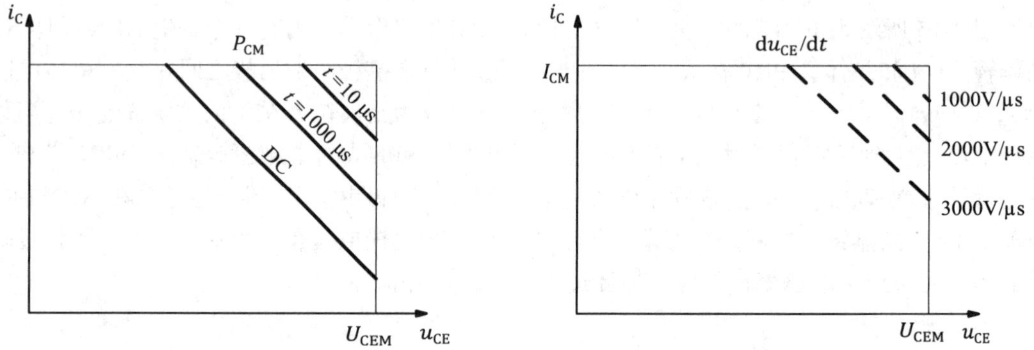

(a)正向偏置安全工作区　　(b)反向偏置安全工作区

图 3-16　IGBT 的安全工作区

最大门极电压 U_{GEM} 一般不超过 15 V，以防止 SiO_2 绝缘层被击穿，并应限制集电极电流 I_C 不超过 IGBT 允许的最大集电极电流 I_{CM} 。当 IGBT 发生短路故障时，将从饱和状态进入放大状态，此时 I_C 基本恒定，应尽快关断 IGBT，以避免过热导致器件损坏。只要 $u_{GE} < U_{GEM}$ ，当门源电压 u_{GE} 在 10 ~ 15 V 内工作时，集电极电流可在 5 ~ 10 μs 内超过额定电流的 4 ~ 10 倍，此时仍能用反向偏置的 u_{GE} 进行关断。如果 $U_{GE} > U_{GEM}$ ， I_C 超过此极限，IGBT 就容易损坏。

2）反向偏置安全工作区

反向偏置安全工作区（Reverse-Bias SOA，RBSOA）是表示驱动电压为零或负值时，IGBT 关断瞬态的限制区域，如图 3-16(b)所示，它由最大集电极电流 I_{CM}、最大集-射电压 U_{CEM} 和允许的最大集-射电压上升率 du_{CE}/dt 确定。当 du_{CE}/dt 增加时，易产生动态擎住效应，RBSOA 会减小，所以应适当选择门源电压和门极驱动电阻。

3.4.4 IGBT 的主要参数

1）最大集-射电压 U_{CEM}

最大集-射电压 U_{CEM} 决定了器件的最高工作电压，这是由内部 PNP 晶体管所能承受的击穿电压确定的。

2）最大集电极电流 I_{CM}

最大集电极电流 I_{CM} 包括在一定壳温下的额定直流电流 I_C 和 1 ms 脉宽最大电流。

3）最大集电极功耗 P_{CM}

最大集电极功耗 P_{CM} 是指在一定壳温下 IGBT 允许的最大功耗，该功耗将随壳温升高而下降。

4）栅-射电压 U_{GE}

当 $|U_{GE}| > 20$ V，将导致 SiO_2 绝缘层击穿，因此在焊接、驱动等方面必须注意这点。

5）极间电容

IGBT 的 3 个电极之间分别存在极间电容，一般生产厂商提供的是输入电容 C_{iss}、输出电容 C_{oss} 和反馈电容 C_{rss}。它们之间的关系与式(3-8)相似。

3.4.5 IGBT 的门极驱动电路

门极驱动电路是电力电子主电路与控制电路之间的接口，是实现主电路中电力电子器件按照预定设想运行的重要组成部分，其基本任务是将控制电路发出的信号转换为加在电力电子器件控制端和公共端之间，可以使其开通与关断的信号；同时驱动电路通常还具有电气隔离及保护电力电子器件等功能。电气隔离是实现主电路及控制电路之间电量的隔离，在含有多个开关器件的电路中，电气隔离通常是保证电路正常工作的必要环节，电气隔离一般采用光隔离（如光耦合器）或磁隔离（如脉冲变压器）来实现。

为了使 IGBT 能够可靠工作，要求 IGBT 的驱动电路采用正负偏压双电源的工作方式。使 IGBT 开通的栅-源极间驱动电压一般取 15 V，在器件关断时，对器件施加反向电压可减小关断时间，保证器件可靠关断，反压一般取−5～−15 V，通常为−10 V。另外，选择合适的门极串联电阻 R_G 对 IGBT 的驱动相当重要，R_G 取值一般为几欧至几十欧。

IGBT 的基本门极驱动方式有多种。图 3-17(a)所示为直接驱动方式，通常在 G、E 端并联一个阻尼网络来抑制输入信号的振荡，由 1 Ω 电阻和 0.33 μF 电容器组成阻尼滤波器来滤

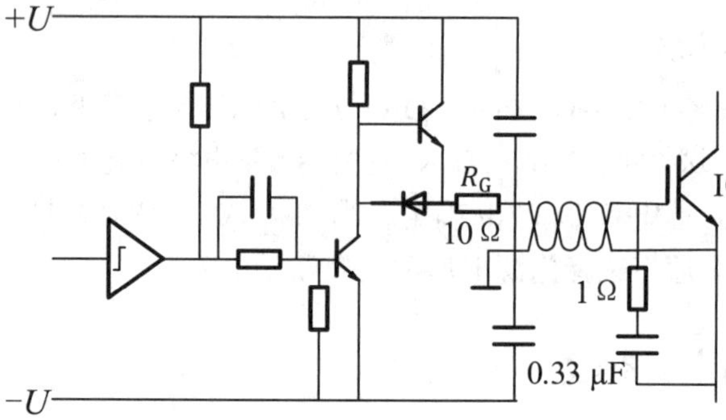

(a)直接驱动

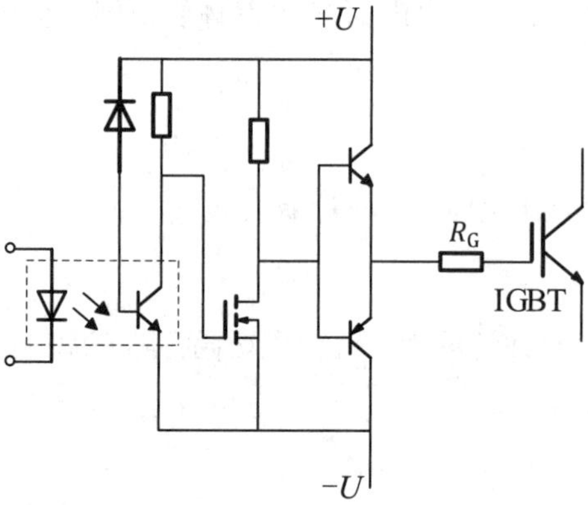

(b)光电隔离驱动

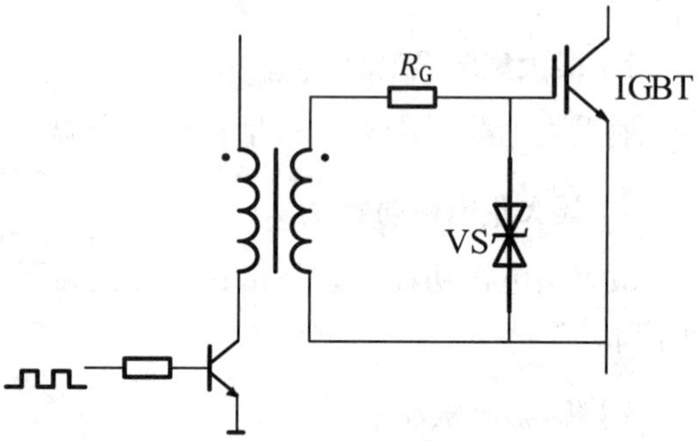

(c)脉冲变压器驱动

图 3-17　IGBT 门极基本驱动电路

除高频尖峰干扰，而在双绞线比较长、自感较大时，可在 IGBT 输入端串联一只门极电阻来衰减振荡。图 3-17(b)所示为光电隔离驱动电路，采用光电隔离的方法使控制电路与门极驱动电路进行隔离；光电隔离通常包括光耦和光纤等，应采用抗噪声能力强、信号传输时间短的光耦合器件；输出级采用互补电路以降低驱动源的内阻，并加速 IGBT 的关断过程。图 3-17(c)所示为脉冲变压器隔离驱动电路，它属于电磁隔离经变压器隔离耦合后再经稳压管 VS 限幅后驱动 IGBT。隔离变压器的优点是工作频率较高，可达 100 kHz 左右，而且驱动不需要专门的直流电源，简化了电源结构。

市场上有多种类型的专用驱动电路，专用驱动电路具有抗干扰能力强、集成化程度高、速度快、保护功能完善可靠、使用简单方便等优点。典型的驱动模块有日本富士公司的 EXB 系列（EXB840/841、EXB850/851）、美国摩托罗拉公司的 MPD 系列（MPD1205）、日本三菱电器公司的 M57 系列（M57962L）、日本三社电机公司的 GH 系列（GH038/039）、美国 Unitrode 公司的 UC37 系列（UC3726/3727）、德国 IXYS 公司的 SKH 系列（SKH121/122）、美国 IR 公司的 IR 系列（IR2130），以及国产的 HL 系列（HL402）等。

EXB841 是日本富士公司生产的 IGBT 驱动模块，它提供了一个 +20 V 单电源，内部自己产生 −5 V 反偏电压。该模块采用高速光耦合器隔离，并有短路保护及慢速关断功能。其内部结构和使用电路如图 3-18 所示，图中外接快速二极管 D 检测 IGBT 的 C、E 间的电压，

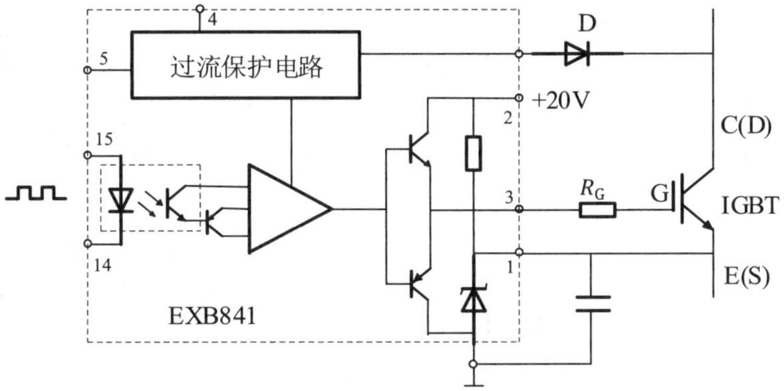

图 3-18　IGBT 门极驱动电路 EXB841

从而判断是否过流，用来完成过流保护功能。当 $U_{CE}>7$ V 时，过电流保护控制内部放大电路输出软关断信号，在 10 μs 内将管脚 3 的电平降为 0。

3.4.6　IGBT 的保护电路

电力电子器件的过载能力较弱，需要采取有效措施对其进行保护，由电源、负载等外因所引起的过电压、过电流分别可以采用诸如设置压敏电阻、专门的过电流保护电子电路或采用上面所述具有保护功能的驱动电路来实现保护；此外，电力电子器件的开关速度较快，由于分布电容、电感的影响，会使电力电子器件在开通和关断时产生过电压或过电流，对此需采用缓冲电路（Snubber Circuit）对其进行抑制。缓冲电路又称吸收电路，主要用于抑制器件在开关过程中产生的过电压、过电流，限制 du/dt 和 di/dt，并减小器件的开关损耗。缓冲电路可分为关断缓冲电路（du/dt 抑制电路）和开通缓冲电路（di/dt 抑制电路）。图 3-19 所示为充放电型 RCD 缓冲电路，它是在开关器件两端并联由电阻、电容和二极管组成的缓冲电路。

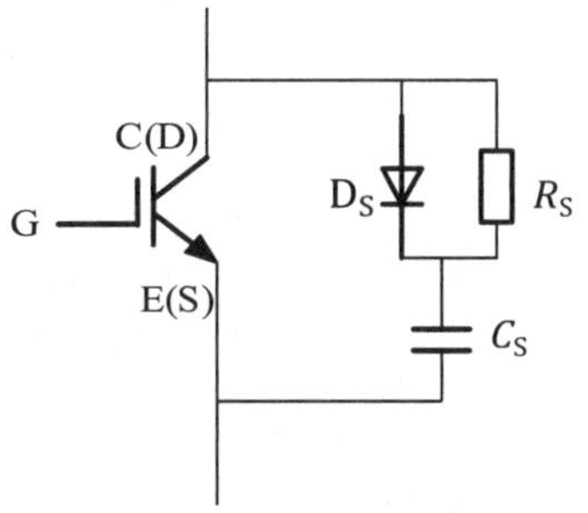

图 3-19　充放电型 RCD 缓冲电路

对于广泛应用的电压型逆变电路，常用的几种缓冲电路如图 3-20 所示。其中图 3-20(a)是一种最简单的结构，在模块的引线端之间接入一个高频无感电容对直流电压进行钳位，以抑制由于直流母线分布电感引起的器件两端的尖峰电压，由于直接连接于模块端子，电容引线电感很小，在中、小容量的情况下均可获得良好的效果。图 3-20(b)所示的电路能吸收较多的储能，它在器件关断期间的工作原理与图 3-20(a)中简单的钳位电容器是一样的，随着器件的关断，直流母线分布电感上的储能将转移到电容器上，但二极管 D_S 会阻止可能出现的振荡，电容器上的过剩电荷通过吸收电阻逐渐放电。这种电路的缺点是，由于存在吸收二极管，使整个吸收电路的杂散电感增加。这种钳位电路适用于 100 ~ 200 A 级的开关器件。图 3-20(c)所示的电路为 RCD 钳位电路，也称为交叉钳位电路。与前面两种情况不同，它不

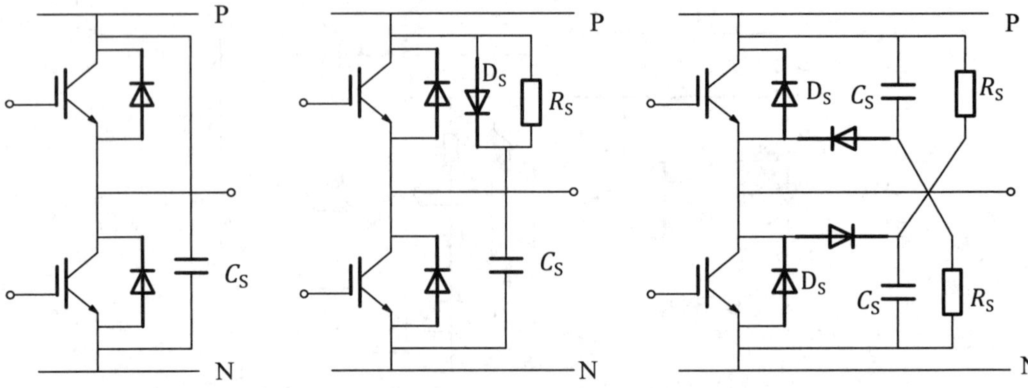

(a)小容量　(b)中等容量　(c)大容量

图 3-20　IGBT 的缓冲电路

是在逆变器的输入端配置一套公共的钳位电路，而是每相半桥都要配置。这种电路适合于大电流的应用场合，可以有效地限制器件模块两端出现的过冲电压。

本章小结

1. 本章介绍了 4 种经典全控型电力电子器件：GTO、GTR、MOSFET、IGBT，通过控制极施加驱动信号，既能控制管子导通，也能控制管子关断。GTO、GTR 是电流驱动型，MOSFET、IGBT 是电压驱动型。MOSFET 是单极型器件。

2. GTR、MOSFET 虽然都是三层半导体器件，但导电机理不同，MOSFET 具有驱动功率小、开关频率高、安全工作区宽等特点。

3. IGBT 由四层半导体组成，与 SCR、GTO 导电机理不同，IGBT 可看成是由 MOSFET 和 GTR 复合而成，兼有单极型和双极型器件的特点，IGBT 是复合型器件，是电压驱动型器件，具有开关频率高、通态压降较低等优点。IGBT 是目前容量和开关频率乘积比较高的器件，在交-直-交电力传动电力机车和动车组上得到了广泛应用。

思考题

1. GTO 与 SCR 都具有 PNPN 结构，为什么 GTO 能够自关断，而 SCR 不能自关断？
2. 比较功率晶体管 GTR 与信息电子电路中的三极管在结构上有什么不同？
3. 试说明 MOSFET 与 IGBT 在结构和性能上有何联系和区别。
4. 请简述 IGBT 的伏安特性的含义。
5. 请简述 IGBT 的静态擎住效应和动态擎住效应。
6. 请简述 IGBT 驱动电路和保护电路的作用。

第 4 章　直-直变换技术

直-直变换器又称为直流斩波器（DC Chopper），它可将一种直流电源变换为另一种具有不同输出特性的直流电源。本章主要学习直-直变换的工作原理、基本斩波器、带隔离变压器的直-直变换器，最后介绍 HXD_3 型电力机车控制电源的工作原理。

4.1　直-直变换的工作原理

4.1.1　脉冲宽度调制的基本原理

脉冲宽度调制是最常见的一种直-直变换器的控制方式。脉冲宽度调制简称 PWM（Pulse Width Modulation），即脉宽调制，其特点是开关周期为恒定值，通过调节脉冲宽度来改变占空比，实现输出电压、电流的调节。具体来说，PWM 控制技术是利用半导体开关器件的导通与关断把直流电压变成电压脉冲序列，通过控制电压脉冲宽度以达到变压目的的一种控制技术。

脉宽调制方式的工作原理如图 4-1 所示。开关导通时间和整个周期的比值称为开关导通的占空比，即 $D=\dfrac{t_{on}}{T_S}$。假设图 4-1(a)中的开关 S 为理想开关，即不计其损耗，如图 4-1(b)所示，当开关管 S 闭合时，输出电压 $u_o=U_d$；当开关管断开时，输出电压 $u_o=0$。因此，可以由开关导通的占空比 D 计算输出平均电压，即

$$U_o=\frac{t_{on}}{T_S}U_d=DU_d \tag{4-1}$$

由式(4-1)可知，通过改变占空比 D 即可控制输出平均电压 U_o，而且通过控制电路调节占空比 D 比较容易实现。

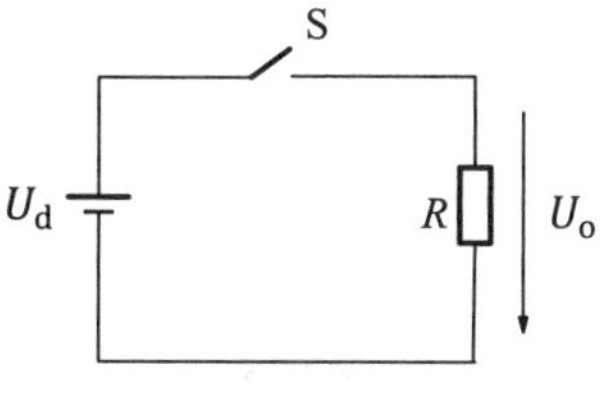

(a)脉宽调制电路

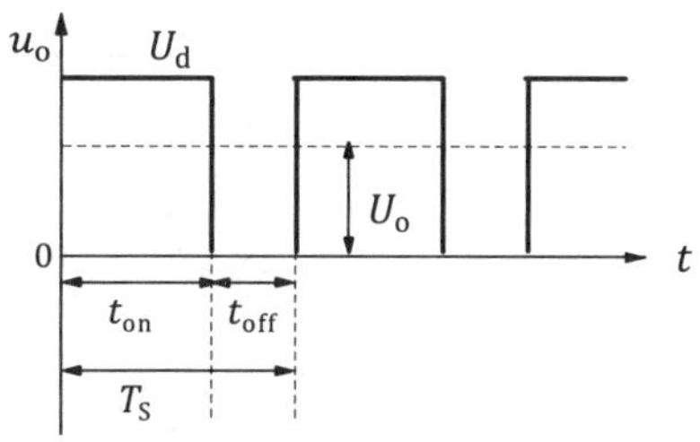

(b)输出电压波形

图 4-1　脉宽调制方式的直-直变换工作原理

脉宽调制方式通过对电力电子器件的快速开通、关断控制，从而把恒定直流电压斩成一系列的脉冲电压，通过控制占空比 D 的变化来调节输出脉冲的宽度，再经输出滤波器滤

波，以实现输出电压、电流的调节。脉宽调制方式是当前比较好的直-直变换方式。大功率直-直变换器普遍采用电力电子技术的开关调节方式，也称为直流斩波器。由于经直流斩波器变换后波形发生变化，会产生谐波，但直流斩波器的谐波可以通过低通滤波器滤掉。

下面结合降压型 DC/DC 变换器的电路结构、等效电路来讲解 PWM 控制原理。如图 4-2(a)所示，U_d 为输入恒定直流电源；S 为功率开关管，其作用可等效为能够高速动作的开关；D 为续流二极管，用于延续电感 L 中的电流；L 为滤波电感，因为它流过较大的负载电流，也称功率电感；C 为输出滤波电容；电感 L 和电容 C 组成低通滤波器，其作用是将斩波电压变为平滑的直流输出电压 U_o；R 为负载电阻；D_Z 为稳压二极管，用于产生基准电压（也称参考电压）U_{REF}；R_1 和 R_2 被称为取样电阻，它们用来检测输出电压 U_o 的变化，并分压产生反馈电压 U_F。误差放大器将输出反馈电压 U_F 和基准电压 U_{REF} 进行比较放大，产生误差电压 U_c，U_c 是一个变化的数值。锯齿波发生器产生固定频率的锯齿波电压 U_J，如图 4-2(c)所示。PWM 比较器将误差电压 U_c 和锯齿波电压 U_J 进行比较，产生脉冲宽度不同的 PWM 输出信号，用来改变占空比 D。图 4-2(b)所示为等效主电路。按照图 4-2(c)中的控制波形，误差电压 U_c 大于锯齿波电压 U_J 期间，PWM 比较器输出高电平，功率开关管 S 导通；当误差电压 U_c 低于锯齿波电压 U_J 时，PWM 比较器输出低电平，功率开关管 S 关断。误差电压 U_c 越高，PWM 比较器输出的脉冲宽度就越大，开关管 S 导通时间越长，脉冲宽度变宽；误差电压 U_c 越低，PWM 比较器输出的脉冲宽度就越小，开关管 S 导通时间短，脉冲宽度变窄。可见，电压型 PWM 控制电路由 PWM 比较器直接控制脉冲宽度。误差放大器根据输出反馈电压 U_F 的大小来改变误差电压 U_c 的高低，进而改变 PWM 比较器输出的脉冲宽度，保持输出电压 U_o 稳定不变，即：当 U_o 由于某种原因升高时，U_c 降低，占空比 D 下降，使 U_o 降低；反之，若 U_o 降低，则 U_c 升高，占空比 D 增大，使 U_o 升高，这就是自动调压的原理。

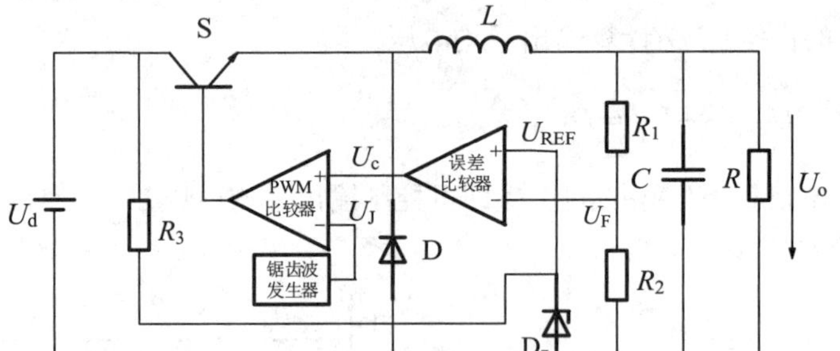

(a)电压型 PWM 控制电路结构

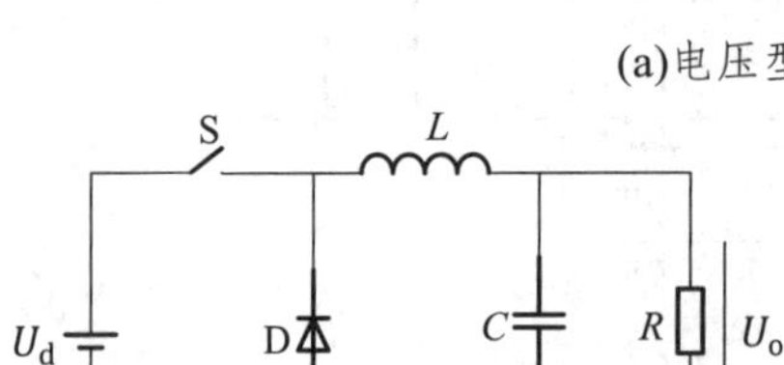

(b)等效主电路

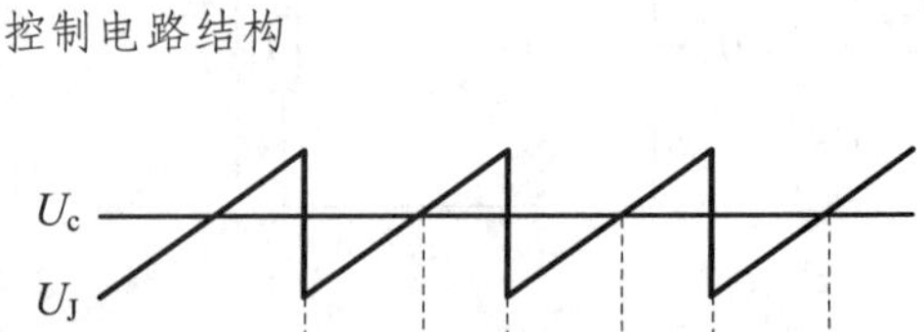

(c)PWM 控制波形

图 4-2　降压型 DC/DC 变换器的电路结构、等效电路和控制波形

4.1.2 直-直变换器的控制方式

直-直变换器要得到需要的电压，是通过调节占空比 D 的方式来实现的，主要有两种脉冲调制方法：脉冲宽度调制（PWM）方法和脉冲频率调制（PFM）方法。

脉冲宽度调制（PWM）方法是指开关频率（即开关周期）T_S 不变，直接通过改变开关管导通时间（t_{on}）来控制输出电压 U_o 的一种方式。其优点是因为采用了固定的开关频率，PWM 的谐波频率是固定的，设计滤波电路简单方便。因此直-直变换器中，常见的控制方法是 PWM 方式。

脉冲频率调制（PFM）方法是指开关管导通时间（t_{on}）不变，通过改变开关工作频率（即开关周期 T_S）从而达到控制输出电压 U_o 的一种方式；其缺点是输出电压中的谐波频率随占空比 D 的变化而变化，输出滤波器设计比较困难，因此这种方式应用不多。

还有一种是将 PWM 和 PFM 相结合的调宽和调频混合控制的方式，根据反馈信号的不同，可分为瞬时值控制和平均值控制。瞬时值控制又称为边带控制、Bang-Bang 控制，它是将输出电流（或电压）反馈的瞬时值 i 与预先设定的电流（电压）的上限值 I_{max} 和下限值 I_{min} 相比较，以此决定开关管的开通或关断，如图 4-3 所示，当 $i < I_{min}$，开关管导通；当 $i > I_{max}$，开关管截止。瞬时值控制方式的瞬时响应速度快，宜采用开关频率高的全控型器件来作为主功率开关元件，并且输出电流（电压）纹波基本恒定。电流脉动量要求越小，斩波电路的开关元件的开关频率就越高，而且开关频率变化较大。平均值控制方式是将输出电流（或电压）反馈的平均值与预先设定的电流（或电压）值相比较，用其偏差值去控制变换器开关器件的导通或关断，这种控制方式的工作频率比较稳定，但瞬时响应速度稍慢。

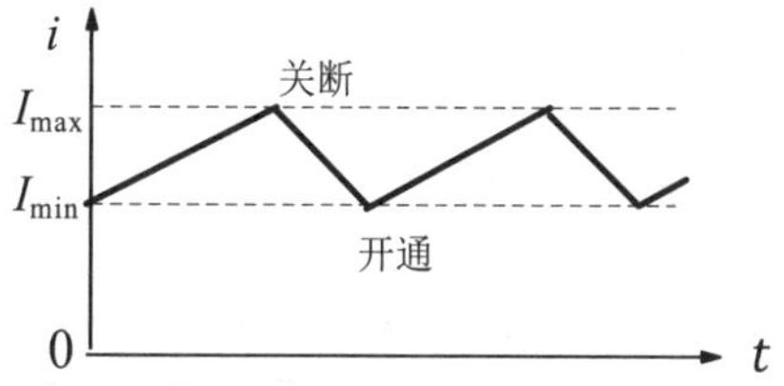

图 4-3　瞬时值控制方式

4.1.3 电感的伏秒平衡原理与电容的安秒平衡原理

电感的伏秒平衡原理和电容的安秒平衡原理是推导 DC-DC 变换器的占空比与变压比的两个重要原理，能够分析输出与输入电压、电流的相互关系。

4.1.3.1 电感的伏秒平衡原理

电感的伏秒平衡原理是指：稳态条件下，电感两端电压在一个开关周期内的平均值为零。

电路处于稳态时，电路中的电压、电流等变量都是按照开关周期严格重复的，因此每一开关周期开始时的电感电流值必然都相等。而电感电流通常是不会突变的，故开关周期开始时的电感电流值等于上一个开关周期结束时的电感电流值，由此就可以得知，稳态时在一个开关周期开始时的电感电流值一定等于开关周期结束时的电感电流值。

根据理想电感公式

$$u_L = L\frac{\mathrm{d}i_L}{\mathrm{d}t} = L\frac{\Delta i_L}{\Delta t} \quad 或 \quad i_L = \frac{1}{L}\int u_L \mathrm{d}t \tag{4-2}$$

可以得到电感电压 u_L 的关系式为

$$\Delta I_L = \frac{1}{L}\int_0^{T_S} u_L \mathrm{d}t = i_L(T_S) - i_L(0) = 0 \tag{4-3}$$

即

$$\int_0^{T_S} u_L \mathrm{d}t = 0 \tag{4-4}$$

式中，$\int_0^{T_S} u_L \mathrm{d}t$ 称为伏秒，也就是说，电路处于稳定状态时，电感电压 u_L 在一个周期内的平均值为 0，即在一个周期 T_S 内，尽管 u_L 在此周期内会出现正负交变，但 $u_L(t)$ 波形下的总面积或平均值必然为 0，这就是电感的伏秒平衡原理。

注意，在以下各种变换器的原理分析中，将采用电感的伏秒平衡原理。

4.1.3.2 电容的安秒平衡原理

电容的安秒平衡原理是指：稳态条件下，电容电流在一个开关周期内的平均值为 0。

根据电容两端电压和电流的关系

$$i_C(t) = C\frac{\mathrm{d}u_C(t)}{\mathrm{d}t} \tag{4-5}$$

在一个周期 T_S 内，电压变化量为

$$\Delta U_C = \frac{1}{C}\int_0^{T_S} i_C(t)\mathrm{d}t = u_C(T_S) - u_C(0) \tag{4-6}$$

在稳态条件下，电容电压在每一个开关周期内重复相同的波形，电容电压 u_C 的净变化量 $\Delta U_C = 0$，因此在电路稳定后，一个开关周期 T_S 内电容电流的积分（安秒）等于 0，即

$$\int_0^{T_S} i_C(t)\mathrm{d}t = 0, \quad \Delta Q_{充} = \Delta Q_{放} \tag{4-7}$$

4.2 基本斩波电路

HXD_3 型电力机车的控制电源输入来自辅助变流器中间直流环节 DC 750 V，而控制电源输出电压 DC 110 V，需要将 DC 750 V 降压变换为 DC 110 V。在 HXD_3 型电力机车的牵引变流器中，工作开始时中间直流环节电压为零，主变压器的牵引绕组通过充电电阻向四象限整流器供电，给中间直流回路支撑电容充电可达 DC 2000 V，但中间直流环节正常工作时电压为 DC 2800 V，需要将 DC 2000 V 提升到 DC 2800 V。上述两种情况均需要对输入电压进行降压和升压，其基本原理就是基于 DC-DC 基本斩波电路。

根据电路输出端与输入端是否电气隔离，可将 DC-DC 变换电路分为非隔离型 DC-DC 变换电路和隔离型 DC-DC 变换电路。非隔离型 DC-DC 变换电路即各种直流斩波电路，可以分为降压型变换器（Buck）、升压型变换器（Boost）、升降压型变换器（Buck-Boost）、Cuk 型变换器、Sepic 型变换器、Zeta 型变换器。本节只介绍降压型电路、升压型电路、升降压型电路，其他三种变换电路请读者查阅相关资料。隔离型 DC-DC 变换电路将在下一节进行介绍。

4.2.1 降压变换器

降压变换器又称 Buck 变换器，降压变换电路由直流电源 U_d、全控型元件 S、续流二极管 D、储能元件 L、电容 C 及负载电阻 R 组成，如图 4-4 所示，其特点是输出电压比输入电压低，但输出电流比输入电流高，主要用于直流电源中。降压变换器的输出电压可以根据输入电压和负载电阻进行调节。降压变换器分为电感电流连续工作模式和电感电流断续工作模式两类。

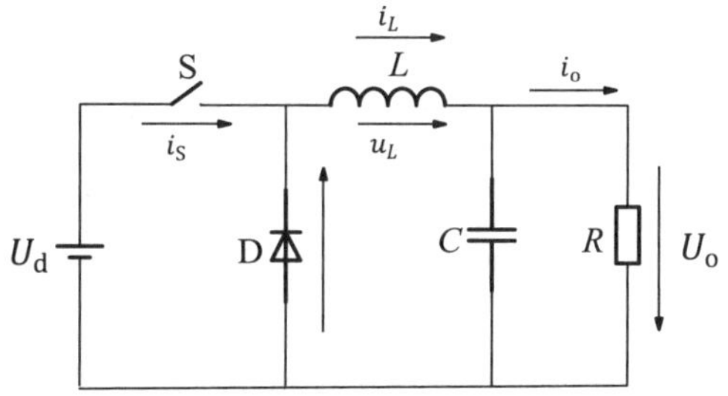

图 4-4 降压变换器电路

4.2.1.1 电感电流连续工作模式

当降压变换器处于电感电流连续工作模式时，在一个开关周期 T_S 内电路经历开关管 S 导通和开关管 S 关断两个工作状态，如图 4-5 所示。设开关管 S 由信号 u_G 控制，u_G 为高电平时，S 导通，反之 S 关断。

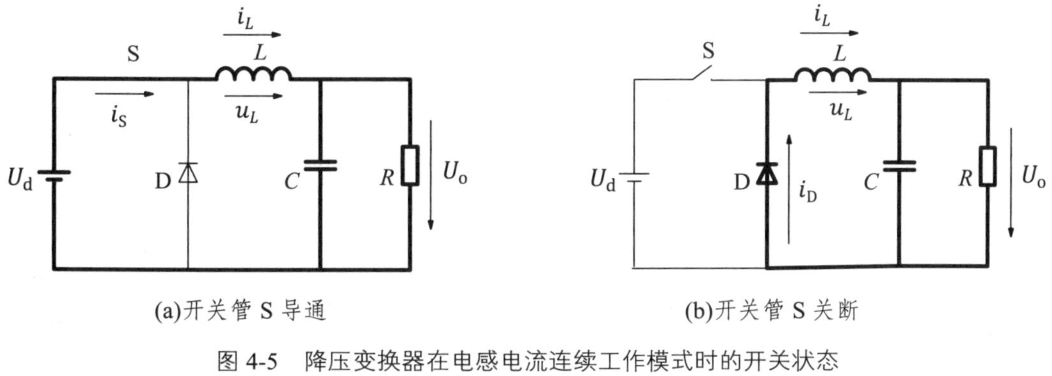

图 4-5 降压变换器在电感电流连续工作模式时的开关状态

1）开关管 S 导通

当开关管 S 导通（t_{on}）时，二极管 D 因承受反压而截止，此时电路处于图 4-5(a)所示状态，U_d 通过电感 L 向负载 R 传递能量，根据基尔霍夫电压定律（KVL），此时电感电压为 $u_{Lt_{on}}=U_d-U_o$，电感电流 i_L 线性上升，电感储能增加，流过开关管 S 的电流 i_S 为电感电流 i_L。

2）开关管 S 关断

当 S 断开（t_{off}）时，二极管 D 续流导通，此时电路处于图 4-5(b)所示状态，由于电感电流不能突变，故 i_L 通过二极管 D 续流，电感的能量逐步消耗在电阻 R 上，此时电感电压为 $u_{Lt_{off}}=-U_o$，i_L 线性降低，L 上的储能减小。由于二极管 D 的单向导电性，i_L 不可能为负，即总有 $i_L\geqslant 0$，从而负载输出电压为单极性，总是上正、下负，流过二极管 D 的电流 i_D 为电感电流 i_L。

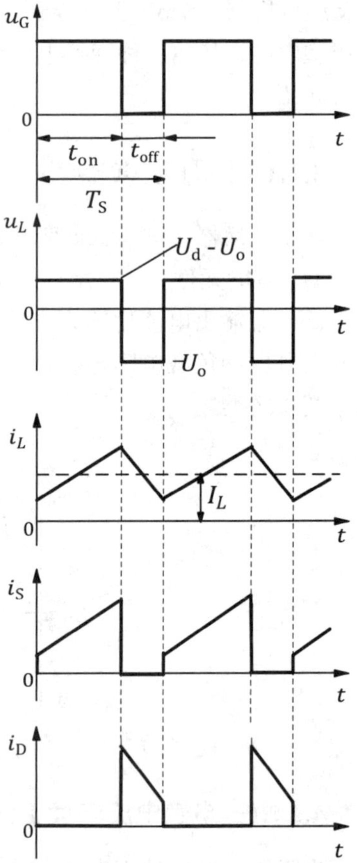

图 4-6　降压变换器在电感电流连续工作模式时的电流、电压波形

降压变换器电路在电感电流连续工作模式下的相关电流、电压波形如图 4-6 所示。当开关管 S 导通处于 t_{on} 区间时，电感中有电流流过且二极管为反向偏置，导致电感两端呈现正电压 $u_{Lt_{on}}=U_d-U_o$，在该电压的作用下电感中的电流 i_L 线性增长；当开关管 S 关断处于 t_{off} 区间时，由于电感所储存的能量的作用，i_L 经二极管续流，此时电感两端电压为 $u_{Lt_{off}}=-U_o$，呈现负电压，电感电流 i_L 线性衰减。

由于稳态工况下的电感电压 u_L 波形必然周期性重复，并且在一个周期 T_S 内的积分结果等于 0，即平均值 U_L=0。因此，根据电感的伏秒平衡原理，有

$$\int_0^{T_S} u_L \mathrm{d}t=\int_0^{T_{on}} u_L \mathrm{d}t+\int_{t_{on}}^{T_S} u_L \mathrm{d}t=0 \tag{4-8}$$

式(4-8)表明，在图 4-6 所示的一个周期波形中，正面积和负面积相等或总面积为 0，即 $u_{Lt_{on}}t_{on}+u_{Lt_{off}}t_{off}=0$，因此可得

$$(U_d-U_o)\ t_{on}+(-U_o)(T_S-t_{on})=0 \tag{4-9}$$

整理并用占空比表示为

$$\frac{U_o}{U_d}=\frac{t_{on}}{T_s}=D \tag{4-10}$$

在这种情况下，若给定的输入直流电压 U_d 不变，则输出直流电压 U_o 只随开关占空比 D 呈线性变化，与其他电路参数无关。

如果忽略开关管内部损耗，则输入功率等于输出功率，$P_d = P_o$，即 $U_d I_d = U_o I_o$，由此可以推导出输出平均电流和输入电流的关系为

$$\frac{I_o}{I_d} = \frac{1}{D} \tag{4-11}$$

4.2.1.2　电感电流断续工作模式

当降压变换器处于电感电流断续工作模式时，在一个开关周期 T_S 内电路相继经历开关管 S 导通、开关管 S 关断和电感电流断流三个工作状态，如图 4-7 所示。

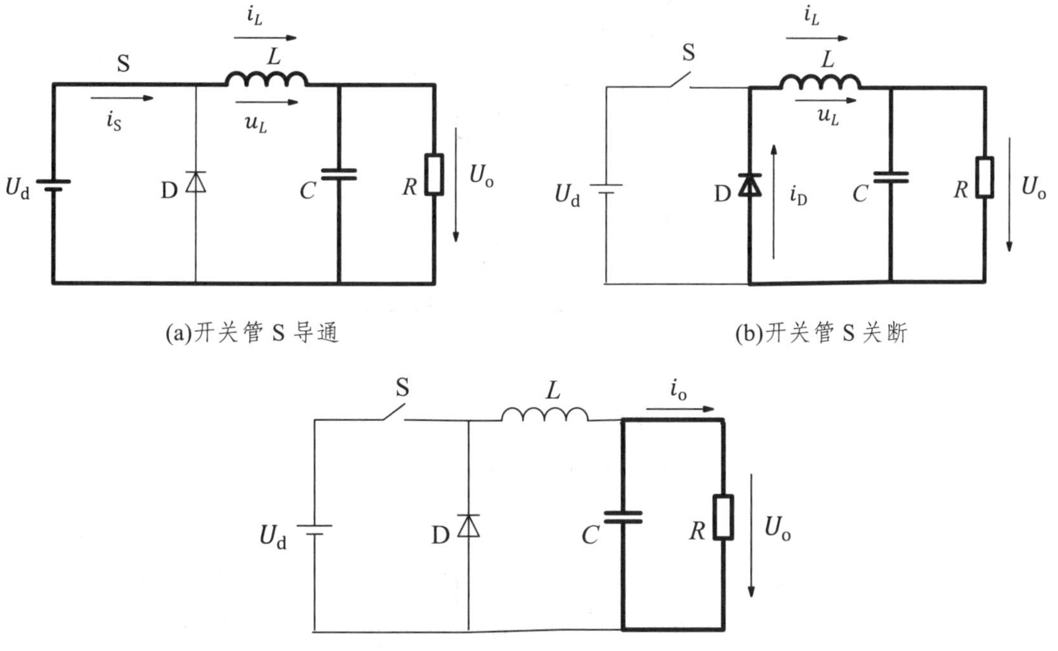

(a)开关管 S 导通

(b)开关管 S 关断

(c)电感电流 $i_L = 0$

图 4-7　降压变换器在电感电流断续工作模式时的开关状态

1）开关管 S 导通

当开关管 S 导通（t_{on}）、二极管 D 截止时，电路处于图 4-7(a)所示状态，U_d 通过电感 L 向负载 R 传递能量，此时电感电压为 $u_{Lt_{on}} = U_d - U_o$，电感电流 i_L 从零开始线性上升，电感储能增加，二极管 D 承受反压处于截止状态，流过开关管 S 的电流 i_S 为电感电流 i_L。

2）开关管 S 关断

① 当 S 断开（t'_{off}）、二极管 D 导通时，电路处于图 4-7(b)所示状态，由于电感电流不能突变，故 i_L 通过二极管续流，电感的能量逐步消耗在电阻 R 上，此时电感电压为

$u_{Lt_{off}} = -U_o$，i_L 线性降低直至为零，L 上的储能减小，流过二极管 D 的电流 i_D 为电感电流 i_L。

② 当 S 断开、二极管 D 关断时，电路处于图 4-7(c)所示状态，电感电流 i_L 保持为零，电感电压 u_L 也为零，输出滤波电容 C 向负载 R 供电，直至开始下一个开关周期。

降压变换器电路在电感电流断续工作模式时的相关电压、电流波形如图 4-8 所示。

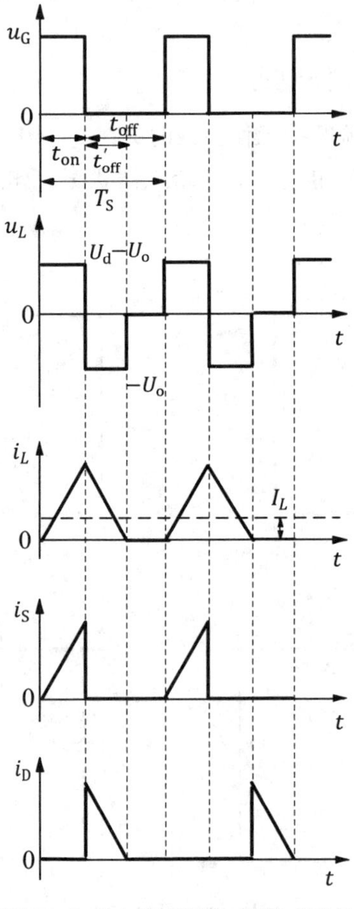

图 4-8　降压变换器在电感电流断续工作模式时的电压、电流波形

根据电感的伏秒平衡原理，得

$$(U_d - U_o)t_{on} + (-U_o)t'_{off} = 0 \tag{4-12}$$

整理可得

$$\frac{U_o}{U_d} = \frac{t_{on}}{t_{on} + t'_{off}} = \frac{D}{D + D'} \tag{4-13}$$

式中　$D' = t'_{off} / T_S$。

3）电感电流断流

电感电流连续的临界条件推导如下：假设降压变换器处于电感电流临界断续状态，其工作波形如图 4-9 所示，电感电流 i_L 在充电时间 t_{on} 内的增加量和放电时间 t_{off} 内的减少量

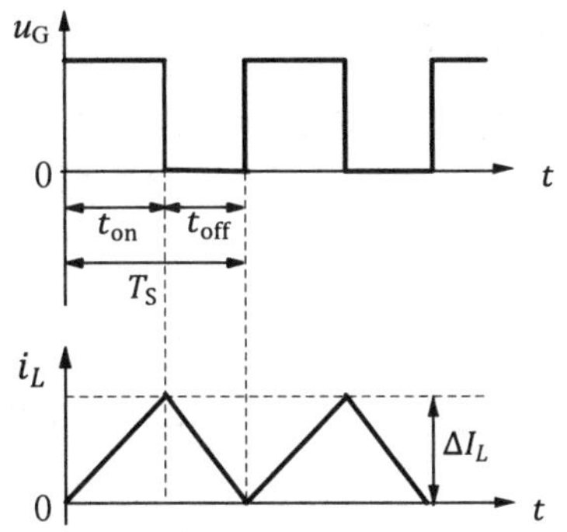

图 4-9　降压变换器在电感电流临界断续时的工作波形

相等，为

$$\Delta I_L = \frac{U_d - U_o}{L} DT_S = \frac{U_o}{L}(1-D)T_S \tag{4-14}$$

由图 4-9 可知，平均输出电流为

$$I_L = \frac{1}{2}\Delta I_L = \frac{1}{2}\cdot\frac{U_o}{L}(1-D)T_S \tag{4-15}$$

要使电感电流连续，须满足负载电流大于等于电感电流，即

$$I_o = \frac{U_o}{R} \geqslant I_L \tag{4-16}$$

得

$$\frac{L}{T_S R} \geqslant \frac{1-D}{2} \tag{4-17}$$

式(4-17)就是判断降压变换器电感电流是否连续的临界条件。

4.2.2　升压变换器

升压变换器又称为 Boost 变换器，它将低于输出要求的直流电压变换成规定输出的高直流电压，升压变换电路由直流电源 U_d、全控型元件 S、续流二极管 D、储能元件 L、电容 C 及负载电阻 R 组成，其电路结构如图 4-10 所示。升压变换器的构成元件与降压变换器的构成元件相同，仅变换了降压变换器开关管 S、电感 L、续流二极管 D 的位置，使其改变成升压变换器。升压变换电路也分为电感电流连续工作模式和电感电流断续工作模式。

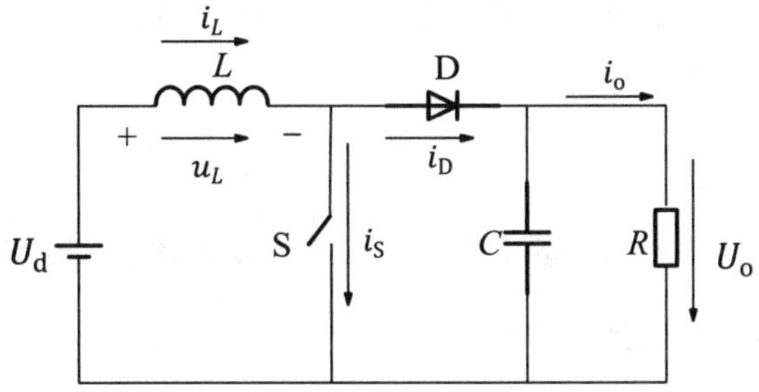

图 4-10　升压变换器电路

4.2.2.1 电感电流连续工作模式

当升压变换器处于电感电流连续工作模式时，在一个开关周期 T_S 内电路经历开关管 S 导通和开关管 S 关断两个工作状态，如图 4-11 所示。设开关管 S 由信号 u_G 控制，u_G 为高电平时，S 导通，反之 S 关断。

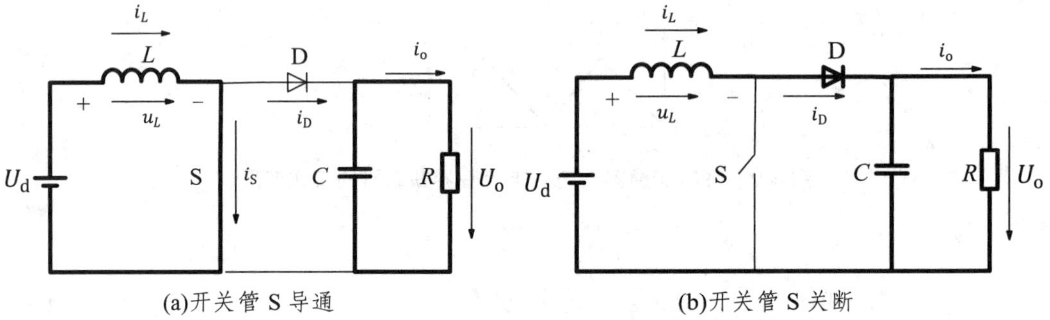

图 4-11　升压变换器在电感电流连续工作模式时的开关状态

1）开关管 S 导通

当 S 导通时，电路处于图 4-11(a)所示状态，$u_{Lt_{on}}=U_d>0$，i_L 增加，电感储能增加，同时负载由 C 供电。

2）开关管 S 关断

当 S 关断时，电路处于图 4-11(b)所示状态，因电感电流不能突变，i_L 通过 D 向电容 C、负载 R 供电，此时，$u_{Lt_{off}}=U_d-U_o$，电感 L 上储存的能量传递到电容 C、负载 R 侧，此时 i_L 减小，L 上的感应电势 $u_L<0$，由 $U_d=u_L+U_o$ 可知 $U_o>U_d$。

根据电感的伏秒平衡原理，则有

$$U_d t_{on}+(U_d-U_o)t_{off}=0 \tag{4-18}$$

整理后得到输出电压与占空比的关系为

$$\frac{U_o}{U_d}=\frac{T_S}{T_{off}}=\frac{1}{1-D} \tag{4-19}$$

因为占空比 $D<1$，因此输出电压与输入电压的比值始终大于 1，输出电压较输入电压高，这与前面分析中得到的结论一致。

若假定该电路无损耗，输入功率等于输出功率，即 $P_d=P_o$，则 $U_dI_d=U_oI_o$，故得到平均输出电流与占空比的关系为

$$\frac{I_o}{I_d}=1-D \tag{4-20}$$

升压变换器电路在电感电流连续工作模式时的相关电流、电压波形如图 4-12 所示。

4.2.2.2 电感电流断续工作模式

当升压变换器处于电感电流断续工作模式时，电路在一个开关周期 T_S 内相继经历开关管 S 导通、开关管 S 关断和电感电流断流三个工作状态，如图 4-13 所示。

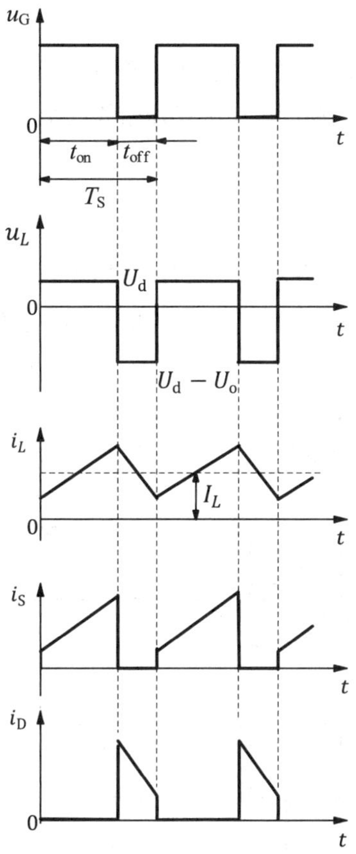

图 4-12　升压变换器在电感电流连续工作模式时的电流、电压波形

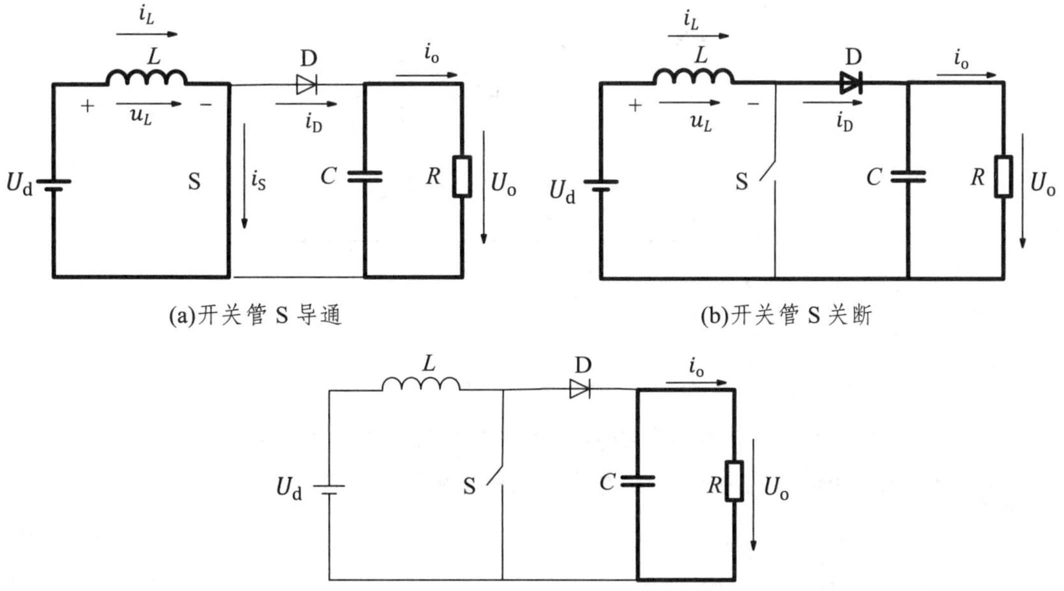

(a)开关管 S 导通

(b)开关管 S 关断

(c)电感电流 $i_L = 0$

图 4-13　升压变换器在电感电流断续工作模式时的开关状态

1）开关管 S 导通

当开关 S 导通、二极管 D 截止时，电路处于图 4-13(a)所示状态，电感两端电压为输入直流电压 U_d，即 $u_{Lt_{on}} = U_d$，电感电流 i_L 从零开始线性增长；同时，负载 R 由输出滤波电容 C 供电。

2）开关管 S 关断

① 当开关 S 关断、二极管 D 导通时，电路处于图 4-13(b)所示状态，电感电流 i_L 通过二极管 D 向输出侧流动，由于 $u_{Lt_{off}} = U_d - U_o$，电感电流 i_L 线性减小，直至为零。

② 当开关 S、二极管 D 均关断时，电路处于图 4-13(c)所示状态，电感电流 i_L 保持为零，电感两端电压也为零，负载 R 由输出滤波电容 C 供电，直到下一个开关周期开始。

升压变换器电路在电感电流断续工作模式时的相关电流、电压波形如图 4-14 所示。

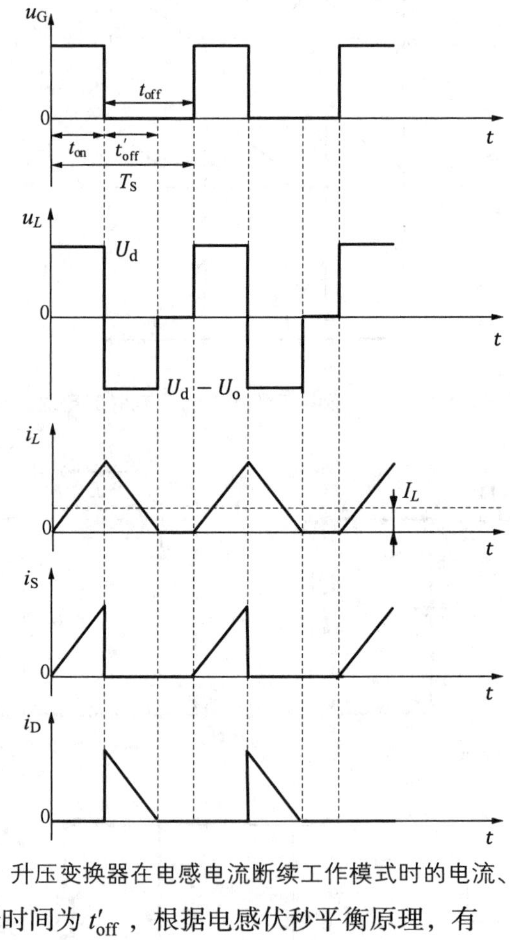

图 4-14　升压变换器在电感电流断续工作模式时的电流、电压波形

设电感电流的下降时间为 t'_{off}，根据电感伏秒平衡原理，有

$$U_d t_{on} + (U_d - U_o) t'_{off} = 0 \tag{4-21}$$

整理得
$$\frac{U_o}{U_d} = \frac{D + D'}{D'} \tag{4-22}$$

式中　$D' = t'_{off} / T_S$。

3）电感电流断流

电感电流连续的临界条件推导如下：假设升压变换器电路处于电感电流临界断续状态，其工作波形如图 4-15 所示，电感 L 在充电时间 t_{on} 内的增加量和放电时间 t_{off} 内的减少量相等，为

$$\Delta I_L = \frac{U_d}{L} D T_S = \frac{-(U_d - U_o)}{L}(1-D)T_S \tag{4-23}$$

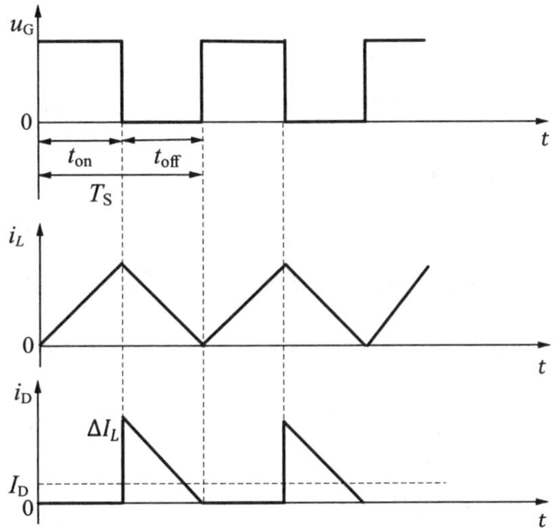

图 4-15　升压变换器在电感电流临界断续时的工作波形

与降压变换电路不同的是，升压变换电路的平均输出电流为二极管 D 中的平均电流 I_D，由图 4-15 得

$$I_D = \frac{1}{2}(1-D)\frac{-(U_d - U_o)}{L}(1-D)T_S = \frac{1}{2}(1-D)\frac{U_d}{L}DT_S \tag{4-24}$$

要使电感电流连续，需满足负载电流大于等于二极管电流 I_D，即

$$I_o = \frac{U_o}{R} \geqslant I_D \tag{4-25}$$

得

$$\frac{L}{T_S R} \geqslant \frac{D(1-D)^2}{2} \tag{4-26}$$

式(4-26)就是判断升压变换器电感电流是否连续的临界条件。

4.2.3　升降压变换器

升降压变换器又称为 Buck-Boost 变换器，它是一种既可以升压又可以降压的变换器。升压变换电路由直流电源 U_d、全控型元件 S、续流二极管 D、储能元件 L、电容 C 及负载电阻 R 组成，其电路结构如图 4-16 所示。升降压变换器的构成元件与降压变换器的构成元件相同，仅变换了降压变换电路中电感 L、续流二极管 D 的位置，使其成为升降压变换器。

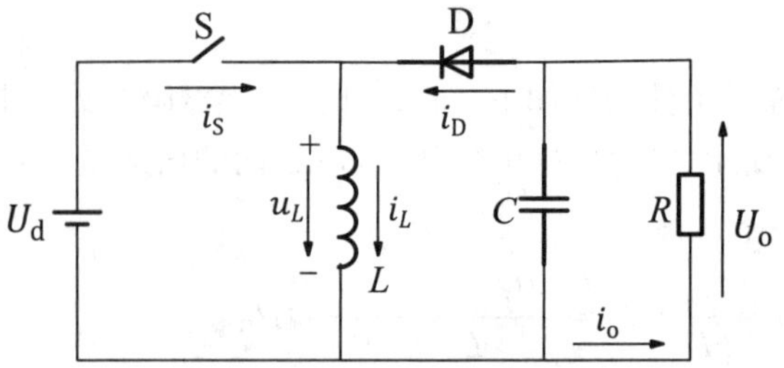

图 4-16　升降压变换器电路

升降压变换器的输出电压与电源电压极性相反，属于反极性斩波变换器，负载上的电压为上负、下正。升降压变换电路分为电感电流连续工作模式和电感电流断续工作模式。

4.2.3.1　电感电流连续工作模式

当升降压变换器在电感电流连续工作模式时，电路在一个开关周期 T_S 内经历开关管 S 导通、开关 S 关断两个开关状态，如图 4-17 所示。设开关管 S 由信号 u_G 控制，u_G 为高电平时，S 导通，反之 S 关断。

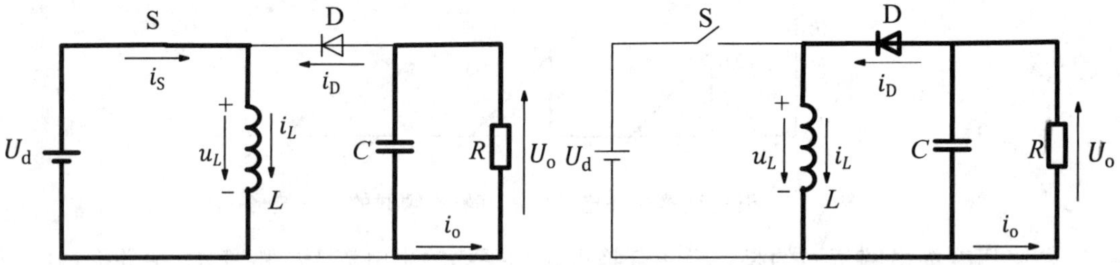

(a)开关管 S 导通　　(b)开关管 S 关断

图 4-17　升降压变换器在电感电流连续工作模式时的开关状态

1）开关管 S 导通

开关管 S 导通、二极管 D 截止时，电路处于图 4-17(a)所示状态，输入电压 U_d 加在电感 L 上，$u_{Lt_{on}}=U_d$，电感从电源获取能量，此时，负载靠滤波电容 C 维持输出电压不变。

2）开关管 S 关断

当 S 截止时，电路处于图 4-17(b)所示状态，电感 L 中储存的能量传递给电容 C 及负载 R，$u_{Lt_{off}}=-U_o$。占空比越高，传递到负载的能量越多。

升降压变换器在电感电流连续工作模式时的相关电流、电压波形如图 4-18 所示。根据电感的伏秒平衡原理，已知理想电感两端电压在一个周期内的积分为 0，即平均值 $U_L=0$。有

$$U_dDT_S+(-U_o)(1-D)T_S=0 \tag{4-27}$$

可推导出

$$\frac{U_o}{U_d}=\frac{D}{1-D} \tag{4-28}$$

$$\frac{I_o}{I_d}=\frac{1-D}{D} \tag{4-29}$$

式(4-28)和式(4-29)反映了升降压变换器电路在电感电流连续工作模式下输出平均电压、电流与占空比 D 的关系，即以输入电压为基准时，通过改变占空比 D 的大小，可使升降压变换器的输出电压在升和降两个方向调节。

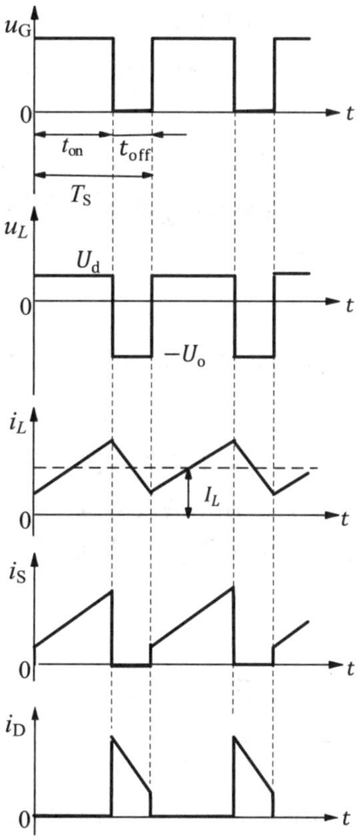

图 4-18　升降压变换器在电感电流连续工作模式时的电流、电压波形

4.2.3.2　电感电流断续工作模式

当升降压变换器处于电感电流断续工作模式时，电路在一个开关周期 T_S 内相继经历开关管 S 导通、开关管 S 关断和电感电流断流三个工作状态，如图 4-19 所示。

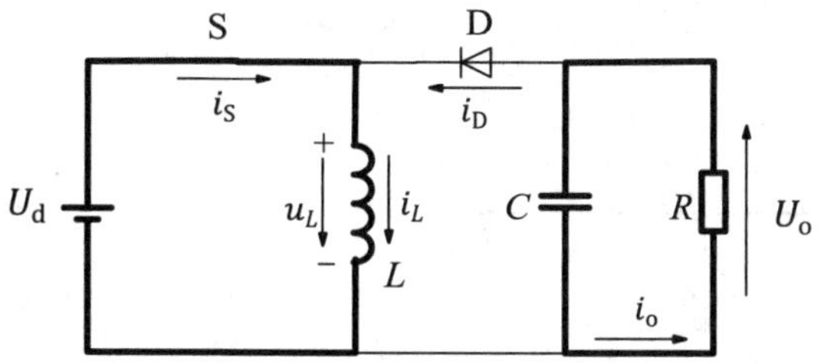

(a)开关管 S 导通

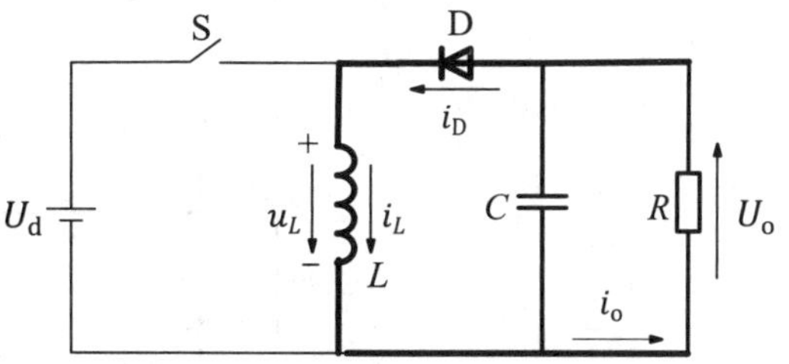

(b)开关管 S 关断

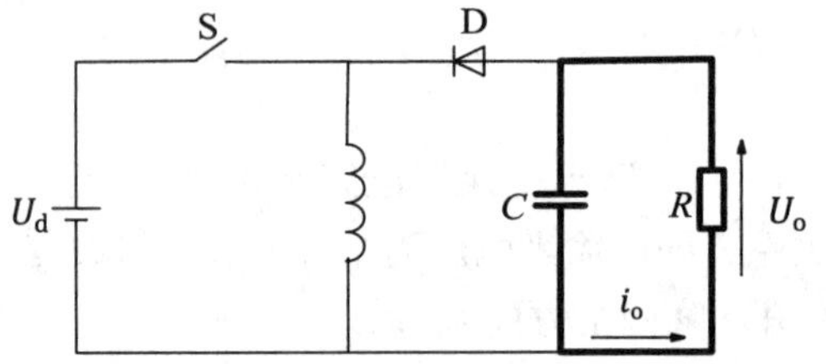

(c)电感电流 $i_L = 0$

图 4-19　升降压变换器在电感电流断续工作模式时的开关状态

1）开关管 S 导通

当开关管 S 导通、二极管 D 截止时，电路处于图 4-19(a)所示状态，电感两端的电压为输入直流电压 U_d，即 $u_{Lt_{on}} = U_d$，电感电流 i_L 从零开始线性增长。同时，负载由输出滤波电容 C 供电。

2）开关管 S 关断

① 当开关管 S 关断、二极管 D 导通时，电路处于图 4-19(b)所示状态，电感电流 i_L 通过二极管 D 向输出侧流动，由于 $u_{Lt_{off}} = -U_o$，电感电流线性减小，直至为零。

② 当开关管 S、二极管 D 均关断时，电路处于图 4-19(c)所示状态，电感电流 i_L 保持为零，电感 L 两端电压也为零，负载 R 由输出滤波电容 C 供电，直到下一个开关周期开始。

升降压变换器电路在电感电流断续工作模式时的相关电流、电压波形如图 4-20 所示。

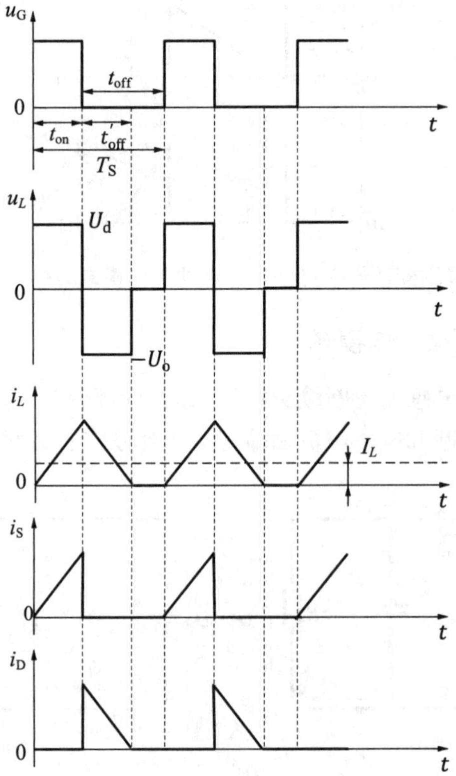

图 4-20　升降压变换器在电感电流断续工作模式时的电流、电压波形

设电感电流的下降时间为t'_{off}，根据电感伏秒平衡原理，有

$$U_d t_{on} + (-U_o) t'_{off} = 0 \tag{4-30}$$

两边同除以 T_S，整理得

$$\frac{U_o}{U_d} = \frac{D}{D'} \tag{4-31}$$

式中　$D' = t'_{off} / T_S$。

3）电感电流断流

电感电流连续的临界条件推导如下：假设升降压变换器电路电感电流处于临界断续状态，其工作波形如图 4-21 所示，电感 L 在充电时间 t_{on} 内的增加量和放电时间 t_{off} 内的减少量相等，为

$$\Delta I_L = \frac{U_d}{L} D T_S = \frac{U_o}{L}(1-D) T_S \tag{4-32}$$

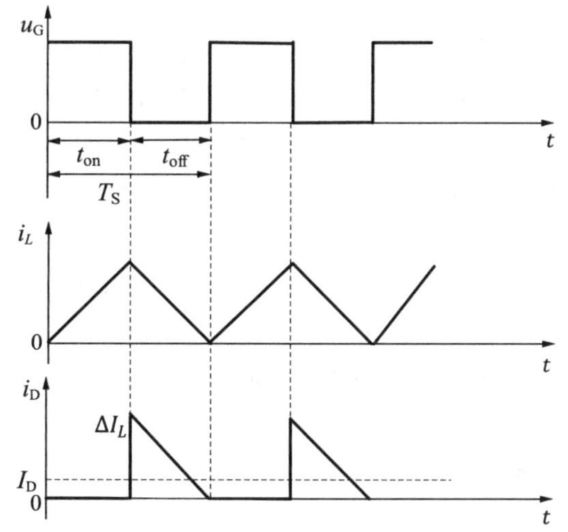

图 4-21　升降压变换器在电感电流临界断续时的工作波形

升降压变换器的平均输出电流与升压变换器相同，均为二极管D中的平均电流 I_D，由图4-21得

$$I_D = \frac{1}{2}(1-D)\frac{-U_o}{L}(1-D) T_S \tag{4-33}$$

要使电感电流连续，需满足负载电流 I_o 大于等于二极管电流 I_D，即

$$I_o = \frac{U_o}{R} \geqslant I_D \tag{4-34}$$

得

$$\frac{L}{T_S R} \geqslant \frac{(1-D)^2}{2} \tag{4-35}$$

式(4-35)就是判断升降压变换器电感电流是否连续的临界条件。

4.3 带隔离变压器的直流变换电路

在电力机车变流装置中，不仅不带隔离变压器的直-直变换器得到广泛应用，带隔离变压器的直-直变换器也有大量应用，例如 HXD_3 型电力机车的 110 V 控制电源（蓄电池充电器），通过带隔离变压器的全桥式 DC/DC 变换器变成 110 V。再如 CRH_1 动车组的蓄电池充电模块，通过带隔离变压器的半桥式 DC/DC 变换器变成 110 V。

与不带隔离变压器的直-直变换器相比，带隔离变压器的直-直变换器增加了交流环节，因而成为直-交-直电路，如图 4-22 所示。

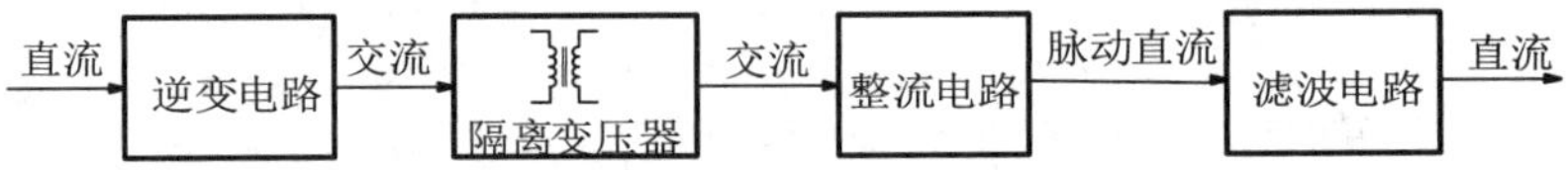

图 4-22 带隔离变压器的直-直变换电路的结构

在直-直变换器中，隔离变压器用于实现变换器输入与输出的直流隔离、变比以及多路输出的隔离。隔离变压器工作频率比较高，因此也称为高频变压器，通常，工作频率应高于 20 kHz 这一人耳的听觉极限，以免变压器和电感产生刺耳的噪声。由于工作频率高，逆变电路常常使用全控型器件，如 MOSFET、IGBT 等，整流电路采用快速恢复二极管或肖特基二极管。

实际变压器可以等效为一个理想变压器和一个励磁电感 L_M，L_M 与一次绕组 N_1 并联，L_M 用来储存或释放励磁能量，理想变压器用来传输能量。

带隔离变压器的直-直变换器有正激式（Forward）、反激式（Flyback）、全桥式（Full-Bridge）、半桥式（Half-Bridge）、推挽式（Push-Pull）变换器等。其中反激式变换器是 Buck-Boost 变换器的隔离方案，其他几种是由 Buck 变换器派生的隔离方案。

4.3.1 正激式变换器

正激式 DC/DC 变换器的拓扑结构如图 4-23 所示。其中，U_d 为直流输入电压，N_1 为高频变压器的一次绕组，N_2 为二次绕组，高频变压器的一次绕组与二次绕组的极性相同，同名端位置如图中所示；N_3 为去磁绕组，其匝数与 N_1 相同，在 S 关断期间，泄放励磁电流，使高频变压器磁通复位，否则变压器不能正常工作，去磁绕组仅通过去磁电流，可选用较小线径；S 为功率开关管，D_2 为整流二极管，D_1 为续流二极管，二极管 D_3 为励磁电流提供泄放回路；L 为输出滤波电感，C 为输出滤波电容。R 为负载电阻，U_o 为直流输出电压。在开关管门极上需加脉宽调制器（PWM），用来控制功率开关管 S 的导通与关断。

正激式 DC/DC 变换器的工作原理如图 4-24 所示，功率开关管 S 在脉宽调制（PWM）信号的控制下，交替地导通与关断，电路在一个开关周期内经历开关管 S 导通、开关管 S 关断两个工作状态。图 4-24(a)和图 4-24(b)分别示出了 S 导通和关断时的电流路径。

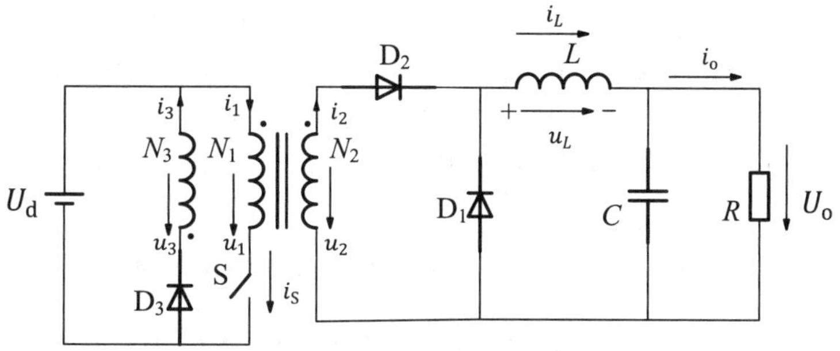

图 4-23　正激式 DC/DC 变换器的拓扑结构

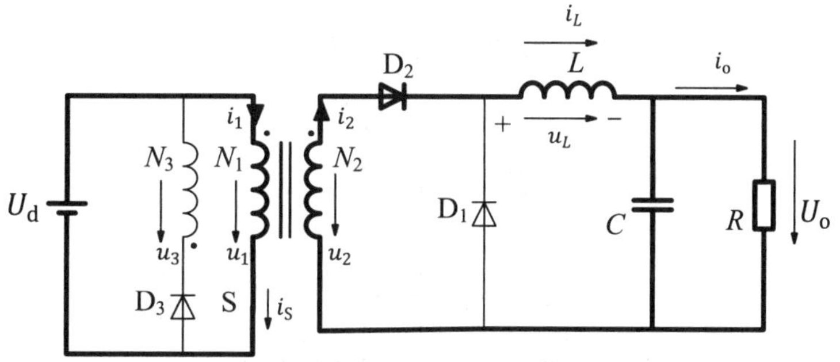

(a)开关管 S 导通

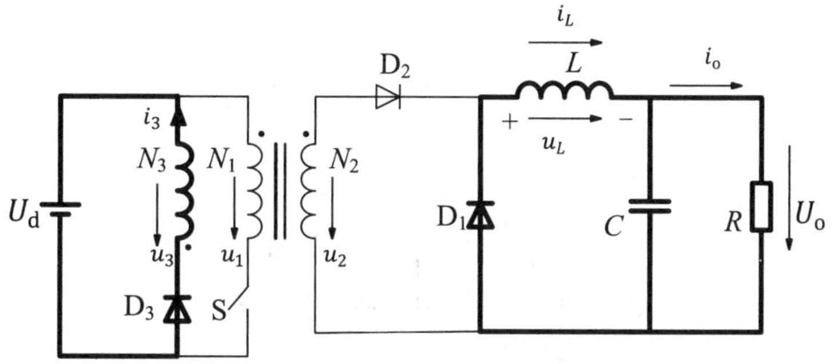

(b)开关管 S 关断

图 4-24　正激式 DC/DC 变换器的开关状态

1）开关管 S 导通

开关管 S 开通时，电路处于图 4-24(a)所示状态，输入电压 U_d 直接加到高频变压器一次绕组 N_1 两端，电压为上正、下负，使一次绕组电流 i_1 上升，励磁电感 L_M 上的励磁电流 i_M 上升，与其耦合的二次绕组 N_2 端的电压也是上正、下负，因此 D_2 处于通态，D_1 为断态，电感 L 的电流 i_L 逐渐增长，L 上的电势为左正、右负，i_L 为滤波电容 C 充电，同时为负载 R 提供输出电流 i_o；去磁绕组 N_3 的感应电压为上负、下正，D_3 关断。

2）开关管 S 关断

开关管 S 关断时，电路处于图 4-24(b)所示状态，一次绕组 N_1 的电流突然中断，根据电磁感应原理，此时在一次绕组 N_1 上会产生反极性的感应电压，同时二次绕组 N_2 上产生上负、下正的感应电压，D_2关断；去磁绕组 N_3 产生上正、下负的感应电压，此时二极管 D_3 导通，高频变压器的励磁电流 i_M 将通过 D_3 回馈到输入电源 U_d，并线性地逐渐减小到零，励磁电流 i_M 下降到零的时间为 t_M；同时，因电感 L 中的电流不能突变，D_2 关断后，L 将产生左负、右正的感应电压，使续流二极管 D_1 导通，储存在 L 中的磁能转换为电能，通过 D_1 续流，继续向 R 供电，L 的电流逐渐下降。

S 关断后，变压器的励磁电流 i_M 经绕组 N_3 和 D_3 流回电源，所以 S 关断后承受的电压为 $u_S=\left(1+\frac{N_1}{N_3}\right)U_d$。若 $N_1=N_3$，则 $u_S=2U_d$。在励磁电流 i_M 释放到零以后，S 承受的直流电源电压 $u_S=U_d$。

正激式 DC/DC 变换器的工作波形如图 4-25 所示。

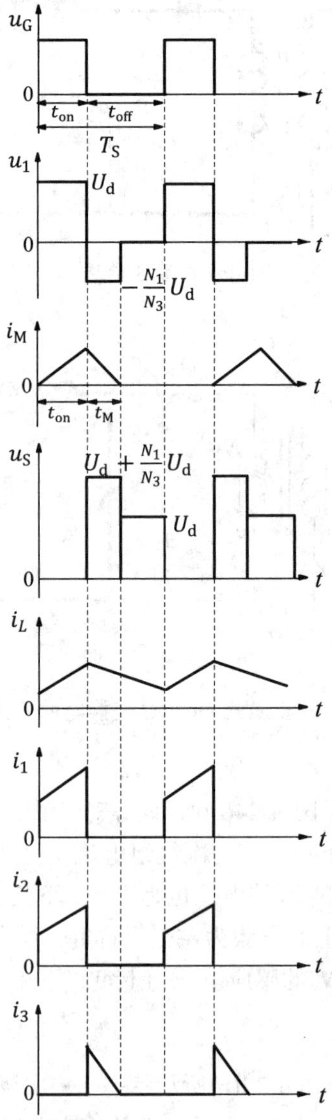

图 4-25　正激式 DC/DC 变换器的工作波形

当开关管 S 开通时，一次侧电压为 $u_1 = U_d$，二次侧电压为 $u_2 = (N_2 / N_1)U_d$，电感 L 上的电压为

$$u_{Lt_{on}} = \frac{N_2}{N_1}U_d - U_o \tag{4-36}$$

当开关管 S 关断时，电感 L 上的电压 u_L 为

$$u_{Lt_{off}} = -U_o \tag{4-37}$$

根据电感的伏秒平衡原理，电感稳定工作时，电感 L 上的电压 u_L 在一个周期内的平均值为 0，即

$$\int_0^{T_S} u_L \mathrm{d}t = 0 \tag{4-38}$$

$$u_{Lt_{on}} t_{on} + u_{Lt_{off}} t_{off} = 0 \tag{4-39}$$

由此可以推出在输出滤波电感电流 i_L 连续的情况下，输出电压与输入电压的比值为

$$\frac{U_o}{U_d} = \frac{N_2}{N_1} \cdot \frac{t_{on}}{T} = \frac{N_2}{N_1} D \tag{4-40}$$

正激型电路简单可靠，广泛用于功率为数百瓦至数千瓦的开关电源中。但该电路变压器的工作点仅处于磁化曲线平面的第一象限，只利用了一半的磁心 B-H 回路，磁心没有得到充分利用。因此在同样输出功率条件下，正激型变换器的变压器铁心要比全桥、半桥式变换器的大。但正激式变换器不需要中间抽头绕组，一次和二次绕组的利用率比全桥、半桥和推挽式的好。

4.3.2 反激式变换器

反激式变换器是由基本的升降压变换器（Buck-Boost）派生而来的，其拓扑结构如图 4-26 所示。其中，U_d 为直流输入电压，N_1 为高频变压器一次绕组，N_2 为二次绕组，高频变压器的一次绕组与二次绕组的极性相反，同名端位置如图中所示；S 为功率开关管，D 为输出整流二极管，C 为输出滤波电容，U_o 为直流输出电压，R 为负载电阻。电路中未画出电感，实际上电感 L 由反激式变换器的隔离变压器代替，称为励磁电感 L_M，与一次绕组 N_1 并联。在开关管门极上需加脉宽调制器（PWM），用来控制功率开关管 S 的导通与关断。

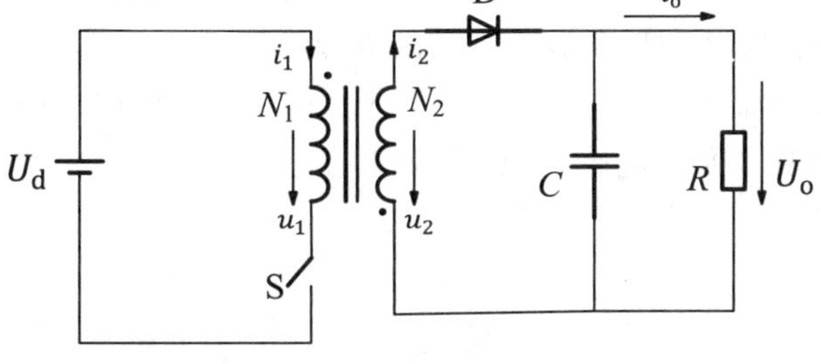

图 4-26　反激式 DC/DC 变换器的拓扑结构

反激式变换电路也存在电感电流连续和电感电流断续两种工作方式，但工作于电感电流连续模式时其变压器磁心的利用率会显著下降，因此在实际应用中，反激式变换电路通常工作在电感电流断续模式。

4.3.2.1 电感电流连续工作模式

反激式 DC/DC 变换器在电感电流连续工作模式下的工作原理如图 4-27 所示，功率开关管 S 在脉宽调制（PWM）信号的控制下，交替地导通与关断，电路在一个开关周期内经历开关管 S 导通、开关管 S 关断两个工作状态。图 4-27(a)和图 4-27(b)分别示出了 S 导通和关断时的电流路径。

1）开关管 S 导通

当功率开关管 S 导通时，电路处于图 4-27(a)所示状态，输入电压 U_d 直接加到高频变压器一次绕组 N_1 的两端，使一次绕组电流 i_1 线性增加，一次绕组的感应电动势为上正、下负。一次侧电流 i_1 提供的能量以磁场能量的形式存储在高频变压器中。在此期间，根据电磁感应原理，高频变压器二次绕组 N_2 两端的感应电压为上负、下正，使输出整流二极管 D 截止；同时输出滤波电容 C 放电，为负载 R 提供电流 i_o。

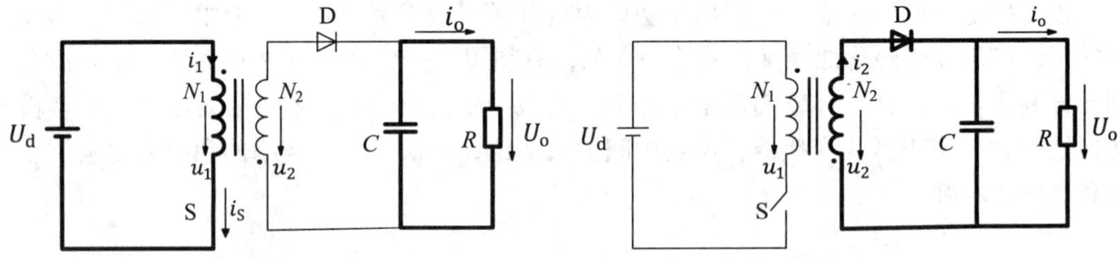

(a)开关管 S 导通　　　　(b)开关管 S 关断

图 4-27　反激式变换器在电感电流连续工作模式时的开关状态

2）开关管 S 关断

当功率开关管 S 关断时，电路处于图 4-27(b)所示状态，一次侧绕组电流 i_1 突然中断，初级绕组上产生的感应电压为上负、下正；同时，高频变压器二次绕组 N_2 也产生感应电压 u_2，其极性是上正、下负，因此输出整流二极管 D 导通，从而产生二次绕组电流 i_2，该电流通过整流二极管 D 对输出滤波器电容 C 进行充电，并向负载 R 提供电流，这个过程是隔离变压器存储的能量通过 D 向负载 R 释放的过程。

反激式 DC/DC 变换器在电感电流连续工作模式时的相关电流、电压波形如图 4-28 所示，图中 u_M、i_M 是指变压器励磁电感 L_M 的电压和电流。

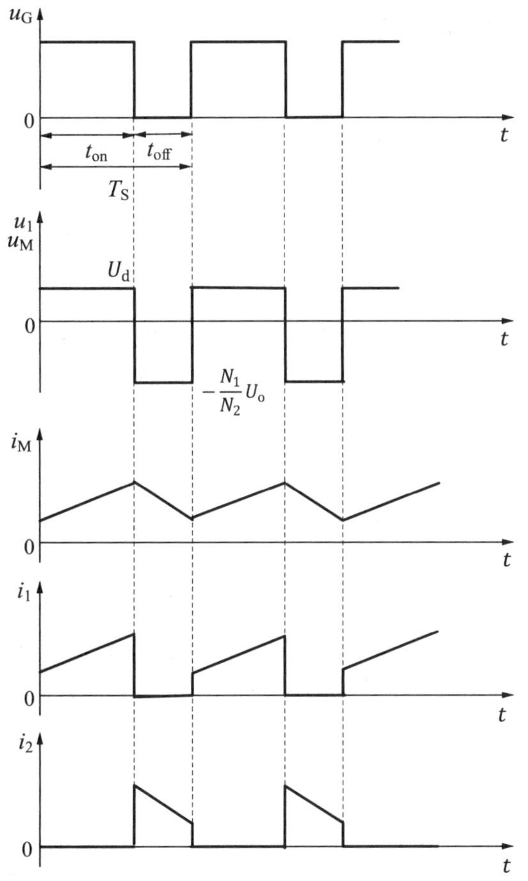

图 4-28　反激式变换器在电感电流连续工作模式时的电流、电压波形

为分析方便，将高频变压器一次绕组当作储能电感 L_M。

当开关管 S 开通时，一次绕组电压为 $u_1 = U_d$，电感 L_M 上的电压也为

$$u_{Mt_{on}} = U_d \tag{4-41}$$

当开关管 S 关断时，二次绕组电压为 $u_2 = U_o$，得到一次绕组电压和电感 L_M 上的电压为

$$u_1 = u_{Mt_{off}} = -\frac{N_1}{N_2}U_o \tag{4-42}$$

根据电感的伏秒平衡原理，电感稳定工作时，电感 L_M 上的 u_M 在一个周期内的平均值为 0，即

$$\int_0^{T_S} u_M \mathrm{d}t = 0 \tag{4-43}$$

$$u_{Mt_{on}} t_{on} + u_{Mt_{off}} t_{off} = 0 \tag{4-44}$$

由此可以推导出，在输出滤波电感电流连续的情况下，输出电压与输入电压之比为

$$\frac{U_o}{U_d}=\frac{N_2}{N_1}\cdot\frac{t_{on}}{t_{off}}=\frac{N_2}{N_1}\cdot\frac{D}{1-D} \tag{4-45}$$

4.3.2.2　电感电流断续工作模式

反激式 DC/DC 变换器在电感电流断续工作模式下，电路在一个开关周期内相继经历开关 S 导通、开关 S 关断和励磁电流断流三个工作状态，如图 4-29 所示。

1）开关管 S 导通

当开关 S 导通、二极管 D 截止时，电路处于图 4-29(a)所示状态，N_1 绕组两端的电压为输入直流电压 U_d，即 $u_M=U_d$，励磁电流 i_M 从零开始线性增长，同时，负载 R 由输出滤波电容 C 供电。

2）开关管 S 关断

① 当开关 S 关断、二极管 D 导通时，电路处于图 4-29(b)所示状态，次级绕组电压为 $u_2=U_o$，初级绕组电压和电感 L_M 上的电压为 $u_1=u_M=-\frac{N_1}{N_2}U_o$，$N_1$ 绕组的电流被切断，变压器中的磁场能量经过二极管 D 向输出侧释放，励磁电流 i_M 线性减小，直至为零。

② 当开关 S、二极管 D 均关断时，电路处于图 4-29(c)所示状态，励磁电流 i_M 保持为零，负载由输出滤波电容 C 供电，直到下一个开关周期开始。

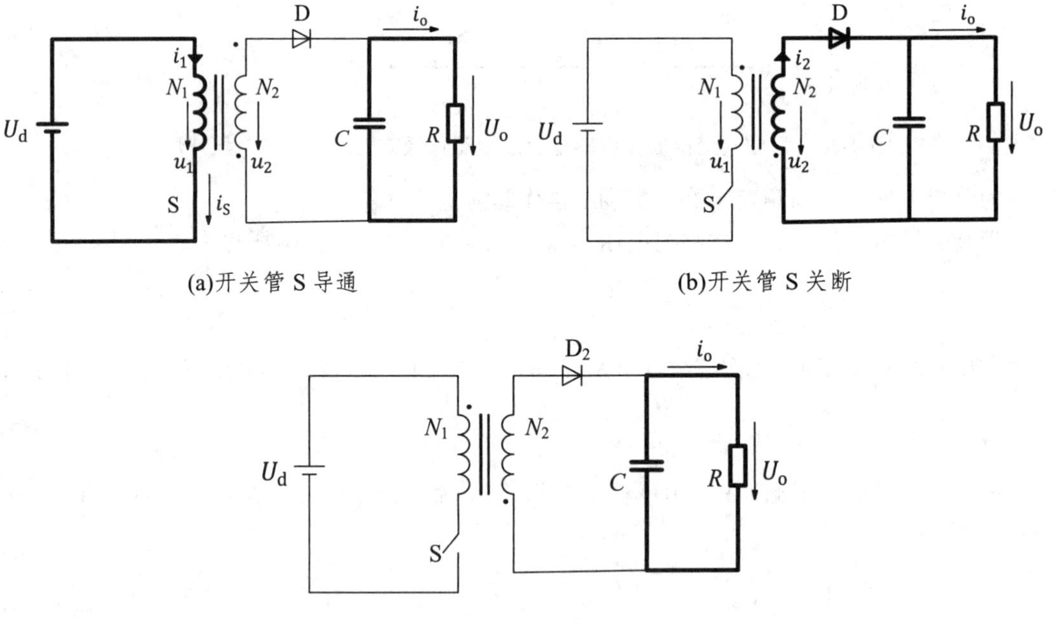

(a)开关管 S 导通　(b)开关管 S 关断

(c)电感电流 $i_L=0$

图 4-29　反激式变换器在电感电流断续工作模式时的开关状态

反激式变换器在电感电流断续工作模式时的电流、电压波形如图 4-30 所示。

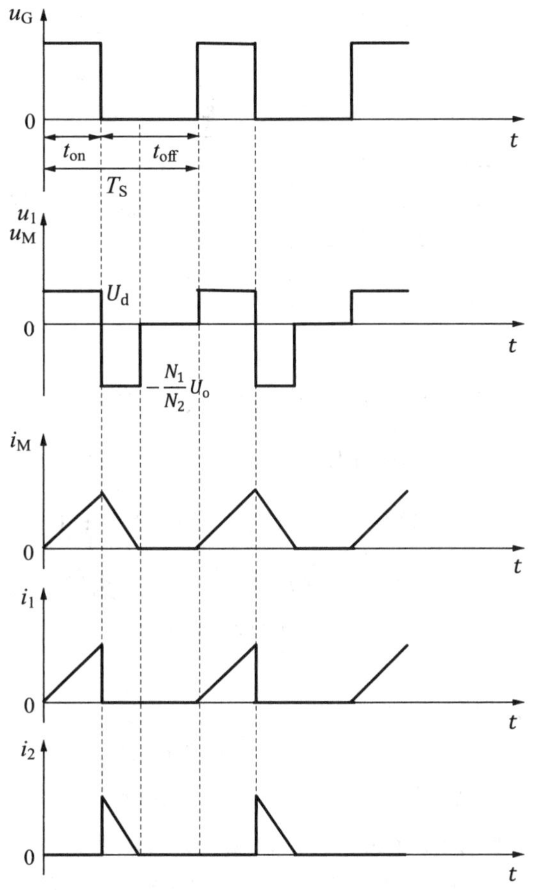

图 4-30　反激式变换器在电感电流断续工作模式时的电流、电压波形

3）励磁电流断流

在磁化电流断续时，设磁化电流放电时间为 $D'T_S$，则输出电压为

$$U_o = \frac{N_2}{N_1} \cdot \frac{D}{D'} U_d \tag{4-46}$$

反激型变换器电路工作于电流断续模式时，变压器磁心的利用率较高，通常在设计反激型变换器电路时应保证其工作于电感电流断续方式。反激型变换器电路结构简单，元件数量少，广泛适用于各种功率为数瓦至数十瓦的小功率开关电源，在各种家电、计算机设备、工业设备中广泛使用的小功率开关电源中基本上都采用了反激式变换电路。

4.3.3　全桥式变换器

全桥式 DC/DC 变换器的拓扑结构如图 4-31 所示。其中，U_d 为直流输入电压，N_1 为高频变压器一次绕组，N_2 为二次绕组，高频变压器的一次绕组与二次绕组的极性相同，同名端位置如图中所示。4 只功率开关管组成全桥逆变器，分成两组，成对动作，S_1、S_4 为一组，

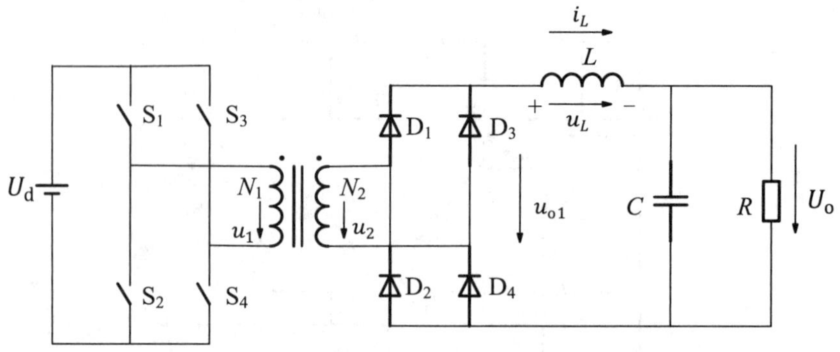

图 4-31　全桥式 DC/DC 变换器的拓扑结构

S_2、S_3 为另一组，两组分别接受两路相位差为180° 的控制信号，使两组功率开关管交替工作。设每组导通时间为 t_{on} ，则每组导通的占空比 $D=\frac{t_{on}}{T_S/2}$ ；$D_1\sim D_4$ 组成整流桥，将变压器输出的交变方波整流成直流方波；L 为输出滤波电感，C 为输出滤波电容，R 为负载电阻，U_o 为直流输出电压。在开关管门极上需加脉宽调制器（PWM），用来控制功率开关管 $S_1\sim S_4$ 的导通与关断。

全桥式 DC/DC 变换器的工作原理如图 4-32 所示，逆变器两组功率开关管在脉宽调制（PWM）信号的控制下，交替地导通与关断。全桥式 DC/DC 变换器共有四种开关状态：

① 当功率开关管 S_1、S_4 导通时，电路处于图 4-32(a)所示状态，此时 S_2、S_3 关断，输入电压 U_d 通过 S_1 和 S_4 施加到一次绕组 N_1 上，使一次绕组电流线性增加，N_1 的感应电势为上正、下负，根据电磁感应原理，高频变压器的二次绕组 N_2 的感应电势也为上正、下负，整流桥二极管 D_1、D_4 导通，D_2、D_3 关断，二次绕组 N_2 产生的电压施加到电感 L 上，形成线性增加的二次侧电流 i_L，电感储存的能量增加，L 上的感应电势为左正、右负，i_L 为输出滤波电容 C 充电，并为负载 R 提供输出电流。

② 当所有功率开关管 $S_1\sim S_4$ 都处于断态时，电路处于图 4-32(b)所示状态，变压器一次绕组 N_1 中的电流为零，电感通过 $D_1\sim D_4$ 续流，由于 D_1、D_2 和 D_3、D_4 两条支路都由两只二极管组成，因此每条支路或每个二极管流过电感电流的一半，电感 L 的电流逐渐下降。

③ 当功率开关管 S_2、S_3 导通时，电路处于图 4-32(c)所示状态，此时 S_1、S_4 关断，输入电压 U_d 通过 S_2 和 S_3 施加到一次绕组 N_1 上，使反向的一次绕组电流线性增加，N_1 的感应电势为上负、下正，根据电磁感应原理，高频变压器的二次绕组 N_2 的感应电势也为上负、下正，整流桥二极管 D_2、D_3 导通，D_1、D_4 关断，二次绕组 N_2 产生的电压施加到电感 L 上，形成线性增加的二次侧电流 i_L，电感储存的能量增加，L 上的感应电势为左正、右负，i_L 为输出滤波电容 C 充电，并为负载 R 提供输出电流。

④ 当电路处于图 4-32(c)所示状态时，其工作状态与图 4-32(b)所示相同。

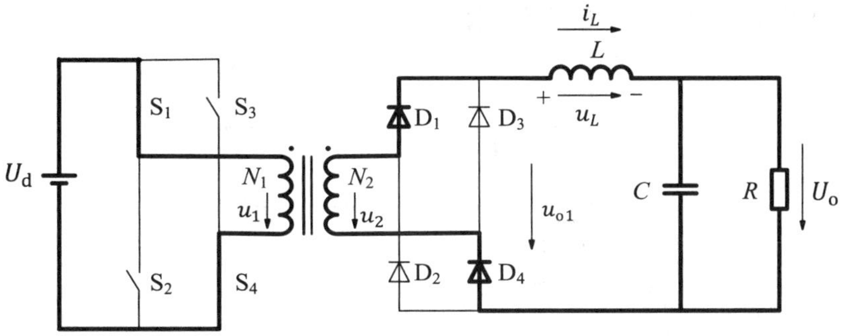

(a)开关管 S_1、S_4 导通

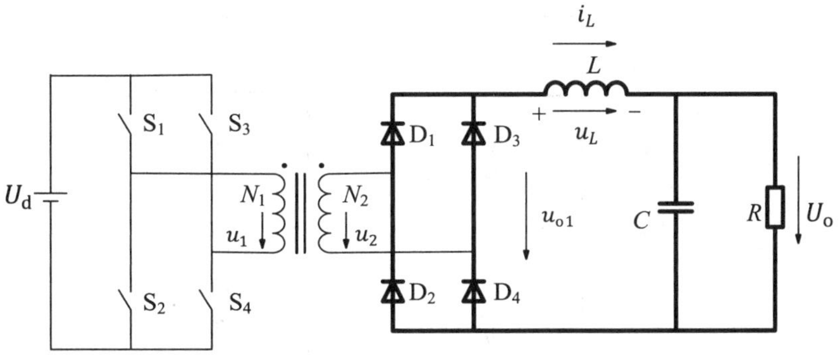

(b)开关管 $S_1 \sim S_4$ 全部关断

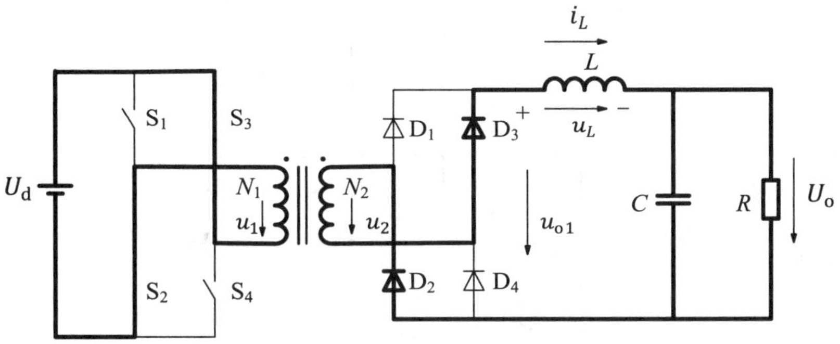

(c)开关管 S_2、S_3 导通

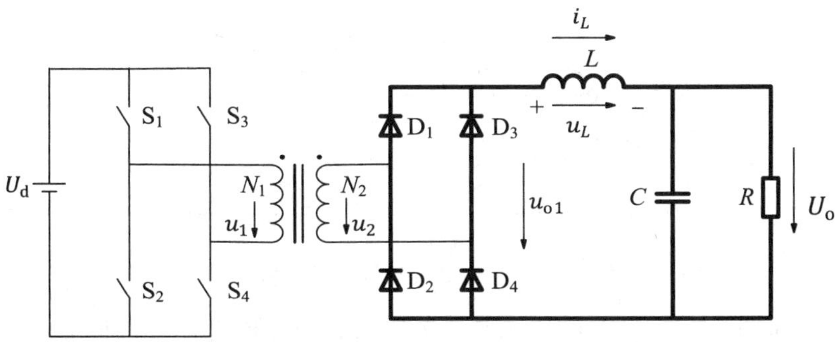

(d)开关管 $S_1 \sim S_4$ 全部关断

图 4-32　全桥式 DC/DC 变换器的开关状态

全桥式 DC/DC 变换器的工作波形如图 4-33 所示。

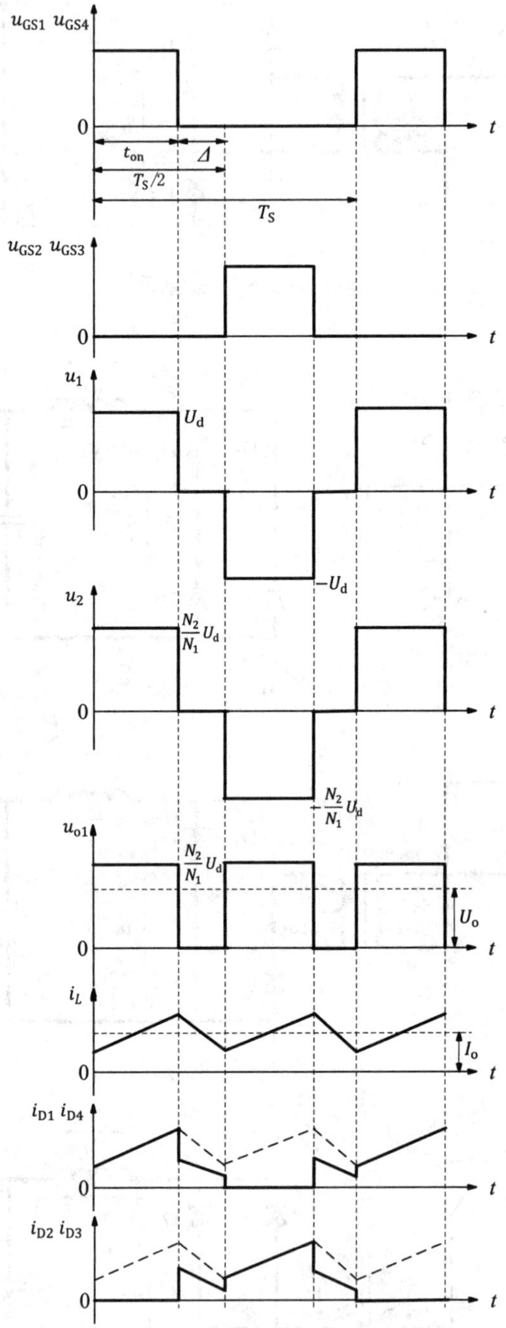

图 4-33 全桥式变换器的工作波形

在前半个周期（0 ~ $T_S/2$）中，当开关管 S_1、S_4 导通时（区间 t_{on}），$u_1=U_d$，$u_2=(N_2/N_1)U_d$，二极管 D_1、D_4 承受正向电压而导通，给电感 L 充电，此时电感电压 $u_L=(N_2/N_1)U_d-U_o$，电感电流 i_L 线性上升。

在前半个周期（0 ~ $T_S/2$）中，当开关管 S_1、S_4 断开（区间 $\Delta = T_S/2 - t_{on}$），同时 S_2、S_3 还未导通时，电感电压 $u_L = -U_o$，电感电流 i_L 线性下降。

根据电感的伏秒平衡原理，电感电压 u_L 在 $T_S/2$ 区间的积分为零，因此有

$$\left(\frac{N_2}{N_1}U_d - U_o\right)t_{on} + (-U_o)\left(\frac{T_S}{2} - t_{on}\right) = 0 \tag{4-47}$$

推导出

$$\frac{U_o}{U_d} = \frac{N_2}{N_1}\cdot\frac{t_{on}}{T_S/2} = \frac{N_2}{N_1}D \tag{4-48}$$

注意，在全桥式变换器中，占空比的定义为 $D = \dfrac{t_{on}}{T_S/2}$。

如果 S_1、S_4 与 S_2、S_3 的导通时间不对称，则交流电压 u_1 中将含有直流成分，会在变压器一次侧电流中产生很大的直流分量，并可能造成磁路饱和，故全桥型电路中应注意避免交流电压产生直流分量，在实际应用中常常在一次侧回路中串联一个电容，以阻断直流电流，避免偏磁造成隔离变压器饱和。目前结构简单、效率高的移相全桥式软开关电路得到了广泛的应用。

4.3.4 半桥式变换器

半桥式 DC/DC 变换器的拓扑结构如图 4-34 所示。其中，U_d 为直流输入电压，N_1 为高频变压器的一次绕组，N_2 为两组匝数相同的二次绕组，高频变压器的一次绕组与二次绕组的极性相同，同名端位置如图中所示。C_1 和 C_2、S_1 和 S_2 组成半桥式逆变器，C_1、C_2 为电容量相等的输入分压电容，每只电容上的电压为 $U_d/2$，S_1、S_2 为功率开关管，分别接受两路相位差为 180° 的控制信号，使 S_1、S_2 交替工作。S_1 和 S_2 分成两组，设每组导通时间为 t_{on}，则每组导通的占空比 $D = \dfrac{t_{on}}{T_S/2}$。$D_1$ 和 D_2 为输出整流二极管，将变压器输出的交变方波整流成直流方波；L 为输出滤波电感，C 为输出滤波电容。R 为负载电阻，U_o 为直流输出电压。在开关管门极上需加脉宽调制器（PWM），用来控制功率开关管 S_1、S_2 的导通与关断。

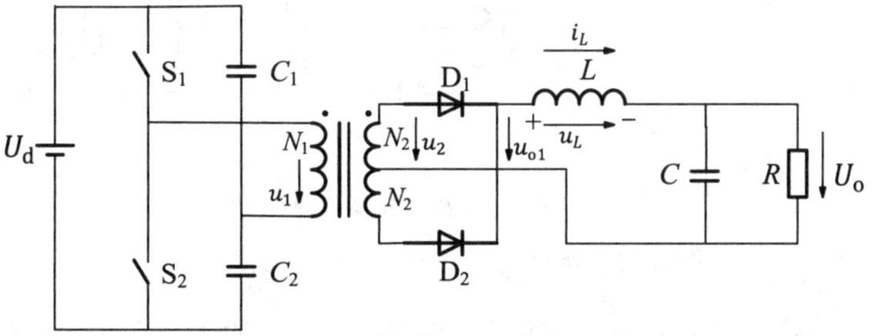

图 4-34　半桥式 DC/DC 变换器的拓扑结构

半桥式 DC/DC 变换器的工作原理如图 4-35 所示，两只功率开关管在脉宽调制（PWM）信号的控制下，交替地导通与关断。半桥式 DC/DC 变换器共有四种开关状态：

① 当功率开关管 S_1 导通时，电路处于图 4-35(a)所示状态，此时 S_2 关断，输入电压 U_d 通过 S_1 施加到一次绕组 N_1 和电容器 C_2 上，一次绕组 N_1 的电压为 U_d 的一半，一次绕组电

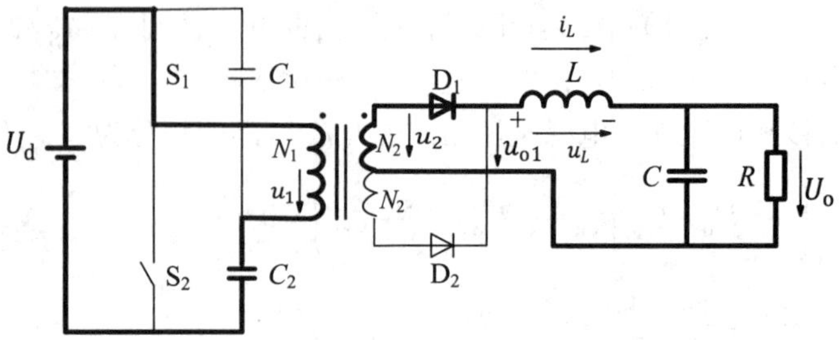

(a) 开关管 S_1 导通

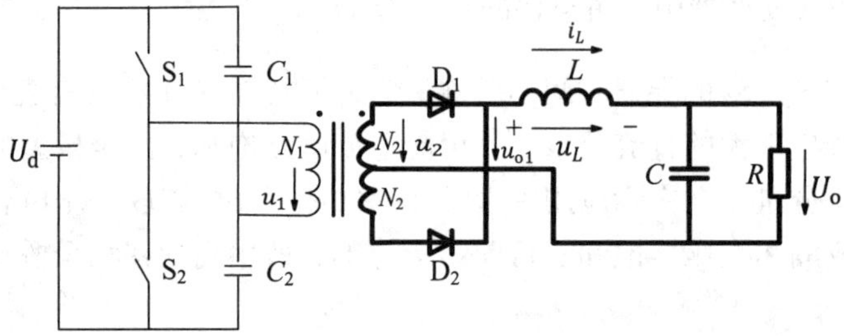

(b) 开关管 S_1、S_2 都关断

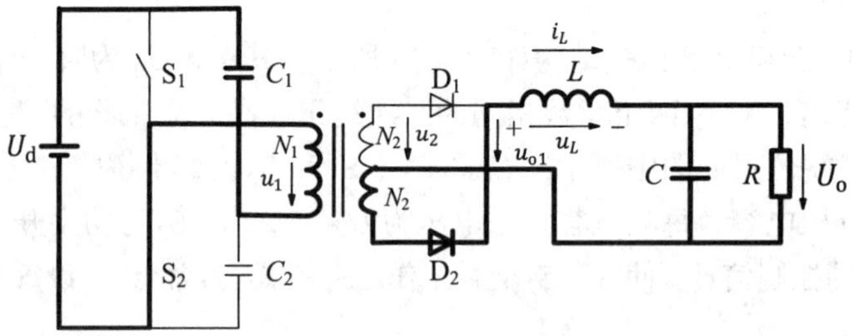

(c) 开关管 S_2 导通

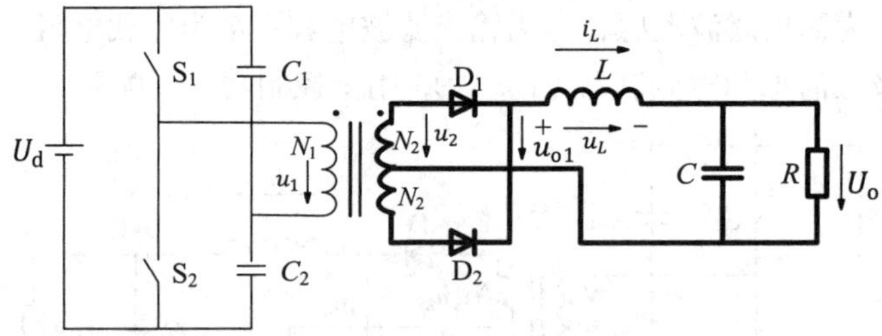

(d)开关管 S_1、S_2 都关断

图 4-35　半桥式 DC/DC 变换器的开关状态

流线性增加，N_1 的感应电势为上正、下负，根据电磁感应原理，高频变压器的二次绕组 N_2 的感应电势也为上正、下负，此时整流二极管 D_1 导通，D_2 关断，二次绕组 N_2 产生的电压施加到电感 L 上，形成线性增加的次级电流 i_L，电感储存的能量增加，L 上的感应电势为左正、右负，i_L 为输出滤波电容 C 充电，并为负载 R 提供输出电流。

② 当所有功率开关管 S_1、S_2 都处于断态时，电路处于图 4-35(b)所示状态，变压器一次绕组 N_1 中的电流为零，根据变压器的磁势平衡方程，两个二次绕组中的电流大小相等、方

向相反，所以 D_1、D_2 都处于通态，各分担一半的电流，电感 L 的电流逐渐下降。

③ 当功率开关管 S_2 导通时，电路处于图 4-35(c)所示状态，此时 S_1 关断，输入电压 U_d 通过 S_2 施加到一次绕组 N_1 和电容器 C_1 上，一次绕组上施加了反向的电压，大小为 U_d 的一半，使反向的一次侧电流线性增加，N_1 的感应电势为上负、下正，根据电磁感应原理，高频变压器的二次绕组 N_2 的感应电势也为上负、下正，此时整流二极管 D_2 导通，D_1 关断，二次绕组 N_2 产生的电压施加到电感 L 上，形成线性增加的二次侧电流 i_L，电感储存的能量增加，L 上的感应电势为左正、右负，i_L 为输出滤波电容 C 充电，并为负载 R 提供输出电流。

④ 当电路处于图 4-35(d)所示状态时，情况与图 4-35(b)所示状态相同。

半桥式 DC/DC 变换器的工作波形如图 4-36 所示。

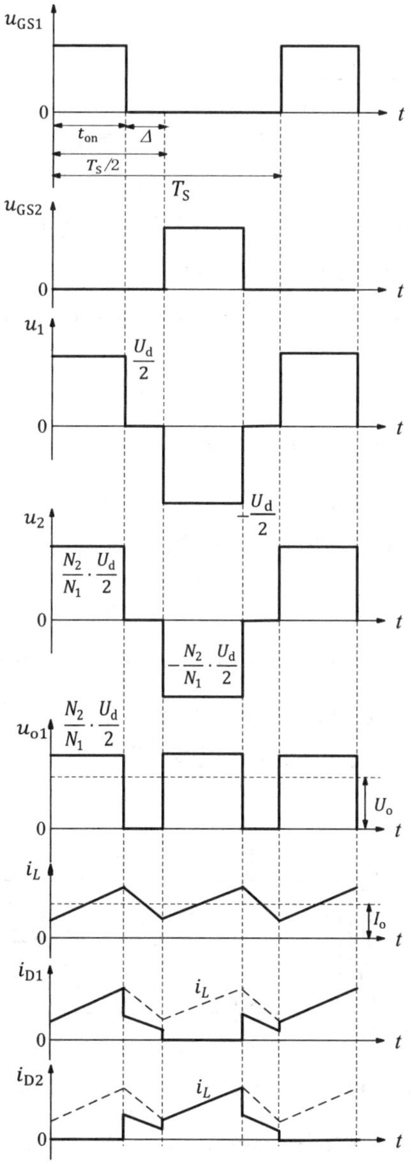

图 4-36　半桥式变换器波形图

在前半个周期（$0 \sim T_S/2$）中，当开关管 S_1 开通时（区间 t_{on}），一次线圈电压 $u_1 = U_d/2$，二次线圈电压 $u_2 = (N_2/N_1)U_d/2$，二极管 D_1 开通，提供能量给负载，给电感 L 充电，电感电压 $u_L = (N_2/N_1)U_d/2 - U_o$，电感电流 i_L 上升；当 S_1 断开（区间 $\Delta = T_S/2 \sim t_{on}$）且 S_2 还未开通时，电感 L 放电给负载，此时电感电压 $u_L = -U_o$；同样，在后半个周期（$T_S/2 \sim T_S$）中的区间 t_{on}，开关管 S_2 开通，二极管 D_2 开通，电感 L 充电；当开关管 S 断开时，电感 L 放电。

根据电感的伏秒平衡原理，电感电压 u_L 在 $T_S/2$ 区间的积分为零，因此有

$$\left(\frac{N_2}{N_1}\cdot\frac{U_d}{2} - U_o\right)t_{on} + (-U_o)\left(\frac{T_S}{2} - t_{on}\right) = 0 \tag{4-49}$$

可推导出

$$\frac{U_o}{U_d} = \frac{1}{2}\cdot\frac{N_2}{N_1}\cdot\frac{t_{on}}{T_S/2} = \frac{1}{2}\cdot\frac{N_2}{N_1}D \tag{4-50}$$

与全桥式 DC/DC 变换器相比，半桥式 DC/DC 变换器仅需要两个开关管，而输出电压则是全桥的一半，要得到相同的电压，需要把变压器变比 $n = N_2/N_1$ 提高为原来的 2 倍，一次侧电流也相应增大。半桥式 DC/DC 变换器的磁心利用率和全桥式相同，而且由于电容的隔直作用，半桥式电路对于因两个开关管导通时间不对称造成的变压器一次侧电流的直流分量有平衡作用，因此半桥式 DC/DC 变换器不容易发生变压器偏磁和直流磁饱和的问题。

4.3.5　推挽式变换器

推挽式 DC/DC 变换器的拓扑结构如图 4-37 所示。其中，U_d 为直流输入电压，高频变压器各有带中心抽头的一次绕组 N_1 和二次绕组 N_2，高频变压器的一次绕组与二次绕组的极性相同，同名端位置如图中所示；S_1、S_2 为功率开关管，分别接受两路相位差为180° 的控制信号，使 S_1、S_2 交替工作，设 S_1、S_2 每组导通时间为 t_{on}，则每组导通的占空比 $D = \dfrac{t_{on}}{T_S/2}$；$D_1$ 和 D_2 为输出整流二极管，将变压器输出的交变方波整流成直流方波；L 为输出滤波电感，C 为输出滤波电容。R 为负载电阻，U_o 为直流输出电压。在开关管门极上需加脉宽调制器（PWM），用来控制功率开关管 S_1、S_2 的导通与关断。

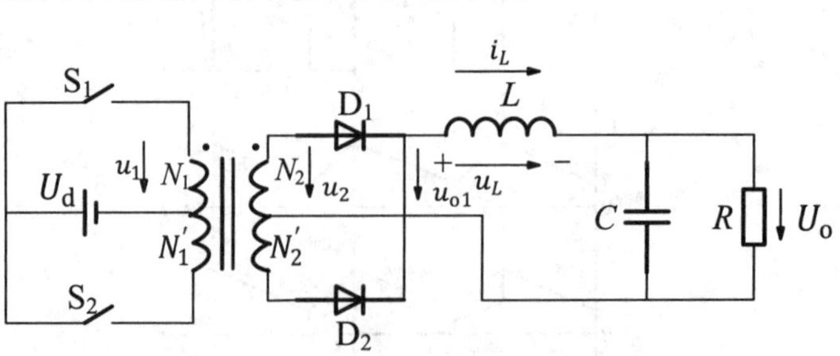

图 4-37　推挽式 DC/DC 变换器的拓扑结构

推挽式 DC/DC 变换器的工作原理如图 4-38 所示，两只功率开关管在脉宽调制（PWM）信号的控制下，交替地导通与关断。推挽式 DC/DC 变换器共有四种开关状态：

① 当功率开关管 S_1 导通时，电路处于图 4-38(a)所示状态，此时 S_2 关断，输入电压 U_d 通过 S_1 施加到一次绕组 N_1 两端，一次绕组电流线性增加，N_1 的感应电势为上正、下负，根据电磁感应原理，高频变压器的二次绕组 N_2 的感应电势也为上正、下负，此时整流二极管 D_1 导通，D_2 关断，二次绕组 N_2 产生的电压施加到电感 L 上，形成线性增加的二次侧电流 i_L，电感储存的能量增加，L 上的感应电势为左正、右负，i_L 为输出滤波电容 C 充电，并为负载 R 提供输出电流。

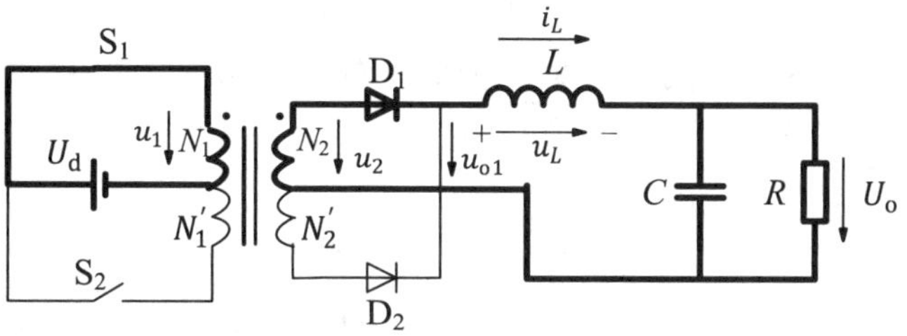

(a)开关管 S_1 导通

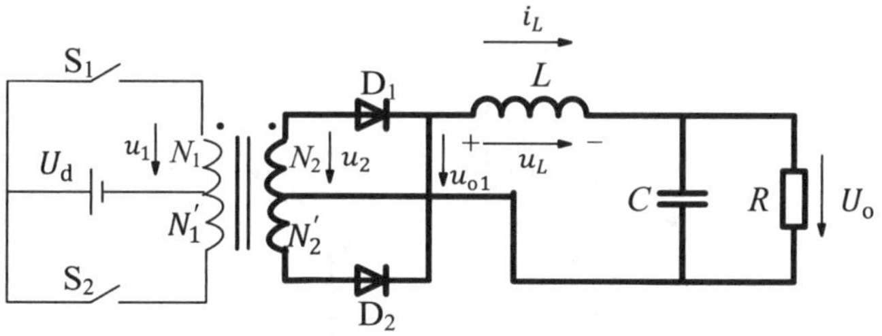

(b)开关管 S_1、S_2 都关断

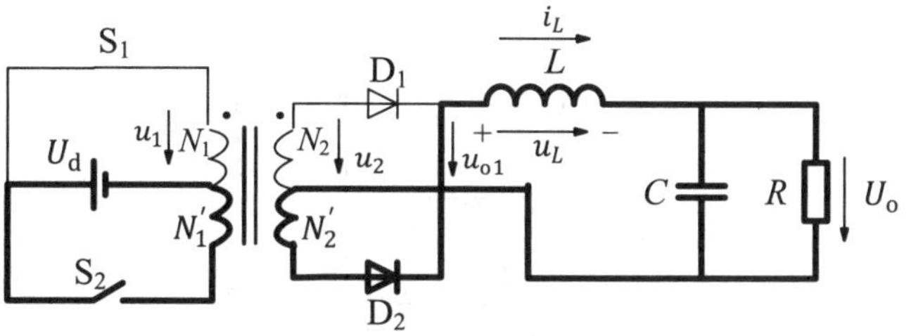

(c)开关管 S_2 导通

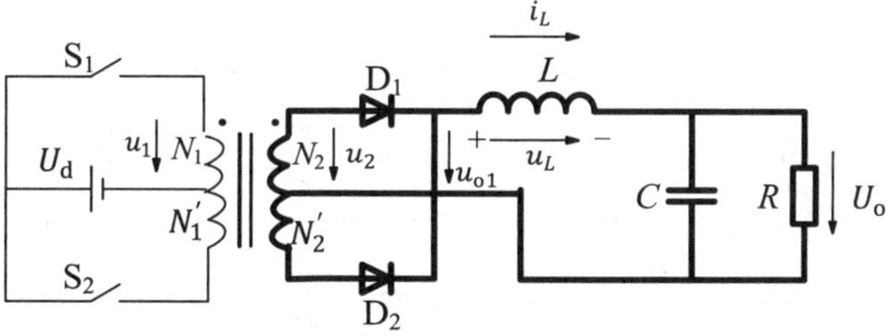

(d)开关管 S_1、S_2 都关断

图 4-38　推挽式 DC/DC 变换器的开关状态

② 当所有功率开关管 S_1、S_2 都处于断态时，电路处于图 4-38(b)所示状态，变压器一次绕组 N_1 中的电流为零，根据变压器的磁势平衡方程，两个二次绕组中的电流大小相等、方

向相反，所以 D_1、D_2 都处于通态，各分担一半的电流。电感 L 的电流逐渐下降。

③ 当功率开关管 S_2 导通时，电路处于图 4-38(c)所示状态，此时 S_1 关断，输入电压 U_d 通过 S_2 施加到一次绕组 N_1' 两端，使一次侧电流线性增加，N_1' 的感应电势为上负、下正，根据电磁感应原理，高频变压器的侧绕组 N_2' 的感应电势也为上负、下正，此时整流二极管 D_2 导通、D_1 关断，二次绕组 N_2' 产生的电压施加到电感 L 上，形成线性增加的二次侧电流 i_L，电感储存的能量增加，L 上的感应电势为左正、右负，i_L 为输出滤波电容 C 充电，并为负载 R 提供输出电流。

④ 当电路处于图 4-38(d)所示状态时，情况与图 4-38(b)所示状态相同。

推挽式 DC/DC 变换器的工作波形如图 4-39 所示。

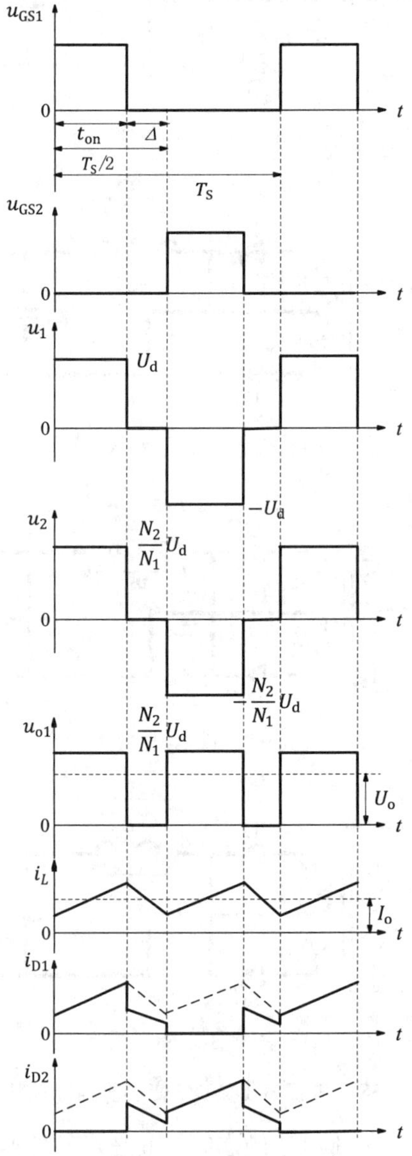

图 4-39　推挽式变换器波形图

在前半个周期（$0 \sim T_S/2$）中，当开关管 S_1 导通时（区间 t_{on}），一次绕组电压 $u_1 = U_d$，二次绕组电压 $u_2 = (N_2/N_1)U_d$，二极管 D_1 开通，提供能量给负载，给电感 L 充电，电感电压 $u_L = (N_2/N_1)U_d - U_o$，电感电流 i_L 上升；当 S_1 断开（区间 $\Delta = T_S/2 \sim t_{on}$）且 S_2 还未开通时，电感 L 放电给负载，此时电感电压 $u_L = -U_o$；同样在后半个周期（$T_S/2 \sim T_S$）中的区间 t_{on}，开关管 S_2 开通，二极管 D_2 开通，电感 L 充电；开关管 S_2 断开时，电感 L 放电。

根据电感的伏秒平衡原理，电感电压 u_L 在 $T_S/2$ 区间的积分为零，因此有

$$\left(\frac{N_2}{N_1}U_d - U_o\right)t_{on} + (-U_o)\left(\frac{T_S}{2} - t_{on}\right) = 0 \tag{4-51}$$

可推导出

$$\frac{U_o}{U_d} = \frac{N_2}{N_1} \cdot \frac{t_{on}}{T_S/2} = \frac{N_2}{N_1}D \tag{4-52}$$

如果 S_1 与 S_2 的导通时间不对称，也会在变压器一次绕组电压中产生直流分量，在变压器一次侧电流中产生很大的直流分量，并可能造成磁路饱和。与全桥型电路不同的是，推挽型电路无法在变压器一次侧串联隔直电容，因此只能靠精确的控制信号和电路元件参数的匹配来避免电流直流分量的产生。另外，推挽式变换器也利用了整个磁心的 *B-H* 回线，因此隔离变压器磁心的利用率高，与全桥式变换器类似，但因为其一次线圈和二次线圈都是中心抽头，绕组利用率不如全桥式和半桥式。

4.4 控制电源的工作原理

HXD_3 型电力机车设有一个低压电源柜（含控制电源装置 PSU 和蓄电池柜），为机车提供所需的 DC 110 V 控制电源，同时控制电源柜中的功率单元向蓄电池组充电。控制电源柜 PSU 的输入电源来自辅助变流器 UA11 和 UA12 的中间回路，两组输入电源都能向两个功率单元供电，实现冗余控制，提高了控制电源柜的运行可靠性。

4.4.1 控制电源装置概述

DC 110 V 控制电源装置也称蓄电池充电器（简称充电器），其中有两组完全相同的电源模块 PSU（Power Supply Unit），主要功率器件采用 IGBT，通常情况下只有一组 PSU 处于工作状态，当其故障时，另外一组 PSU 会启动，继续供电。DC 110 V 电源装置在自动模式下，其启停受控于机车控制系统 TCMS。

DC 110 V 电源装置如图 4-40 所示，它主要由功率单元、控制单元、高频变压器、直流电抗器、电磁接触器、继电器、选择开关、加热盘等部件组成。

DC 110 V 电源装置正面可以看到 2 台逆变器装置、2 台电磁接触器盘、空气断路器和继电器盘，右下部有主电路端子台和控制电路端子台；在其背面装有 2 台中频变压器和 2 种不同的直流电感线圈各 2 台。

为了防止信号干扰，逆变装置的控制电路要离电磁接触器尽量远，所以在正面布置上采用了交叉对称原则，即在逆变装置 1 下面是逆变装置 2 的电磁接触器设备，而逆变装置 2

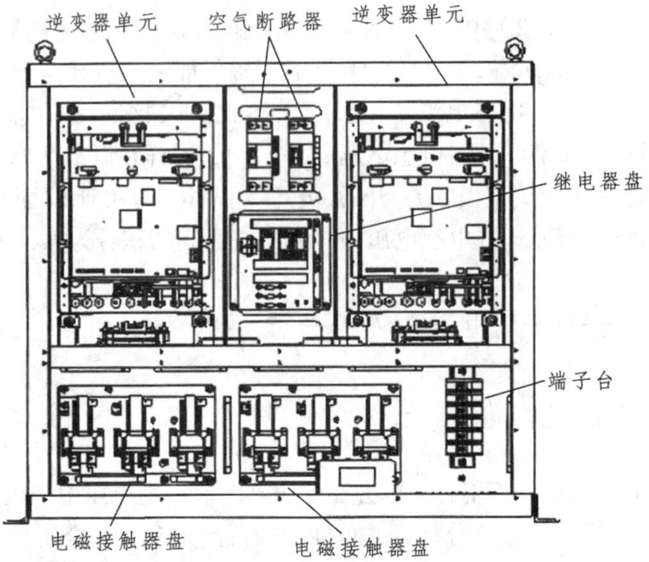

(a)正面布置图

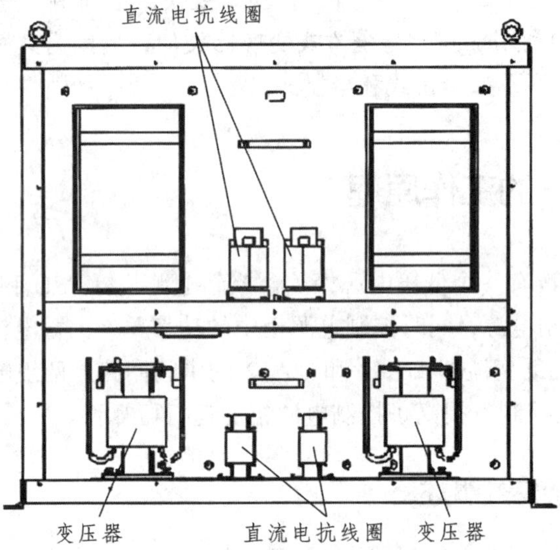

(b)背面布置图

图 4-40　DC 110 V 电源装置

下面是逆变装置 1 的电磁接触器设备，同样其背面也采用了这一原则；另外，为了使设备能在低温启动，在 2 台逆变器单元的下部各有 1 台加热盘，正面右侧的电磁接触器盘下部也配置 1 台加热盘。装配线从右侧面左下的配线用孔引入。

机车 DC 110 V 控制电源采用高频电源模块 PSU 与蓄电池并联共同输出的工作方式，再通过自动开关分别送到各条支路，如微机控制、机车控制、主变流器、辅助变流器、车内照明、车外照明等。

PSU 的输入电源来自辅助变流器 UA11 或 UA12 的中间直流回路，当 UA11 和 UA12 均正常时，由 UA12 向 PSU 输入 DC 750 V 电源，当 UA12 故障时，转由 UA11 向 PSU 输入 DC 750 V 电源。DC 110 V 控制电源含两组电源模块，通常只有一组工作，故障发生时另外一组自动启动，每组电源模块的输入电压为 DC 750 V，输出电压为 DC 110 × (1±2%) V，额定输出电流为 55 A，输出功率为 6050 W（25 °C），采用自冷却方式。

PSU 电源装置上设有两个转换开关 SW1 和 SW2。SW1 有两挡，即“TCMS”和“手动控制”，其中“TCMS”挡表示由微机自动控制，奇数日模块 1 工作，偶数日模块 2 工作，如果其中一组模块出现故障，可以自动切换；“手动控制”表示人为设定，如果在手动状态下电源出现故障，则不能自动切换。SW2 也有两挡，即“模块 1”和“模块 2”，如果 SW2 置“模块 1”，表示模块 1 工作；如果 SW2 置“模块 2”，表示模块 2 工作。

DC 110 V 控制电源装置的输出特性曲线如图 4-41 所示。

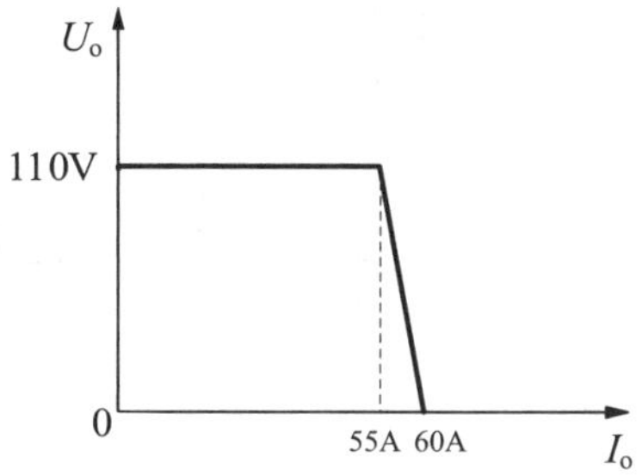

图 4-41　DC 110 V 控制电源装置的输出特性曲线

4.4.2　DC 110 V 电源装置的电气构成

DC 110 V 控制电源装置的电气组成包括四大部分，依次为电源输入电路、预充电电路、DC 110 V 输出电路和控制电路，如图 4-42 所示。

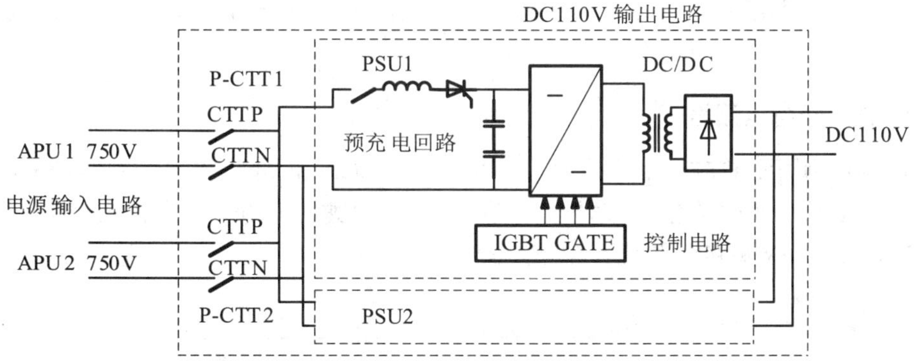

图 4-42　DC 110 V 电源装置的电气组成框图

4.4.2.1　电源输入电路

装置的输入电源来自机车辅助逆变器 APU（Auxiliary Power Unit）的中间直流回路，采用双电源、双路供电方式，如图 4-43 所示。

输入电源的选择由 OP 信号（位于 APU2 中）进行控制。QA47 闭合 2.5 s 后，APU2 就送出 OP 信号（无故障时此信号为 110 V），通过继电器连锁控制 CTT 接触器，实现输入电源的选择。表 4-1 所示为 OP 信号与 RY3 继电器和 CTT 接触器的关系。

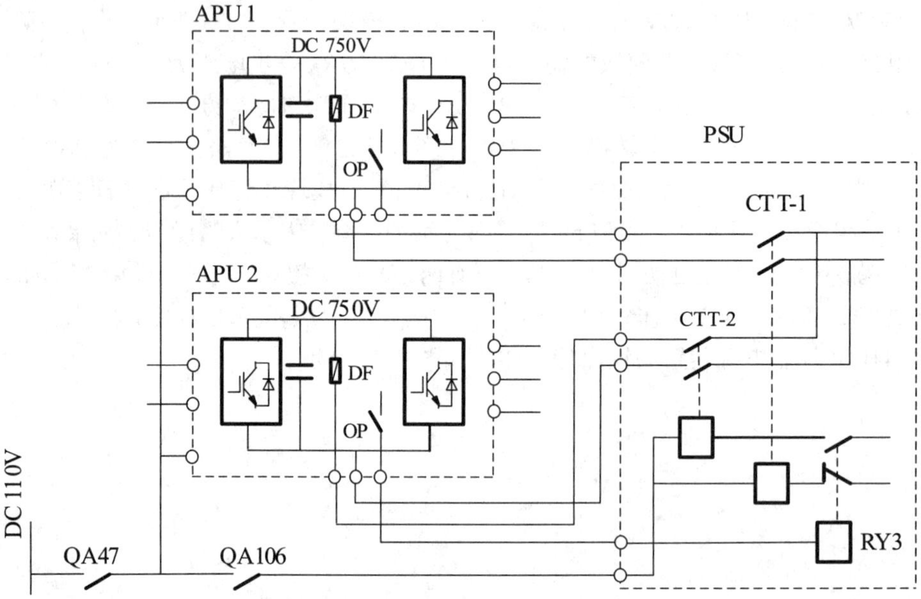

图 4-43　APU 与 PSU 的接线

表 4-1　OP 信号与 RY3 继电器和 CTT 接触器的关系

OP 信号	RY3	CTT-1	CTT-2	电源来源
ON	ON	OFF	ON	APU2
OFF	OFF	ON	OFF	APU1

外部输入电源是双路冗余设计，以确保在 APU2 故障时，电源装置仍能从 APU1 处获得电源；同时一路电源也可以给两个 PSU 供电，这样四种组合方式确保了机车控制电源的可靠性。

4.4.2.2　预充电回路

如图 4-44 所示，CTT 接触器主触头、充电电阻 CHR 和晶闸管 CHS 构成预充电回路。CTT 触头闭合后，通过限流电阻对中间电容 FC1、FC2 进行充电。在其电压达到一定值后，导通 CHS，将 CHR 短路，完成预充电过程。

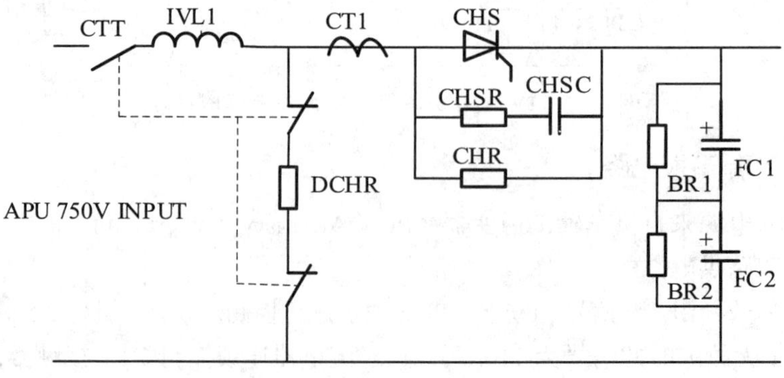

图 4-44　预充电回路、输入滤波回路和放电回路

中间电容和滤波电感 IVL1 一起构成滤波回路，其作用是防止电源单元在工作时所产生的 6 kHz 的脉动电流倒流回 APU 中。

当电源装置工作结束后，接触器主触头 CTT 断开，其常闭辅助触点闭合，残留在中间电容上的电压通过放电电阻 DCHR 进行放电。

4.4.2.3 DC 110 V 输出回路

IGBT 逆变器、中频变压器 IST1 和整流器 FR、平波回路的电抗器 DCL1 和平波电容 LC1 构成了全桥式 DC/DC 变换器，如图 4-45 所示。

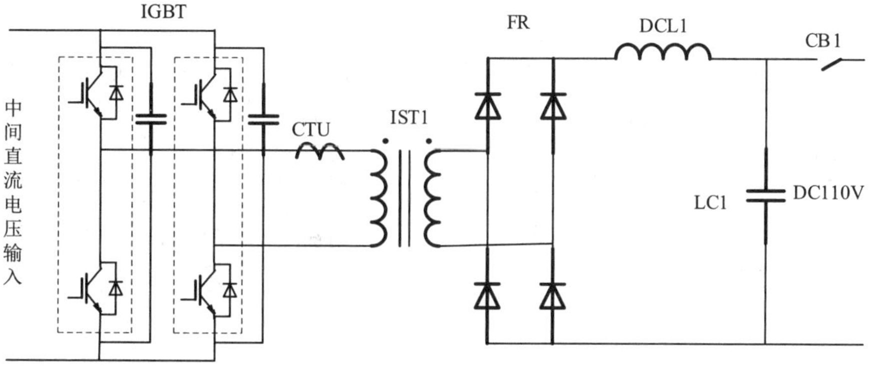

图 4-45 DC/DC 变换回路

微机系统采用脉宽调制技术控制 IGBT 动作，将输出电压变为交流脉冲电压，输入到变压器的一次侧（波形见图 4-46）。需要注意的是：IGBT 工作在高频段上，关断的瞬间会产生一个巨大的尖峰，这一尖峰对 IGBT 非常有害，所以在 IGBT 的回路中并联一个无感电容，用以消除尖锋，而且这个电容要与 IGBT 的两端直接相连，以防止线路中的杂散感抗进入回路，从而影响电容对尖峰的吸收效果，失去对 IGBT 的保护作用。

DC/DC 回路中的输出变压器 IST1 为中频变压器，变比为 750 V/150 V，二次侧的输出电压经过整流器、平波电抗 DCL1 和平波电容 LC1 构成的滤波回路后，输出 110 V 直流电源，如图 4-46 所示。

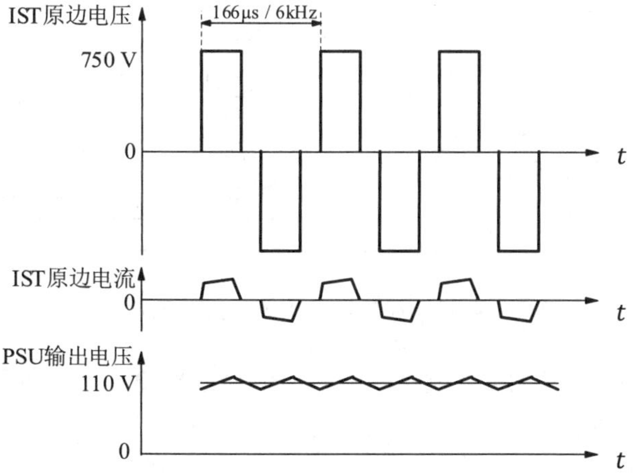

图 4-46 DC/DC 变换回路的输出波形

4.4.2.4 控制电路

控制电路是 PSU 的控制核心，如图 4-47 所示。其中间部分是控制基板 PWB，它收集 PSU 内部的各个器件的状态以及电压、电流信号，并进行逻辑处理，然后控制继电器（CTT、RY1 等）动作、向 IGBT 发出指令；左侧部分是基板的电源供电电路，经过一个小型的电源转换器后，向基板提供正常工作所需的电源。右侧为输入/输出信号，并预留了 RS-232C 串行接口，方便与电脑相连。

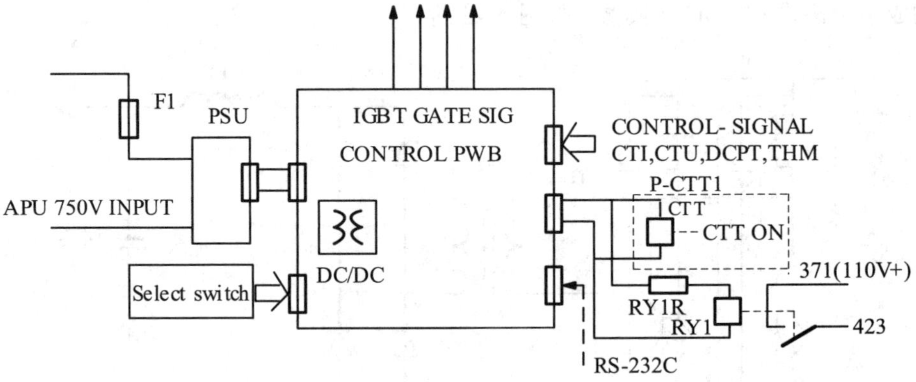

图 4-47　PSU 的控制电路

图 4-47 中，IGBT GATE SIG 是 IGBT 门极信号；APU 750V INPUT 是 APU 750 V 输入；Select switch 是选择开关；CONTROL-SIGNAL 是控制信号；CONTROL PWB 是控制电路板单元，它是否工作取决于左下角的选择开关电路，选择开关电路由两个开关构成（见图 4-48）；SW1 是自动/手动选择开关，“TCMS”位表示由机车的微机系统来控制单元的启动，“MANUAL”位表示通过手动选择开关 SW2 来选择工作的单元。

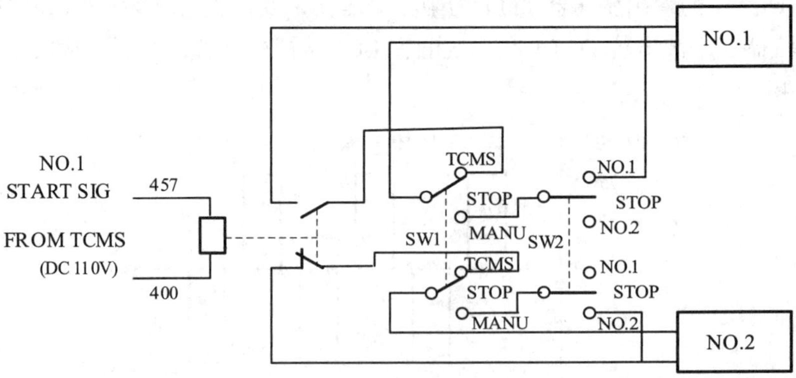

图 4-48　控制电路的选择开关电路

采用这种控制电路，对机车控制系统而言，信号处理简单，微机只输出一个信号就可以选择所需要启动的 PSU。

4.4.3 DC 110 V 电源装置控制系统

4.4.3.1 控制基板框图

PSU 的控制系统由微机系统组成，控制核心部件安装在控制基板上，控制功能框图如图 4-49 所示。电源转换模块为基板内的各个芯片提供电源，IGBT 的门极电压为 ±15 V；模拟量处理模块采集电压、电流传感器（DCPT、DCCT、HCT）送来的输出电压、输入电流和 IGBT 电流值；DI/DO 模块是对开关量输入/输出的控制模块，它采集空气断路器 MCCB 的状态等开关量信息，同时也进行输出，控制 CTT 等接触器的工作；门极脉冲输出模块是驱动电路，它将微机输出的 IGBT 门极信号与 IGBT 的高压回路进行隔离，保证控制信号不受外电路中/高电压的干扰，保护微机系统各个芯片不被高压烧损；FC 中间电容电压检测用来监测中间电容的端电压，用于装置的控制和监视。

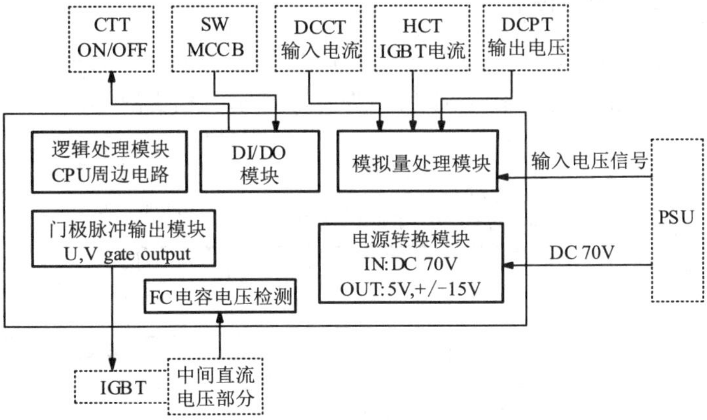

图 4-49 PSU 控制系统的控制功能框图

4.4.3.2 输出电压控制框图

充电器的主要控制目标是输出电压，其控制规则严格遵守图 4-41 所示的输出特性曲线的要求。图 4-50 所示为充电器的输出电压控制框图。

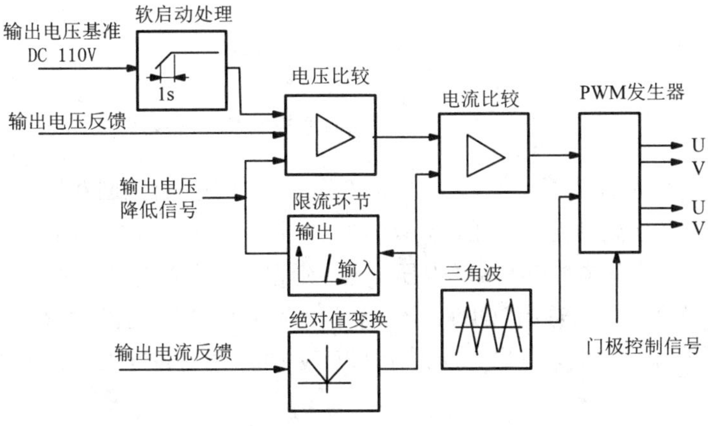

图 4-50 充电器的输出电压控制框图

输出电压控制系统是个双闭环控制系统，电压控制环起主要作用，电流控制环起辅助作用。在特性曲线的恒压阶段，输出电压的反馈值与基准电压比较后，生成一个电流参考值，然后与电流反馈值进行比较，最终确定一个输出波形，送到 PWM 发生器中，产生 IGBT 的门极控制信号；在限流阶段，过程同恒压阶段，只是在电压比较器处多比较了一个“输出电压降低值”的参数，这个值的确定将根据预先写入程序中的限流曲线生成，所以此时电流控制环的地位比电压控制环高，起主导作用。

软启动处理环节将输入的给定值按照一定的斜率加载到电压比较器中。以这种方式进行输入，给定电压值就不会是一个阶跃信号，装置最终的输出电压也会平稳上升，防止 IGBT 因突然流过大电流而损坏。

绝对值变换环节将输出电流反馈（在变压器一次侧采集，见图 4-46）的全周期的波形，变换为半周期的上半波波形，相当于整流回路，这样处理后更容易进行比较和计算。

4.4.3.3 逻辑控制时序控制

充电器中各个接触器和继电器的动作、IGBT 的触发时间都是有一定时序的，这样才能保证设备安全和工作正常进行。图 4-51 所示为时序控制及相应波形。

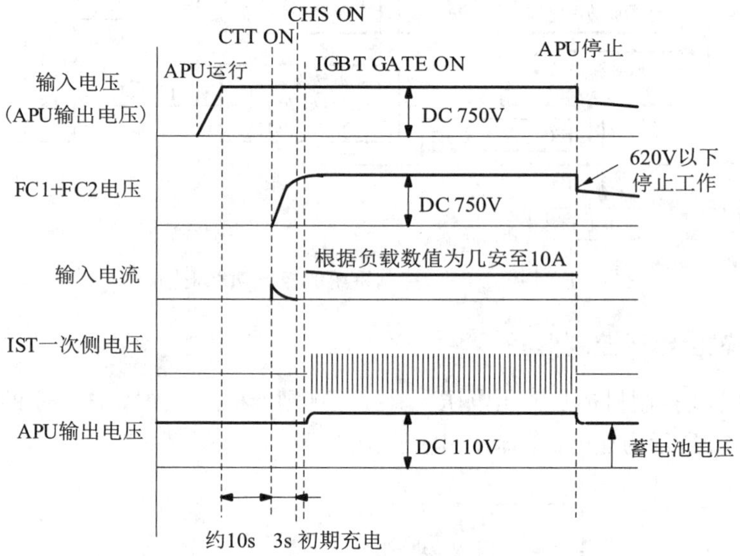

图 4-51 充电器的逻辑时序控制及相应波形

充电装置的工作过程如下：当 APU 开始工作后，其中间直流回路的电压逐渐上升，达到 750 V。控制电路检测到输入电压达到 750 V 并维持 10 s 后，首先闭合 CTT 接触器，预充电回路投入工作，中间电容 FC 两端电压上升，延迟 3 s 后预充电完成，触发晶闸管 CHS，使装置进入工作状态，然后输出 IGBT 门极信号，得到了 110 V 直流电源；当 APU 停止工作后，输入电压下降，当中间电容电压低于 620 V 时，充电装置也停止工作（停止时序与工作时序相反）。

4.4.3.4 DC 110 V 电源装置的保护控制

DC 110 V 电源装置设置有输入过压、欠压、过流，输出欠压、过流等保护电路，这些保护电路是 DC 110 V 电源装置的独特电路，不同于其他设备的相关电路。但 DC 110 V 电源装置没有设立单独的接地保护电路，而是把这一保护功能交给机车系统来实施：DC 110 V 电源装置的高压部分连接到机车辅助逆变器中，则其高压电路的接地保护就由 APU 来完成；DC 110 V 电源装置的输出电路连接到机车的控制系统中，那么这部分的接地保护就由机车的控制接地保护装置来完成。

DC 110 V 电源装置的接地保护充分利用了机车的资源，同时节约了成本。实际应用证明，这项保护策略的设计是成功的。

本章小结

1. 电感的伏秒平衡原理和电容的安秒平衡原理是分析直-直变换器的基础。

2. 直-直变换器包括基本直-直变换器和带隔离变压器的直-直变换器。基本直-直变换器介绍了降压型、升压型、升降压型的电流连续型和电流断续型工作模式。带隔离变压器的直-直变换器包括正激型、反激型、全桥式、半桥式、推挽式等变换器。

3. 反激型变换器电路简单、成本低、可靠性高，多用在家电等小型电子设备中。

4. 全桥式变换器功率大，一般用于工业电源中，HXD_3 型电力机车蓄电池充电机就采用了全桥式变换器。

5. 学习本章内容要注重波形分析，根据波形才能进行相关参数的计算。

思考题

1. 什么是占空比?

2. 简述电感的伏秒平衡原理和电容的安秒平衡原理。

3. 在降压变换器、升压变换器和升降压变换器中，电感、电容、二极管各起什么作用?

4. Buck 电路如题 4 图(a)所示，已知 $U_d = 20\ \text{V}$，$R = 10\ \Omega$，L 和 C 值极大，采用 PWM 脉宽调制方式。假设开关管 S 的开关周期 $T_S = 40\ \mu\text{s}$，导通时间 $t_{on} = 25\ \mu\text{s}$。

① 画出电感电压 u_L、电感电流 i_L 的波形[参考题 4 图(b)]。

② 利用电感的伏秒平衡原理，推导 Buck 电路输出电压 U_o 与输入电压 U_d 的关系表达式。

③ 求输出电压平均值 U_o、输出电流平均值 I_o。

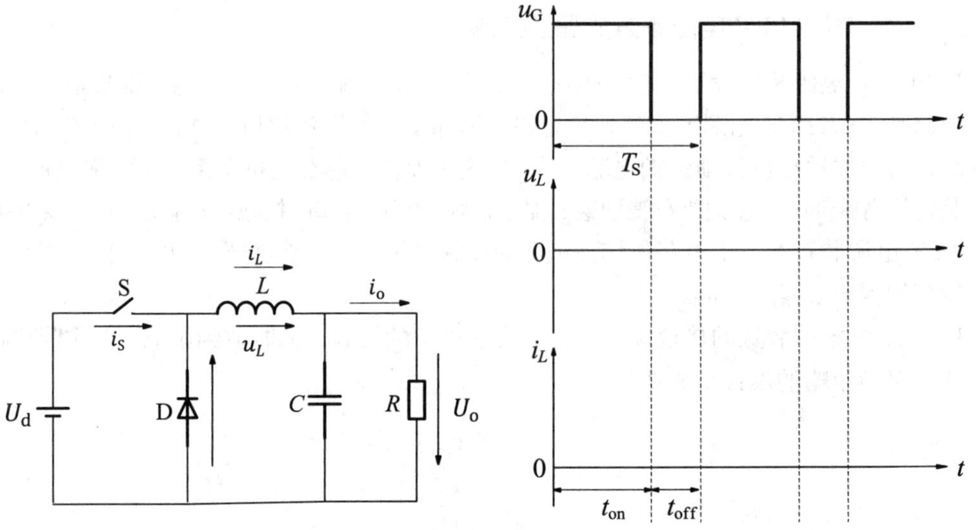

(a)　　　　　　　　　　　　(b)

题 4 图

5. Boost 电路如题 5 图(a)所示，已知 $U_d = 15\ \text{V}$，L 和 C 值极大，$R = 20\ \Omega$，采用 PWM 脉宽调制方式。假设开关管 S 的开关周期 $T_S = 40\ \mu\text{s}$，导通时间 $t_{on} = 25\ \mu\text{s}$。

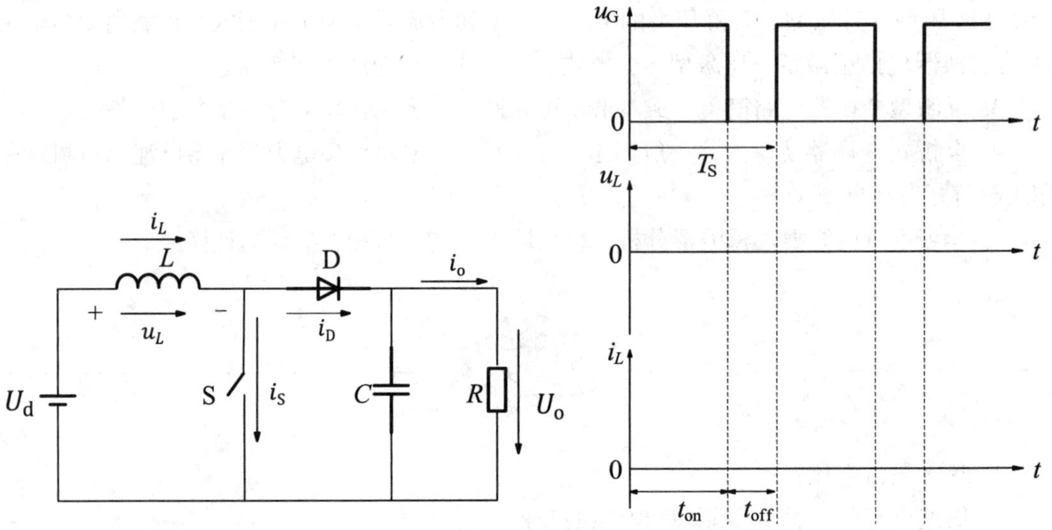

(a)　　　　　　　　　　　　(b)

题 5 图

① 画出电感电压 u_L、电感电流 i_L 的波形[参考题 5 图(b)]。

② 利用电感的伏秒平衡原理，推导 Boost 电路输出电压 U_o 与输入电压 U_d 的关系表达式。

③ 求输出电压平均值 U_o、输出电流平均值 I_o。

6. 分析正激式、反激式、全桥式、半桥式、推挽式直-直变换器的工作原理。

7. 简述 HXD_3 型电力机车控制电源的工作原理。

第 5 章　逆变技术

逆变技术是交流传动内燃机车、交流传动电力机车、高速动车组中的关键技术，也是变频器中的主要技术。本章主要学习无源逆变原理、SPWM 调制技术、电压空间矢量 SVPWM 控制技术和三电平逆变器。

5.1　无源逆变原理

把直流电能变换成交流电能的技术称为逆变技术。逆变分为有源逆变和无源逆变。有源逆变是指交流侧接变压器等有源负载，通过变压器把能量反馈到交流电网中去（具体内容将在第 6 章中介绍）。无源逆变是把直流电能变换成交流电能，再向无源负载供电，将电能转变为机械能或热能等形式消耗掉。有源逆变与无源逆变二者的根本区别是：交流侧是否与交流电源连接。

根据逆变器直流环节的电源性质，可分为电压型逆变器和电流型逆变器，如图 5-1 所示。逆变器都是通过直流环节给交流负载提供能量，为了使直流环节的电压或电流恒定，在逆变器的直流环节必须设置电容或电感作为储能元件。电压型逆变器采用大电容 C_d 作为储能和滤波元件，C_d 称为支撑电容，起稳定直流环节电压的作用，直流环节相当于电压源。电流型逆变器采用大电感 L_d 作为储能和滤波元件，L_d 是为了使直流环节电流保持稳定，直流环节相当于电流源。在交流传动轨道交通车辆中广泛采用电压型逆变器。

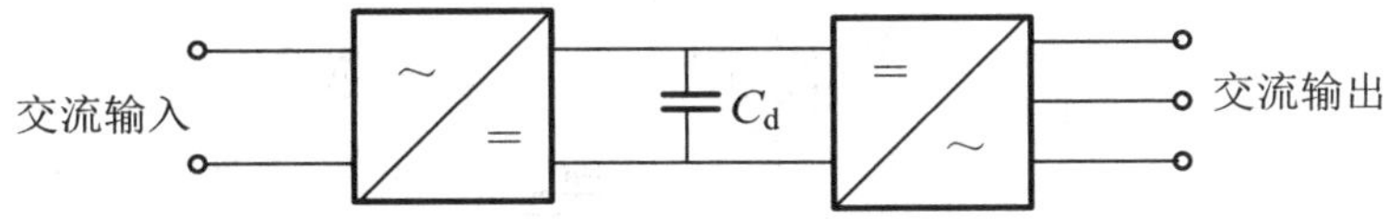

(a)电压型逆变器

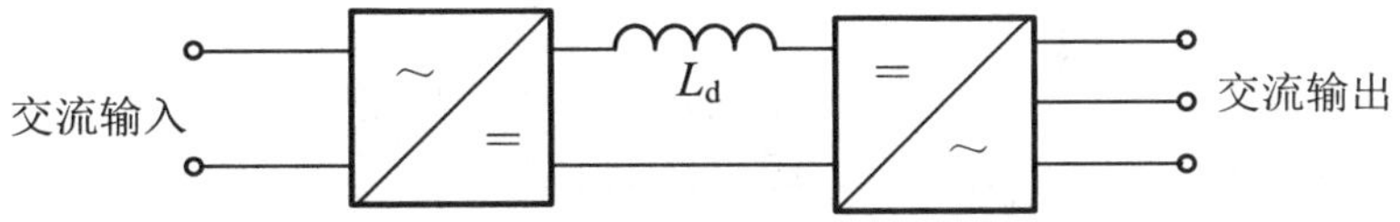

(b)电流型逆变器

图 5-1　电压型和电流型逆变器

5.1.1　逆变电路的基本工作原理

下面以图 5-2(a)所示的单相桥式逆变电路（电阻负载）为例说明其基本工作原理。图中 S_1、S_2、S_3、S_4 是桥式电路的四个桥臂。当开关 S_1、S_4 闭合，S_2、S_3 断开时，负载电压 u_o

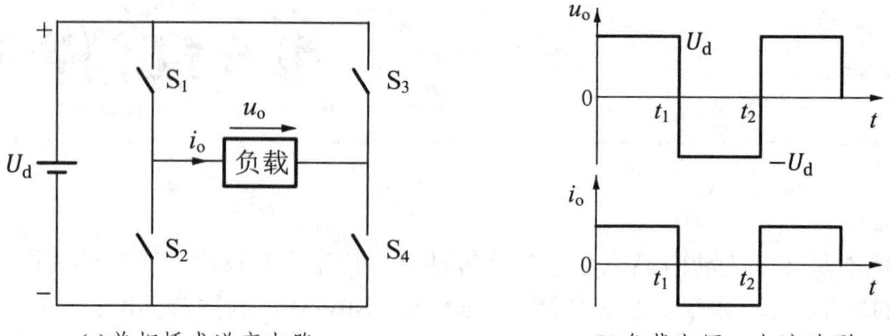

(a)单相桥式逆变电路　　(b)负载电压、电流波形

图 5-2　逆变电路及其负载电压、电流波形（电阻性负载）

为正，大小为 U_d；当开关 S_1、S_4 断开，S_2、S_3 闭合时，负载电压 u_o 为负，大小为 $-U_d$，这样，就把直流电变成了方波交流电。其波形如图 5-2(b)所示，电流波形 i_o 的变化规律与 u_o 一致。改变两组开关的切换频率，即可改变输出方波交流电的频率，这就是逆变电路的基本工作原理。

5.1.2　单相电压型逆变电路

5.1.2.1　单相桥式逆变电路

把图 5-2(a)所示的单相桥式逆变电路中的开关模型用 IGBT 和二极管替代，就构成用全控型电力电子元器件组成的单相全桥逆变电路，如图 5-3 所示，它共有 4 个桥臂，把桥臂 T_1 和 T_4 作为一对，桥臂 T_2 和 T_3 作为另一对，成对的两个桥臂同时导通，且两对交替各导通 180°，360°为一个周期 T_S。

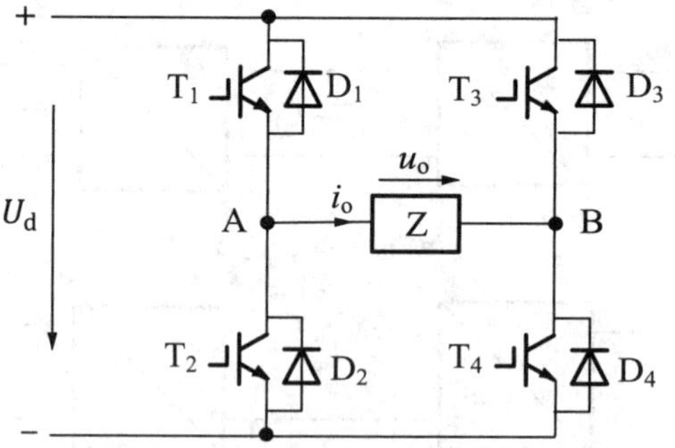

图 5-3　单相桥式逆变电路

① 在 $0 \sim T_S/2$ 期间，只给 T_1、T_4 加栅极信号，即 T_1、T_4 导通，T_2、T_3 截止，则输出电压 $u_o = +U_d$；在 $T_S/2 \sim T_S$ 期间，只给 T_2、T_3 加栅极信号，即 T_2、T_3 导通，T_1、T_4 截止，则输出电压 $u_o = -U_d$。因此，u_o 波形为方波，其幅值为 $U_m = U_d$，如图 5-4(a)所示。

② 输出电流 i_o 的波形随负载情况而异。当负载为纯电阻性负载时，其电流波形与电压相同，如图 5-4(b)所示。

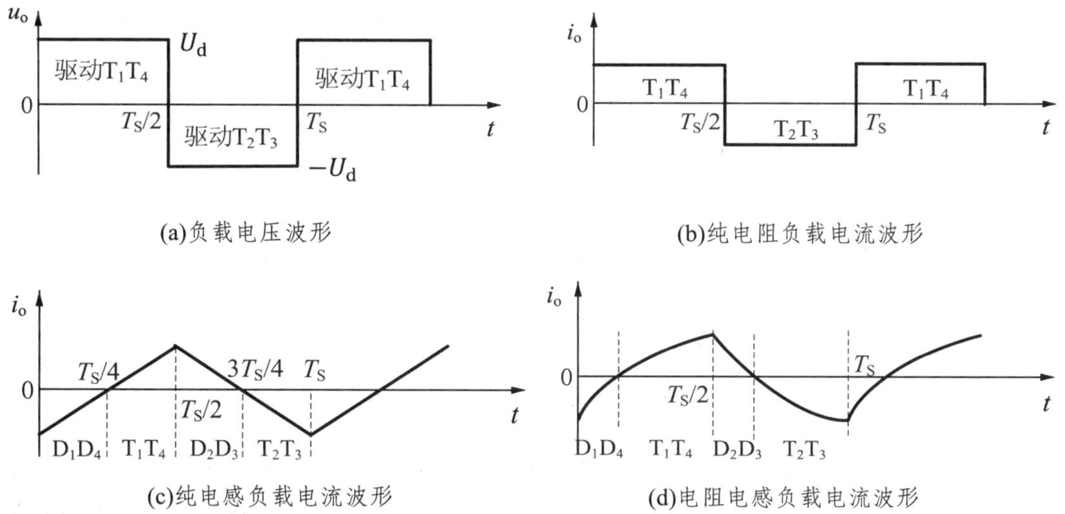

(a)负载电压波形　　(b)纯电阻负载电流波形

(c)纯电感负载电流波形　　(d)电阻电感负载电流波形

图 5-4　单相全桥逆变电路的电压、电流波形

③ 当电路负载为纯电感性负载时，其输出电流 i_o 的波形如图 5-4(c)所示，满足 $i_o=\frac{1}{L}\int u_o\mathrm{d}t$，由于$u_o$在半个周期内是恒定值，则 i_o 的波形是一条直线，而且 i_o 落后于 u_o 90°，即当 u_o 在 0 时刻变正时，i_o 在 $T_S/4$时刻才变为正值。在 0 ~ $T_S/4$ 期间，u_o为正，i_o 为负，电流流过 D_1、D_4，负载电流和电压反向，电感中储存的能量向直流侧反馈；在 $T_S/4$ ~ $T_S/2$ 期间，u_o为正，i_o为正，T_1、T_4导通，电流流过 T_1、T_4，负载电流和电压同向，直流侧向负载提供能量，电感储能；在 $T_S/2$ ~ $3T_S/4$ 期间，u_o 为负，i_o 为正，电流流过 D_2、D_3，负载电流和电压反向，电感中储存的能量向直流侧反馈；在 $3T_S/4$ ~ T_S 期间，u_o 为负，i_o 为负，电流流过 T_2、T_3，负载电流和电压同向，直流侧向负载提供能量，电感储能。在分析电感电流的时候要注意电感电流不能突变这一特点。

④ 当电路负载为 R-L 感性负载时，其输出电流i_o 的波形如图 5-4(d)所示，因为 R-L 为感性负载，其阻抗角介于 0° ~ 90° 之间，因而 i_o 落后 u_o的角度介于 0° ~ 90° 之间。i_o 的分析方法同纯电感性负载，i_o 按指数规律变化。

二极管 D_1、D_4和 D_2、D_3是当负载为纯电感性负载或为 R-L 感性负载时给负载续流的，也是负载向直流侧反馈能量的通道，故称为续流二极管或反馈二极管；此外，当开关管关断时，续流二极管还起着释放电感产生的高电压从而防止损坏 T_1 ~ T_4的作用。通过分析可知，开关管 IGBT 在开通前，其反并联二极管已经开通，这在软开关技术中称为零电压开通，而反并联二极管关断时属于零电流关断。软开关技术能够减少开关损耗。

5.1.2.2　单相半桥式逆变电路

单相电压型半桥式逆变电路如图 5-5(a)所示，它由上下两个桥臂组成，每个桥臂由一个可控器件和一个反并联二极管组成；在直流侧接有两个相互串联的足够大的电容，两个电容的连接点便成为直流电源的中点，负载接于直流电源中点和两个桥臂连接点之间。

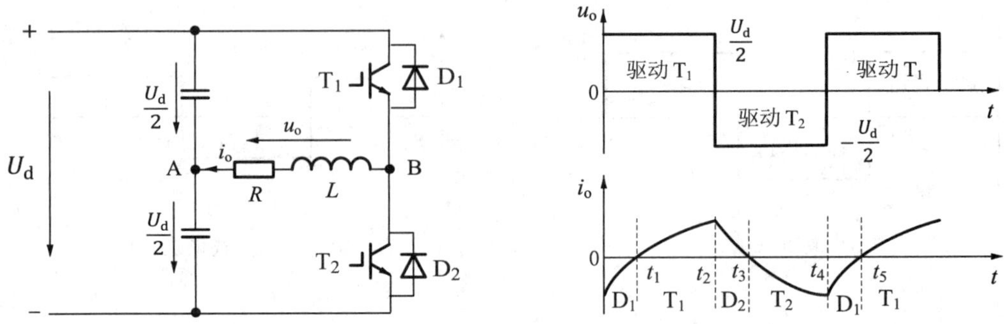

(a)单相半桥式逆变电路　　　　　　　　(b)感性负载的电压、电流波形

图 5-5　单相半桥式逆变电路及感性负载的电压、电流波形

开关器件 T_1 和 T_2 在一个周期内通断互补，输出电压 u_o 的波形为方波，其幅值为 $U_m = U_d / 2$，输出电流 i_o 的波形随负载情况而异。当负载为阻感性负载时，其工作波形如图 5-5(b)所示。在 $t_1 \sim t_2$ 时段，T_1 为通态，T_2 为断态；t_2 时刻关断 T_1，给 T_2 开通信号，但感性负载中的电流 i_o 不能立即改变方向，于是 D_2 导通续流；当 t_3 时刻 i_o 降为零时，D_2 截止，T_2 开通，i_o 开始反向；同样，在 t_4 时刻给 T_2 关断信号，给 T_1 开通信号后，T_2 关断，D_1 先导通续流；t_5 时刻 T_1 才开通。上述各段时间内导通器件的名称标于图 5-5(b)中。

单相全桥式逆变电路和后面要讲的三相桥式逆变电路都可看成由若干个半桥逆变电路组合而成。

5.1.2.3　推挽式逆变电路

图 5-6 所示是推挽式逆变电路。其中，交替驱动两个 IGBT，通过变压器的耦合给负载加上矩形波交流电压；两个二极管的作用也是给负载电感中储存的无功能量提供反馈通道。在 U_d 和负载参数相同，且变压器一次两个绕组和二次绕组的匝比为 1∶1∶1 的情况下，该电路的输出电压 u_o 和输出电流 i_o 的波形及幅值与全桥逆变电路完全相同。

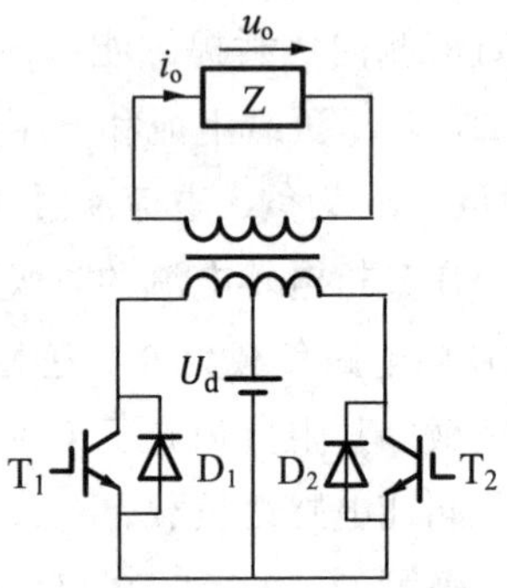

图 5-6　推挽式逆变电路

5.1.3　三相电压型逆变电路

在三相逆变电路中，应用最广的是三相桥式逆变电路。采用 IGBT 作为开关器件的三相桥式电压型逆变电路如图 5-7 所示，它可以看成是由三个半桥逆变电路组成。图 5-7 所示电路的直流侧通常只有一个电容器，这里为了分析方便，画成串联的两个电容器，并标出了假想中点 o，但在大部分应用中并不需要该中点。

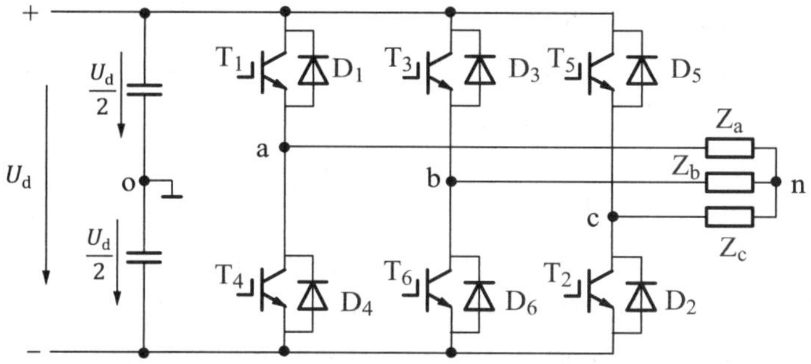

图 5-7　三相桥式电压型逆变电路

为了使三相异步电动机产生幅值恒定并以一定角速度旋转的磁通量，需要得到大小相等、相位互差 120°的三相正弦交流电流，因此首先需要得到大小相等、相位相差 120°的三相交流正弦电压。下面先分析如何得到大小相等、相位相差 120°的三相交流方波电压，因为方波中含有正弦基波分量，能够产生旋转磁场使电动机旋转。基波是电压、电流中频率最低的成分。为了得到三相交流方波电压，三相桥式方波（或阶梯波）逆变的控制规律是：三相的上桥臂 T_1、T_3、T_5 的驱动信号依次相差 120°，三相的下桥臂 T_4、T_6、T_2 的驱动信号依次相差 120°，每相的上、下桥臂的驱动信号互补，相位相差 180°，$T_1 \sim T_6$ 之间依次相差 60°，因此得到 $T_1 \sim T_6$ 的门极驱动信号波形，如图 5-8 所示。这种控制方式称为 180°导通型。

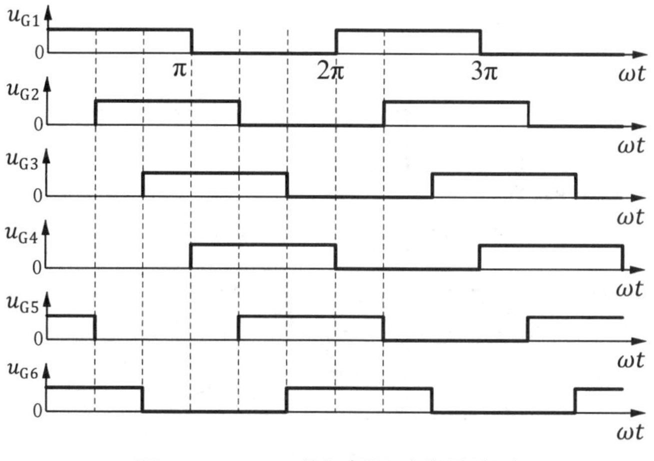

图 5-8　$T_1 \sim T_6$ 的门极驱动信号波形

把图 5-8 所示波形的一个周期分成六段，每段 60°，则：

① 在 $0 < \omega t < \pi/3$ 期间，T_5、T_6、T_1 被施加正向驱动脉冲而导通，负载电流经 T_1 和 T_5 送到 a 相和 c 相负载上，然后经 b 相负载和 T_6 流回电源。

② 在 $\omega t = \pi/3$ 时刻，T_5 的驱动脉冲下降到零电平，T_5 迅速关断，由于感性负载电流不能突变，c 相电流将由与 T_2 反并联的二极管 D_2 提供，c 相负载电压被钳位到零电平，其他两相电流通路不变。当 T_5 被关断时，不能立即导通 T_2，以防止 T_5 没有完全关断，而出现同一桥臂的两个器件 T_5 和 T_2 同时导通造成短路的现象，应采取“先断后通”的方法，即必须保证有一段时间，在该时间段内同一桥臂的两个器件都不导通，称为死区时间或互锁延迟时间。经死区时间后，与 T_5 同一桥臂的下部器件 T_2 被施加正向驱动脉冲而导通。当 D_2 续

流结束时（续流时间取决于负载电感和电阻值），c 相电流反向经 T_2 流回电源，此时负载电流由电源送出，流经 T_1 和 a 相负载，然后分流到 b 相和 c 相负载，分别经 T_6 和 T_2 流回电源。

③ 在 $\omega t = 2\pi/3$ 时刻，T_6 的驱动脉冲由高电平下降到零，使 T_6 关断，b 相电流由 D_3 续流。T_6 经死区时间后，同一桥臂的上部器件 T_3 被施加驱动脉冲而导通。当续流结束时，b 相电流反向经 T_3 流入 b 相负载，此时电流由电源送出，经 T_1 和 T_3 及 a 相和 b 相负载回流到 c 相。

依上述规律，可以分析出整个周期中各功率管的运行情况。

180°导通型三相逆变器的工作波形如图 5-9 所示，以 a 相为例，当 T_1 导通时，$u_{ao} = U_d/2$；当 T_4 导通时，$u_{ao} = -U_d/2$；同理，b 和 c 点也是根据上下管导通与否决定其电位的。u_{ao}、u_{bo}、u_{co} 波形如图 5-9(a) ~ (c)所示。

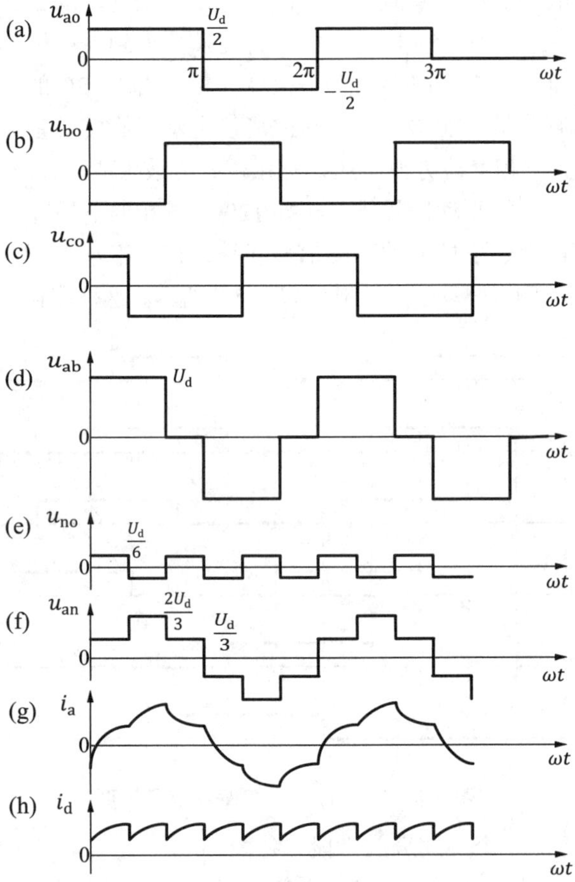

图 5-9 电压型三相桥式逆变电路的工作波形

负载线电压 u_{ab}、u_{bc}、u_{ca} 为

$$\begin{cases} u_{ab} = u_{ao} - u_{bo} \\ u_{bc} = u_{bo} - u_{co} \\ u_{ca} = u_{co} - u_{ao} \end{cases} \tag{5-1}$$

u_{ab} 的波形如图 5-9(d)所示。

负载相电压 u_{an} 、 u_{bn} 、 u_{cn} 为

$$\begin{cases} u_{an} = u_{ao} - u_{no} \\ u_{bn} = u_{bo} - u_{no} \\ u_{cn} = u_{co} - u_{no} \end{cases} \tag{5-2}$$

把上面各式相加并整理可得

$$u_{no} = \frac{1}{3}(u_{ao} + u_{bo} + u_{co}) - \frac{1}{3}(u_{an} + u_{bn} + u_{cn}) \tag{5-3}$$

电动机为三相对称负载，因此有

$$u_{an} + u_{bn} + u_{cn} = 0 \tag{5-4}$$

故可得

$$u_{no} = \frac{1}{3}(u_{ao} + u_{bo} + u_{co}) \tag{5-5}$$

可见，u_{no} 的波动幅度为 $\pm U_d / 6$ ，u_{no} 的波形如图 5-9(e)所示。u_{an} 的波形如图 5-9(f)所示，可由表 5-1 中 u_{an} 的值画出。

当负载参数已知时，可以由 u_{an} 的波形求出 i_a 的波形。图 5-9 中给出的是阻感负载下 $\varphi < \pi/3$ 时 i_a 的波形，如图 5-9(g)所示，同样可以得出 i_b 、 i_c 的波形。直流环节电流 $i_d = i_a + i_b + i_c$ ，波形如图 5-9(h)所示，i_d 每隔 60°脉动一次。

对于 180°导通型，每个开关管的驱动信号持续 180°。如图 5-8 所示，在任何时刻都有 3 个开关管导通，比如上臂 2 个管、下臂 1 个管，或上臂 1 个管、下臂 2 个管。一个周期内有 6 种导电模式，当负载为星形接法时，各模式的开关状态如表 5-1 所示。

表 5-1　180°导电型三相逆变器 6 个导通模式的等值电路及相电压和线电压

模式		Ⅰ $0 \sim \pi/3$	Ⅱ $\pi/3 \sim 2\pi/3$	Ⅲ $2\pi/3 \sim \pi$	Ⅳ $\pi \sim 4\pi/3$	Ⅴ $4\pi/3 \sim 5\pi/3$	Ⅵ $5\pi/3 \sim 2\pi$
导通管		T_5、T_6、T_1	T_6、T_1、T_2	T_1、T_2、T_3	T_2、T_3、T_4	T_3、T_4、T_5	T_4、T_5、T_6
等值电路		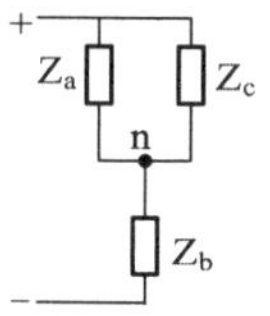	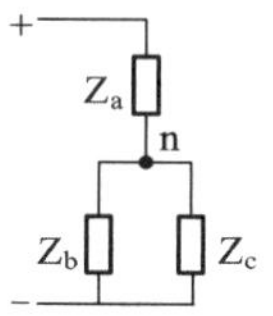	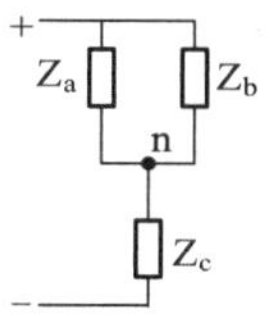	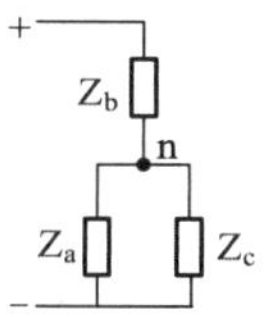	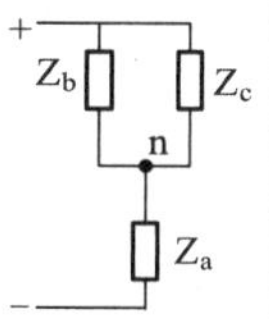	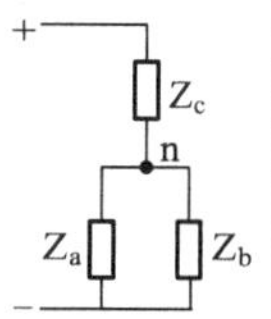
负载相电压	u_{an}	$+\frac{1}{3}U_d$	$+\frac{2}{3}U_d$	$+\frac{1}{3}U_d$	$-\frac{1}{3}U_d$	$-\frac{2}{3}U_d$	$-\frac{1}{3}U_d$
	u_{bn}	$-\frac{2}{3}U_d$	$-\frac{1}{3}U_d$	$+\frac{1}{3}U_d$	$+\frac{2}{3}U_d$	$+\frac{1}{3}U_d$	$-\frac{1}{3}U_d$
	u_{cn}	$+\frac{1}{3}U_d$	$-\frac{1}{3}U_d$	$-\frac{2}{3}U_d$	$-\frac{1}{3}U_d$	$+\frac{1}{3}U_d$	$+\frac{2}{3}U_d$
负载线电压	u_{ab}	$+U_d$	$+U_d$	0	$-U_d$	$-U_d$	0
	u_{bc}	$-U_d$	0	$+U_d$	$+U_d$	0	$-U_d$
	u_{ca}	0	$-U_d$	$-U_d$	0	$+U_d$	$+U_d$

可见，无论负载为阻性、感性还是容性，相电压 $u_{an} \sim u_{cn}$ 在一个周期内每 60°就发生一次电平的变化，形成相电压 u_{an}、u_{bn}、u_{cn} 的六阶梯波，更加接近正弦波，因此也常称三相桥式电压型逆变器为六拍阶梯波逆变器。

5.2 正弦脉冲宽度调制（SPWM）

在异步电动机调速系统中，要求逆变器的输出电压与频率能够同时、独立、平滑地调节。而在上一节讲的方波逆变器中，只能调节频率，不能调节输出电压。方波逆变器的这些缺点在脉宽调制逆变器中得到了克服。脉宽调制逆变器的输出中，谐波成分减少（谐波是指一系列频率为基波整数倍的分量），因此改善了转矩脉动情况，消除了电传动系统在低速运行时的齿槽效应，而且也使电动机的损耗减少、效率提高。

5.2.1 SPWM 调制的理论基础

脉宽调制技术（Pulse Width Modulation，PWM）的理论基础是面积等效原理，即大小、形状不相同的窄脉冲变量作用于惯性环节上时，只要它们的冲量（即变量对时间的积分）相等，其作用效果基本相同。

如图 5-10 所示，当大小、形状不同的四种窄脉冲电压 $u(t)$ 作用于 R-L 电路构成的一阶惯性环节时，只要四个窄脉冲电压的冲量相等，输出电流响应 $i(t)$ 就基本相同。

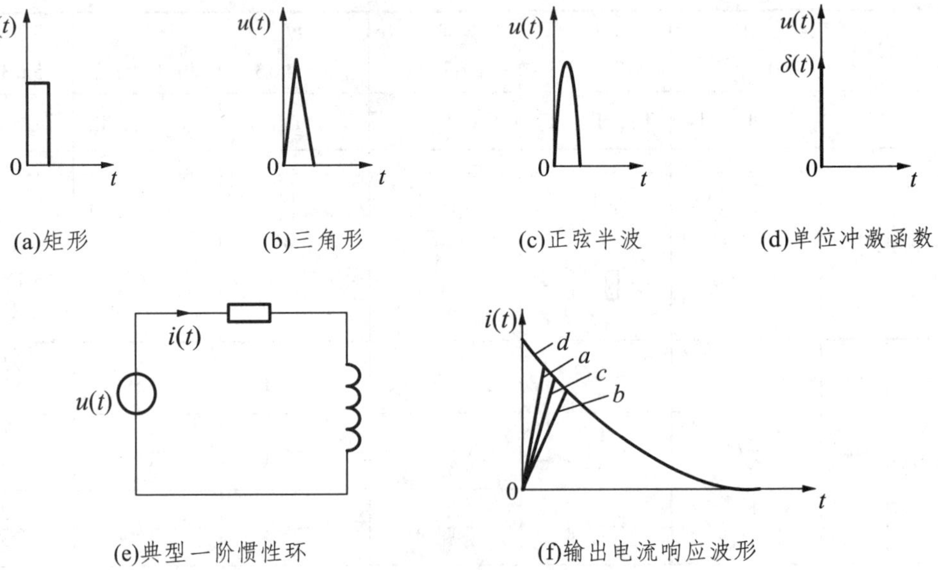

(a)矩形　(b)三角形　(c)正弦半波　(d)单位冲激函数

(e)典型一阶惯性环　(f)输出电流响应波形

图 5-10　各种窄脉冲作用到惯性环节的效果

在正弦脉冲宽度调制（SPWM）中，由于逆变器的期望输出是一个正弦电压波形，可以把一个正弦半波在时间轴上作 N 等分，把正弦曲线每一等分所包围的面积都用一个与其面积相等的等幅矩形脉冲来代替，如图 5-11 所示。这样，由 N 个等幅而不等宽的矩形脉冲所组成的波形就与正弦半波等效，而另外一个负半波也可用相同的方法来等效代替。图 5-11(a)中把正弦半波在时间轴上等分 7 份，然后用面积相等的 7 个等幅矩形脉冲来代替，根据面积等效原理，它们的作用效果基本相同。

图 5-11(b)所示的一系列脉冲波形即是逆变器实际输出波形，根据面积等效原理，可以等效成期望的正弦电压波形。可以看到，由于各脉冲的幅值相等，所以逆变器可由恒定的直流电源供给。由于逆变器采用全控型器件 IGBT，且当各开关元件在理想状态工作时，可以很容易地推断出驱动相应开关元件的控制信号也是与图 5-11(b)相似形状的一系列脉冲波形。

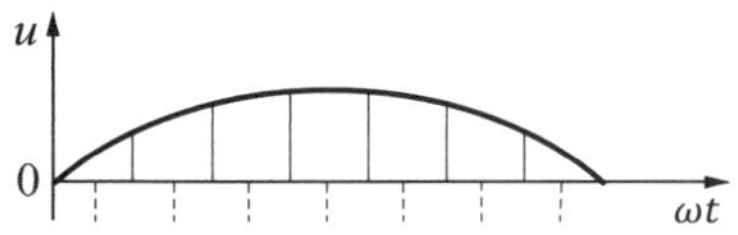

(a)正弦半波

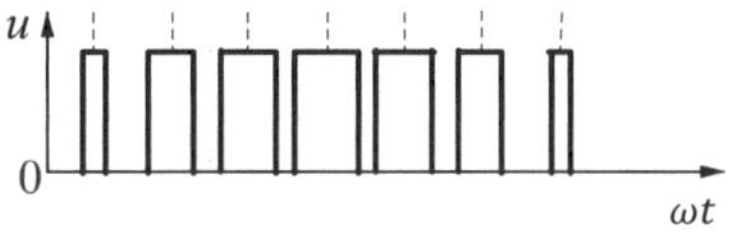

(b)SPWM 脉冲波

图 5-11　正弦波与 SPWM 脉冲波等效原理

5.2.2　SPWM 的调制方法

按照上述原理，在给出了正弦波频率、幅值和半个周期的脉冲数后，就可以采用计算方法准确计算出 PWM 各脉冲的宽度和间隔，按照计算结果，控制电路中各开关器件的导通和关断，就可以得到所需的 PWM 波形。由于正弦波频率、幅值等变化时，其结果也要随之改变，因此计算法是很烦琐的。实用的方法是采用调制的方法，即把希望输出的波形作为调制信号 u_r，把接受调制的信号作为载波信号 u_c，通过对载波信号 u_c 的调制得到所期望的 PWM 波形。由于等腰三角波是上下宽度线性对称变化的波形，以它作为载波信号，当它与任何一个光滑的曲线相交时，即可得到一组等幅而脉冲宽度正比于该曲线函数值的矩形脉冲，这就是脉宽调制技术（PWM）。如取正弦波作为调制信号，它与三角载波相比较后所得到的即是一组宽度按正弦规律变化的矩形脉冲（见图 5-13），称这种调制方式为正弦脉宽调制，简称 SPWM。由于 SPWM 调制方式能获得宽度按正弦规律变化的脉冲序列，所以 SPWM 逆变器输出电压的谐波比 PWM 控制方式小。

实际应用中，根据输出电压极性的不同，可分为单极性 SPWM 波调制和双极性 SPWM 波调制。

5.2.2.1　单极性正弦脉宽调制

图 5-12 所示为单相桥式逆变电路，图中给 IGBT 施加了门极信号。单相桥式逆变电路在单极性控制时的波形如图 5-13 所示。设负载为感性，调制信号 u_r 为正弦波，载波信号 u_c 在调制波 u_r 的正半周为正极性的三角波，在 u_r 的负半周为负极性的三角波。在 u_r 和 u_c 的交点时刻控制 T_3 或 T_4 的通断。

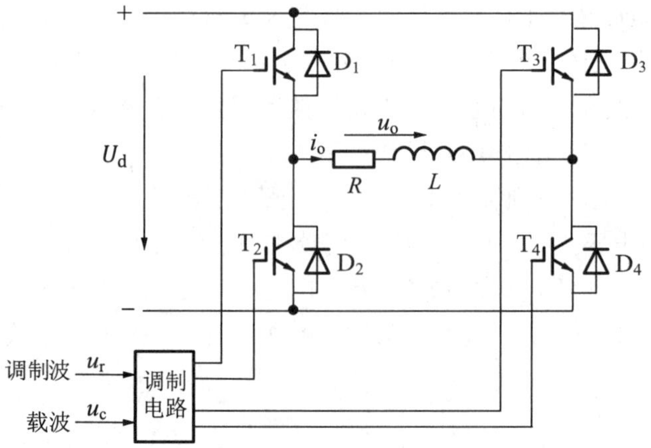

图 5-12　单相桥式逆变电路

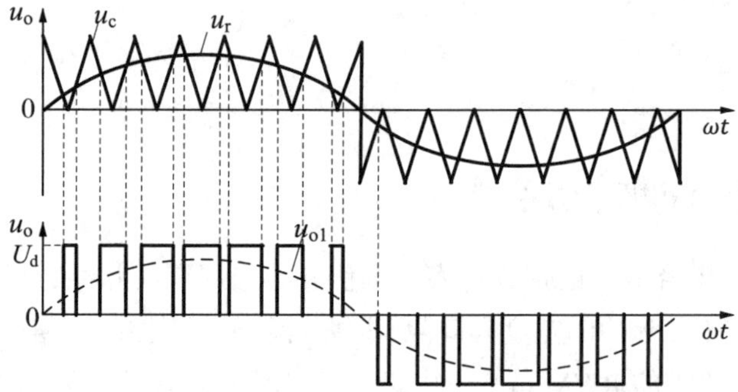

图 5-13　单极性 SPWM 调制

① 在 u_r的正半周期，开关管 T_1 始终保持导通，T_4 交替通断，同时 T_2、T_3 始终断开。当 $|u_r| > |u_c|$ 时，T_4 开通，负载电压 $u_o = U_d$；当 $|u_r| < |u_c|$ 时，T_4 关断，由于电感性负载中的电流不能突变，负载电流将通过二极管 D_3 续流，此时负载电压 $u_o = 0$。如果负载电流较小，T_4 开通前，D_3 续流结束，同样负载电压 $u_o = 0$。因此输出电压 u_o 就可得到 U_d 和 0 交替的两种电平。

② 在 u_r 负半周期，开关管 T_2 始终保持导通，T_3 交替通断，同时 T_1、T_4 始终断开。当 $|u_r| > |u_c|$ 时，T_3 开通，负载电压 $u_o = -U_d$；当 $|u_r| < |u_c|$ 时，T_3 关断，D_4 续流，负载电压 u_o 可得到 $-U_d$ 和 0 两种电平。

这样，在一个周期内，逆变器输出的 PWM 波形就由 $\pm U_d$ 和 0 三种电平构成，就得到了 SPWM 波形 u_o，图中虚线 u_{o1} 表示 SPWM 波形中的基波分量。

由此可见，SPWM 波形的形成是由图 5-13 所示的等腰三角波 u_c 和正弦波 u_r 相互作用形成的。三角波称为载波，正弦波称为调制波，它们的交点就是产生触发脉冲的时刻，一次通断就形成一个脉冲，一周内连续通断多次就形成脉冲序列，可以看出，其脉冲宽度按正弦波瞬时值变化。载波频率和调制波频率之比称为载波比，以 N 表示；调制波幅值和载波幅值之比称为调制度，以 M 表示（一般在 0～1 之间）。N 越大，脉冲越多，越接近正弦波；M变化，正弦波形随之变化（上升或降低），输出的脉冲宽度也跟着变化，最终使输出电压变化；同时，改变调制波 u_r 的频率可以改变逆变器的输出频率，所以 SPWM 可以实现变压变频（VVVF）。在低于电动机基频的范围内，电压和频率是按线性规律变化的，如图 5-14 所示；在高于电动机基频的范围内电压达到额定值，但频率继续增大，电动机工作在弱磁状态。VVVF 在交流传动电力机车和动车组的变流器中有着广泛的应用。

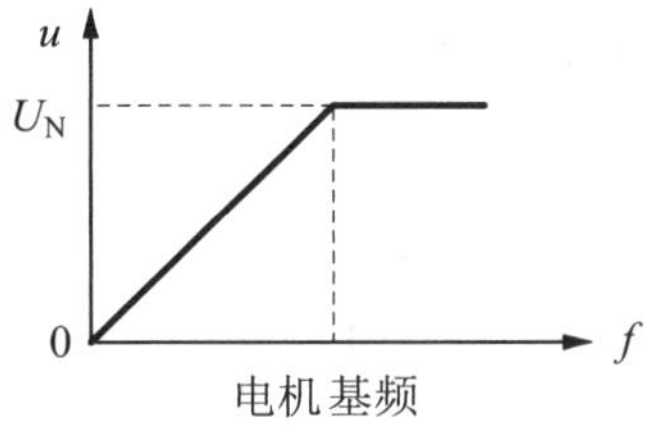

图 5-14　u/f 曲线

单极性 SPWM 控制方式的特点是，在 u_r 的半个周期内三角载波只在一个方向变化，得到的 PWM 波形也只在一个方向变化；其缺点是控制逻辑复杂，三角波有正负之分，u_r 和 u_c 的比较是绝对值进行比较。因此在三相逆变器中更经常使用控制逻辑简单的双极性正弦脉宽调制。

5.2.2.2　双极性正弦脉宽调制

和单极性 SPWM 控制方式相对应的是双极性控制方式。图 5-12 所示的单相桥式逆变电路在采用双极性控制方式时的波形如图 5-15 所示。采用双极性方式时，在 u_r 的半个周期内，三角载波不再是单极性的，而是有正有负，所得的 PWM 波也是有正有负；在 u_r 的一个周期内，输出的 PWM 波只有 $\pm U_d$ 两种电平，而不像单极性控制那样还有 0 电平。双极性 SPWM 仍然在调制信号 u_r 和载波信号 u_c 的交点时刻控制各开关器件的通断。当 $u_r > u_c$ 时，开通 T_1 和 T_4，关断 T_2、T_3，输出电压 $u_o = U_d$；当 $u_r < u_c$ 时，开通 T_2、T_3，关断 T_1、T_4，输出电压 $u_o = -U_d$。同一半桥上下两个桥臂 IGBT 的驱动信号相反，处于互补工作方式，同时 $D_1 \sim D_4$ 给感性负载续流。

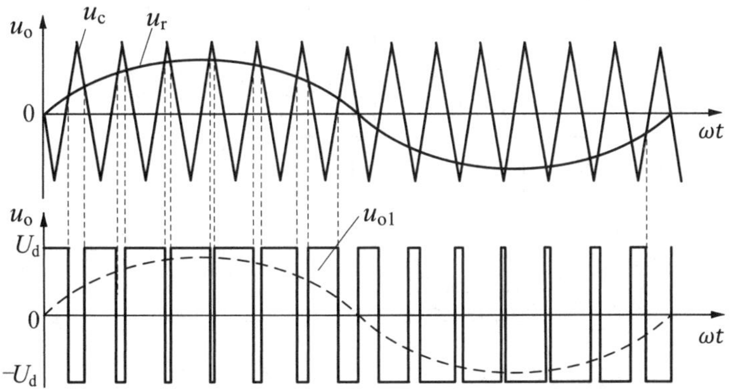

图 5-15　双极性 SPWM 调制

在电压型逆变电路的 SPWM 控制中，同一相上下两个桥臂的驱动信号都是互补的。但实际上为了防止上下两个桥臂直通而造成短路，在上下两桥臂通断切换时要留一小段上下桥臂都施加关断信号的死区时间。死区时间的长短主要由功率开关器件的关断时间来决定。这个死区时间将会给输出的 PWM 波形带来一定影响，使其稍稍偏离正弦波，造成谐波含量增加，但这些谐波是可以滤除的。

5.2.2.3　三相桥式 SPWM 逆变的工作原理

由于双极性 SPWM 调制控制简单，三相逆变器通常采用双极性调制，如图 5-16 所示。三相 SPWM 逆变电路产生的波形要远好于三相方波逆变产生的阶梯波。三相 SPWM 调制的特点是：① a、b、c 三相的 SPWM 控制通常共用一个三角形载波 u_c；② 三相调制信号 u_{ra}、u_{rb} 和 u_{rc} 的相位依次相差 $120°$。

a、b、c 各相功率开关器件的控制规律相同，现以 a 相为例来说明：当 $u_{ra} > u_c$，给上桥臂 T_1 以导通信号，给下桥臂 T_4 通以关断信号，则 a 相相对于直流电源假想中点 o 的输出电压 $u_{ao} = U_d / 2$；当 $u_{ra} < u_c$ 时，给 T_4 以导通信号，给 T_1 以关断信号，则 $u_{ao} = -U_d / 2$。T_1 和 T_4 的驱动信号始终是互补的。当给 $T_1(T_4)$加导通信号时，可能是 $T_1(T_4)$导通，也可能是二极管 $D_1(D_4)$续流导通，这要由阻感负载中电流的方向来决定，这和单相桥式 PWM 逆变电路在双极性控制时的情况相同。b 相及 c 相的控制方式和 a 相相同，电路波形如图 5-16(b)所示。

与单相双极性 PWM 调制一样，三相双极性 PWM 控制方式中，理论上同单相的上下两个臂的驱动信号都是互补的。实际上，在同一相的上下开关管切换时应留出一定的死区时间，从而使输出的 SPWM 波形谐波含量增加，一定程度地偏离正弦波。

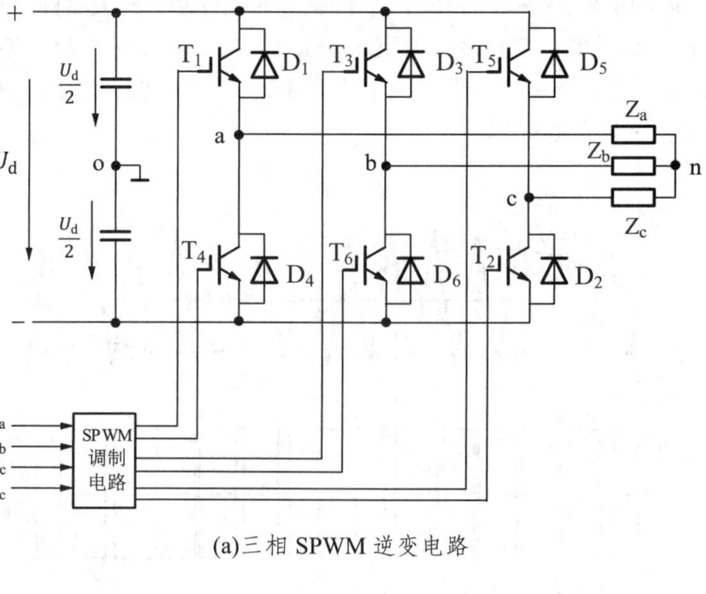

(a)三相 SPWM 逆变电路

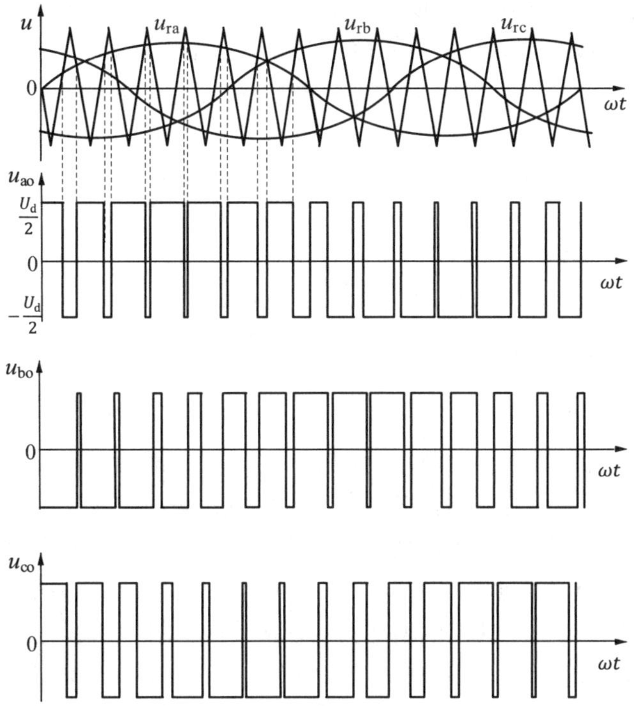

(b)三相 SPWM 逆变波形

图 5-16　三相 SPWM 逆变电路及其工作波形

5.2.3　载波比和调制度

前面已对载波比和调制度进行了简要说明，实际应用中，载波比和调制度的大小受到功率开关器件开关频率的制约。

5.2.3.1　载波比 *N*

载波频率 f_c 和调制波频率 f_r 之比称为载波比 N，即

$$N = \frac{f_c}{f_r} \tag{5-6}$$

从图 5-13 和图 5-15 可以看出，载波比 N 实际就是正弦波的分段份数，载波频率 f_c 实际就是开关管的开关频率，调制波频率 f_r 就是异步电动机定子上的电流频率。f_r 决定了异步电动机旋转磁场的转速，实际上决定了电动机的转速，如果是牵引电动机的话就决定了列车的运行速度。

如前所述，N 越大，输出波形越接近正弦波，但功率开关器件的开关频率受到开关时间的影响，是有限制的，也就是说，载波频率 f_c 受到限制，从而 N 也受到限制，小于某一数值。如动车组使用的大功率 IGBT 允许的开关频率通常在 1 kHz 左右。

在三相 SPWM 逆变器中，对载波比 N 有如下特殊要求：

① 三相电路中共用一个三角载波 u_c，为了保证三相之间对称，互差 120°相位角，取载

波比 N 为 3 的整数倍，使三相输出波形严格对称。

② 为了消除偶次谐波，使每相的 SPWM 波形正负两半周期对称，N 必须取奇数，这样在调制波的 180°处，载波的正、负半周恰好分布在 180°的左右两侧，谐波中只有奇次谐波而无偶次谐波，且在傅里叶级数中只有正弦项而无余弦项。因此，三相 PWM 逆变器要求载波比 N 应该是 3 的倍数和奇数。

5.2.3.2 调制度 *M*

调制波幅值 U_{rm} 与载波幅值 U_{cm} 之比称为调制度 M，即

$$M=\frac{U_{rm}}{U_{cm}} \tag{5-7}$$

改变 M 的大小，脉冲宽度会相应地增加或减小，输出基波电压幅值也成比例地增大或减小。但 M 值也会受到功率开关器件开关时间的影响，必须使 U_{rm} 低于三角载波的峰值 U_{cm}。在理想情况下，M 值在 0 ~ 1 内变化时，输出电压基波值随 M 的增加而线性增加，称为线性调制。实际上 M 总是小于 1 的，在 N 较大时，M 的最高值一般取 0.8 ~ 0.9。在交流传动机车中，逆变器随着列车速度的增加会出现从线性调制、过调制到方波逆变的过程，过调制就是正弦调制波幅值大于三角波幅值（$M>1$）。上一节讲了方波逆变，列车在高速运行时工作在方波逆变，这是因为对于三相桥式逆变器来说，方波逆变基波有效值（$0.78U_d$）比 SPWM 逆变基波有效值（$0.612U_d$）要高，更利于列车的提速。

对于单相全桥 SPWM 逆变电路，输出电压基波幅值为 $U_{o1m}=MU_d$；对于单相半桥 SPWM 逆变电路，输出电压基波幅值为 $U_{o1m}=\frac{1}{2}MU_d$；对于三相桥式 SPWM 逆变电路，输出线电压基波幅值为 $U_{o1m}=\frac{\sqrt{3}}{2}MU_d$。

5.2.4 SPWM 调制方式

SPWM 脉宽调制时，一个正弦调制波周期内所包含的三角载波的个数为载波比 $N=f_c/f_r$。列车运行在不同的速度段时，N 是变化的，IGBT 的开关频率 f_c 也同样变化。根据载波比 N 的变化情况，可分为异步调制、同步调制及分段同步调制。

5.2.4.1 异步调制

异步调制是保持三角载波频率 f_c 不变，改变调制波频率 f_r 时，载波比 N 连续变化。异步调制不能保证 N 始终是 3 的倍数和奇数，使输出电压波形及其相位都发生变化，谐波含量增加，难以保持三相输出的对称性，引起电机工作不平稳，因此，在线性 PWM 调制的中高速段，特性不好；但在线性 PWM 的低速段，特性却较好，此时 N 虽然不是 3 的倍数和奇数，但由于 N 值较大，一个周期内的脉冲数较多，PWM 波形接近正弦波，谐波幅值大大减小，相应地减少了负载电机的转矩脉动与噪声，因此异步调制的低频特性好。电动机在低速时，经常采用异步调制。

5.2.4.2 同步调制

同步调制是在改变调制波频率 f_r 时，按比例地改变三角载波频率 f_c，使 N 保持不变，始终是 3 的倍数和奇数，三相输出波形严格对称。因此，在线性 PWM 调制的中速段，同步调制特性好；但在线性 PWM 调制的高速段，开关管频率可能会超出最高允许开关频率；而在线性 PWM 调制的低速段，由于相邻两脉冲间的间距增大，谐波会显著增加，使负载电机产生较大的脉动转矩和较强的噪声，而且谐波不易滤除。

5.2.4.3 分段同步调制

在实际的 PWM 逆变器调速中，常将同步调制和异步调制的优点结合起来，采用分段同步调制方式，即把逆变电路的输出频率范围划分成若干频段，每个频段内都保持载波比 N 恒定，始终为 3 的倍数和奇数，以保持输出波形对称，吸取了同步调制的优点；低速时采用异步调制，吸取了异步调制的优点；而在中高速段时，使 N 分段有级地减小，并将载波频率限制在开关管允许的频率范围内。图 5-17 所示为分段同步调制的一个例子，载波频率（开关频率）f_c 在不同的频率段内，变化范围为 1.4 ~ 2 kHz；在输出频率的低频段采用较高的载波比，以使载波频率不至于过低而对负载产生不利影响。图 5-17 中切换点的实线表示输出频率增高时的切换频率，虚线表示输出频率降低时的切换频率，前者略高于后者形成滞环切换，防止频率在切换点附近时载波比 N 的值来回跳动。

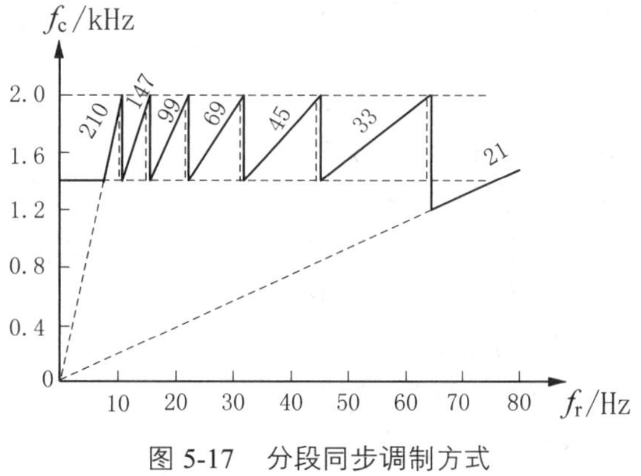

图 5-17　分段同步调制方式

图 5-18 所示为 CRH_1 型动车组的 PWM 调制方式，图中 f_s 指定了交流电频率，也就是电机逆变器输出的基波频率，决定列车的速度。f_{sw} 指逆变器的 IGBT 开关频率。在电机基频（f_{base}）以下的低速段时，采用异步调制方式，利用异步调制低频特性好的优点，采用相对于定子频率较高的开关频率，可充分利用 IGBT 开关频率，使磁通空间矢量轨迹逼近理想圆，减小了转矩脉动；在中、高速段时，为保证三相输出电压间的对称性，消除寄生谐波，宜采用分段同步调制。在电机基频以上，PWM 变流器输出的电机电压达到最大。为了最大限度地利用直流环节电压和提高逆变器的输出容量，从 PWM 逆变平滑地转变为方波逆变。

图 5-19 所示为 HXD_3 型电力机车的 PWM 调制方式。在中、低速区采用异步调制，在基频以上采用方波逆变，为了在两者之间顺利地改变输出电压波，在 PWM 逆变和方波逆变之间使用过调制 PWM 方式。

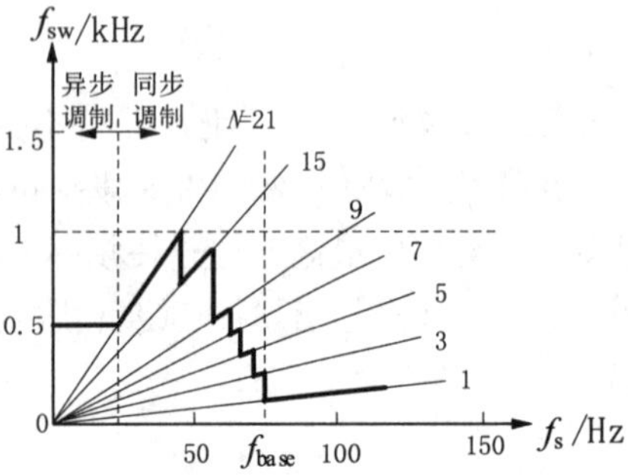

图 5-18　CRH$_1$ 型动车组的 PWM 调制方式

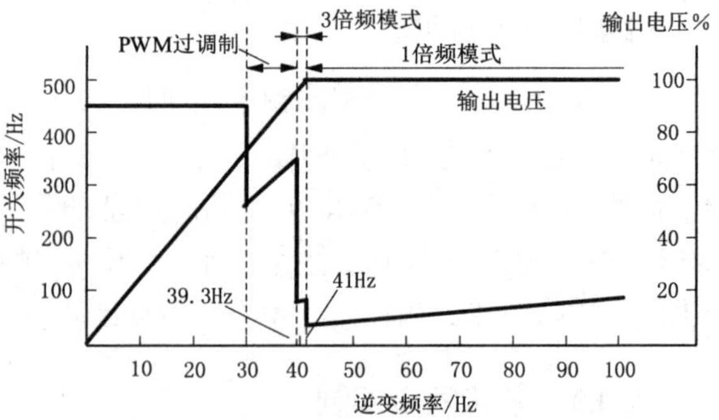

图 5-19　HXD$_3$ 型电力机车的 PWM 调制方式

5.2.5　SPWM 波生成方法

目前 SPWM 波形生成多采用微机控制，可以通过软件实时生成 SPWM 波形。具体包括自然采样法和规则采样法。

5.2.5.1　自然采样法

根据 SPWM 控制的基本原理，在正弦波和三角波的自然交点时刻控制功率开关器件的通断，这种生成 SPWM 波形的方法称为自然采样法。

自然采样法是先计算正弦调制波与三角载波的交点，从而求出相应的脉宽和脉冲间歇时间，生成 SPWM 波形。原理如图 5-20 所示，通过计算正弦调制波与三角载波的交点 A 和 B 来计算脉冲宽度。A 点是发生脉冲的时刻，B 点是结束脉冲的时刻。三角载波的幅值为 U_{cm}，正弦波形为 $U_{rm}\sin\omega t$，ω 是调制波频率，T_c 为三角载波的周期。由图 5-20 可知

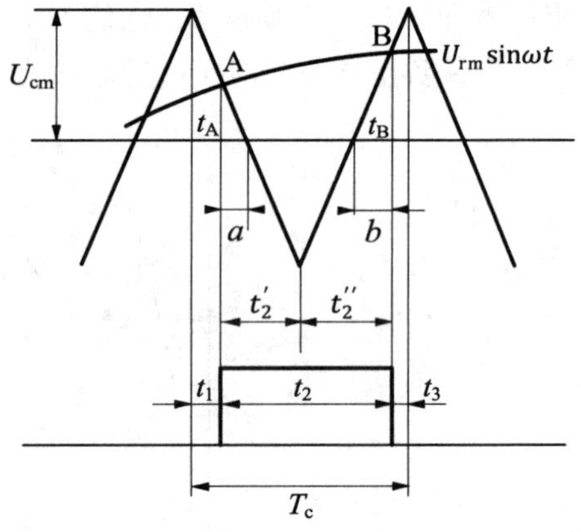

图 5-20　自然采样法原理

$$t_1 = \frac{T_c}{4} - a \tag{5-8}$$

$$t_2' = \frac{T_c}{4} + a \tag{5-9}$$

$$t_2'' = \frac{T_c}{4} + b \tag{5-10}$$

$$t_3 = \frac{T_c}{4} - b \tag{5-11}$$

利用三角形相似关系，解出 a、b，并代入上式，得到

$$t_1 = \frac{T_c}{4}(1 - M\sin\omega t_A) \tag{5-12}$$

$$t_2' = \frac{T_c}{4}(1 + M\sin\omega t_A) \tag{5-13}$$

$$t_2'' = \frac{T_c}{4}(1 + M\sin\omega t_B) \tag{5-14}$$

$$t_3 = \frac{T_c}{4}(1 - M\sin\omega t_B) \tag{5-15}$$

其中 $M = U_{rm} / U_{cm}$。

脉冲宽度 t_2 为

$$t_2 = t_2' + t_2'' = \frac{T_c}{2}\left[1 + \frac{M}{2}(\sin\omega t_A + \sin\omega t_B)\right] \tag{5-16}$$

式(5-16)是一个超越方程，其中，t_A、t_B 与载波比 N 和调制度 M 都有关系，求解困难，而且 $t_1 \neq t_3$，分别计算就更加困难。因此，自然采样法虽然准确反映了 SPWM 的脉宽，但不适合实时控制。

5.2.5.2 规则采样法

为了使 $t_1 = t_3$，发展出了规则采样法，这种方法的示意图如图 5-21 所示，在三角波的负峰时刻 t_e，对正弦调制波采样而得到 E 点，过 E 点做一条水平直线和三角波分别交于 A 点和 B 点，在 A 点时刻和 B 点时刻控制功率开关器件的通断。可以看出，用这种规则采样法所得到的脉冲宽度和用自然采样法所得到的脉冲宽度非常接近。根据相似三角形原理，从图 5-21 可得到以下几何关系

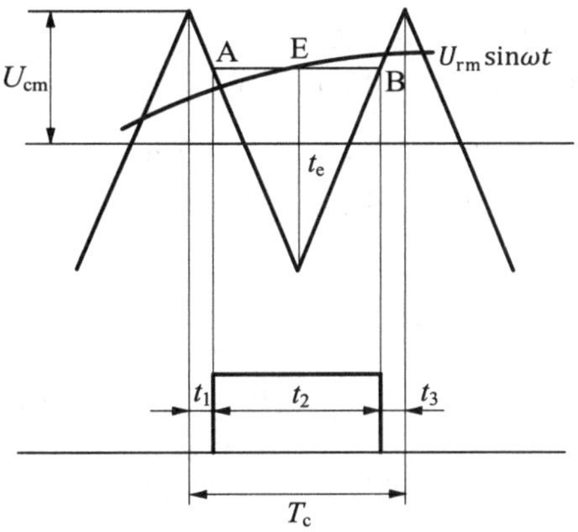

图 5-21 规则采样法原理

$$\frac{U_{cm} + U_{rm}\sin\omega t_e}{2U_{cm}} = \frac{t_2 / 2}{T_c / 2} \tag{5-17}$$

得到脉宽时间为 $$t_2 = \frac{T_c}{2}(1 + M\sin\omega t_e) \tag{5-18}$$

间隙时间为 $$t_1 = t_3 = \frac{1}{2}(T_c - t_2) \tag{5-19}$$

5.3 电压空间矢量（SVPWM）控制技术

SPWM 控制的主要目的是使逆变器的输出电压尽量接近正弦波，或者说，希望输出的 PWM 电压波形的基波成分尽量大、谐波成分尽量小，而其输出电流的波形还会受到负载电路参数的影响。电流跟踪控制则是着眼于输出电流是否按正弦规律变化，这比只调制输出电压波形进了一步。然而，异步电动机输入三相正弦电流的最终目的是在空间产生圆形旋转磁场，从而产生恒定的电磁转矩。因此，可以把逆变器和异步电动机视为一体，按照跟踪圆形旋转磁场的原理来控制 PWM 电压，这样的控制方法就叫作“磁链跟踪控制”。磁链的轨迹是由逆变器产生的电压空间矢量相加得到的，所以又称“电压空间矢量控制”。

电压空间矢量控制（SVPWM）在交流传动电力机车和动车组中得到了广泛应用。在这种调制方式中，通过逆变器中的 IGBT 的开关控制，将 PWM 斩波直流环节电压转换成三相交流电压，对电机进行平滑的控制。

5.3.1 空间矢量的定义

交流电动机绕组的电压、电流、磁链等物理量都是随时间变化的，分析时常用时间相量来表示，但如果考虑到它们所在绕组的空间位置，也可以如图 5-22 所示，将电压定义为空间矢量 $\boldsymbol{u}_{AO}$、$\boldsymbol{u}_{BO}$、$\boldsymbol{u}_{CO}$。所谓电压空间矢量是按照电压所加绕组的空间位置来定义的。在图 5-22 中，A、B、C 分别表示电机定子三相绕组在空间的轴线，它们在空间位置互差 120°。三相定子相电压

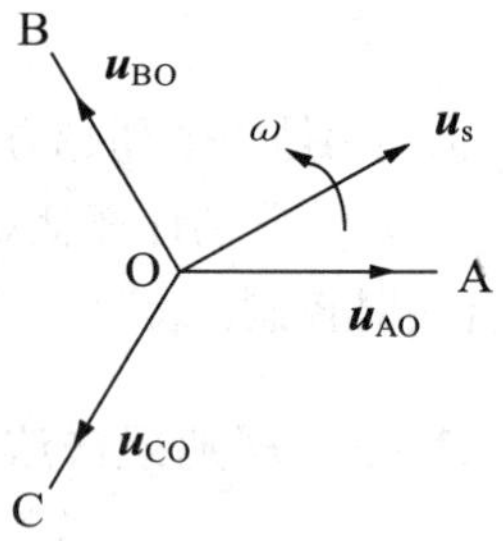

图 5-22　电动机电压空间矢量

$$\begin{cases} u_A = U_m\cos(\omega t) \\ u_B = U_m\cos(\omega t - 120°) \\ u_C = U_m\cos(\omega t - 240°) \end{cases} \tag{5-20}$$

分别加在三相绕组上，可以定义三个电压空间矢量

$$\begin{cases} \boldsymbol{u}_{AO} = u_A \cdot e^{j0} = U_m\cos(\omega t)\cdot e^{j0} \\ \boldsymbol{u}_{BO} = u_B \cdot e^{j\frac{2}{3}\pi} = U_m\cos(\omega t - 120°)\cdot e^{j\frac{2}{3}\pi} \\ \boldsymbol{u}_{CO} = u_C \cdot e^{j\frac{4}{3}\pi} = U_m\cos(\omega t - 240°)\cdot e^{j\frac{4}{3}\pi} \end{cases} \tag{5-21}$$

式中，e^{j0}、$e^{j\frac{2}{3}\pi}$、$e^{j\frac{4}{3}\pi}$ 代表三相绕组在空间的位置，它们在空间上互差 $\frac{2}{3}\pi$。

可以证明，三相电压空间矢量相加的合成空间矢量 $\boldsymbol{u}_s$ 是一个旋转的空间矢量，如图 5-22 所示，它的幅值不变，是每相电压值的 3/2 倍；旋转频率为 ω，用公式表示，则有

$$\boldsymbol{u}_{s}=\boldsymbol{u}_{AO}+\boldsymbol{u}_{BO}+\boldsymbol{u}_{CO}=\frac{3}{2}U_{m}e^{j\omega t} \tag{5-22}$$

与定子三相电压合成空间矢量相仿，可以定义定子电流和磁链的空间矢量 $\boldsymbol{I}_s$ 和 $\boldsymbol{\Psi}_s$。在三相对称正弦电压供电，且电动机已经达到稳态时，定子电流和磁链的空间矢量 $\boldsymbol{I}_s$ 和 $\boldsymbol{\Psi}_s$ 的幅值不变，以电源角频率 ω 为电气角速度在空间作恒速旋转。

5.3.2 电压空间矢量与磁链空间矢量的关系

异步电动机定子电压空间矢量 $\boldsymbol{u}_s$ 的方程为

$$\boldsymbol{u}_{s}=R_{s}\boldsymbol{I}_{s}+\frac{d\boldsymbol{\Psi}_{s}}{dt} \tag{5-23}$$

式中，$\boldsymbol{u}_s$ 为定子三相电压合成空间矢量；$\boldsymbol{I}_s$ 为定子三相电流合成空间矢量；$\boldsymbol{\Psi}_s$ 为定子三相磁链合成空间矢量。

当转速较高时，定子电阻压降较小，可以忽略不计，因此定子电压 $\boldsymbol{u}_s$ 与定子磁链 $\boldsymbol{\Psi}_s$ 的关系为

$$\boldsymbol{u}_{s}\approx\frac{d\boldsymbol{\Psi}_{s}}{dt} \tag{5-24}$$

可见，定子电压空间矢量 $\boldsymbol{u}_s$ 为定子磁链空间矢量 $\boldsymbol{\Psi}_s$ 的变化率，且运动方向一致。

设 $\boldsymbol{\Psi}_s=\Psi_{sm}e^{j\omega t}$，则

$$\boldsymbol{u}_{s}\approx\frac{d\boldsymbol{\Psi}_{s}}{dt}=\frac{d(\Psi_{sm}e^{j\omega t})}{dt}=j\omega\Psi_{sm}e^{j\omega t}=\omega\Psi_{sm}e^{j\left(\omega t+\frac{\pi}{2}\right)} \tag{5-25}$$

从式(5-25)可以看出，$\boldsymbol{\Psi}_s$ 旋转 1 周（2π 弧度），则 $\boldsymbol{u}_s$ 也旋转 1 周（2π 弧度），且电压 $\boldsymbol{u}_s$ 与定子磁链 $\boldsymbol{\Psi}_s$ 方向垂直，都是以定子电流频率 ω 的速度旋转。异步电动机中 $\boldsymbol{\Psi}_s$ 为圆形磁链轨迹，则 $\boldsymbol{u}_s$ 为圆形磁链 $\boldsymbol{\Psi}_s$ 的切线方向，其轨迹与磁链圆重合，这样电动机旋转磁场的轨迹就可以转化为电压空间矢量的运动轨迹，如图 5-23 所示。从公式(5-25)可以看出，磁链幅值 Ψ_{sm} 等于电压与频率之比，为 $\frac{\boldsymbol{u}_s}{\omega}$。

式(5-24)可表示为

$$\boldsymbol{u}_{s}\approx\frac{d\boldsymbol{\Psi}_{s}}{dt}=\frac{\Delta\boldsymbol{\Psi}_{s}}{\Delta t} \tag{5-26}$$

$$\Delta\boldsymbol{\Psi}_{s}=\boldsymbol{u}_{s}\Delta t \tag{5-27}$$

$$\boldsymbol{\Psi}_{s2}-\boldsymbol{\Psi}_{s1}=\boldsymbol{u}_{s}\Delta t \quad 或 \quad \boldsymbol{\Psi}_{s2}=\boldsymbol{\Psi}_{s1}+\boldsymbol{u}_{s}\Delta t \tag{5-28}$$

可以用矢量图形表达上式，如图 5-24 所示。如果把圆形磁场近似为正六边形磁场，如图 5-25 所示，则磁场沿着六边形旋转一周，需要有六个相位不同的电压空间矢量作用来完成，作用顺序为 $\boldsymbol{u}_{s1}\to\boldsymbol{u}_{s2}\to\boldsymbol{u}_{s3}\to\boldsymbol{u}_{s4}\to\boldsymbol{u}_{s5}\to\boldsymbol{u}_{s6}$。如何获得这六个电压空间矢量呢？

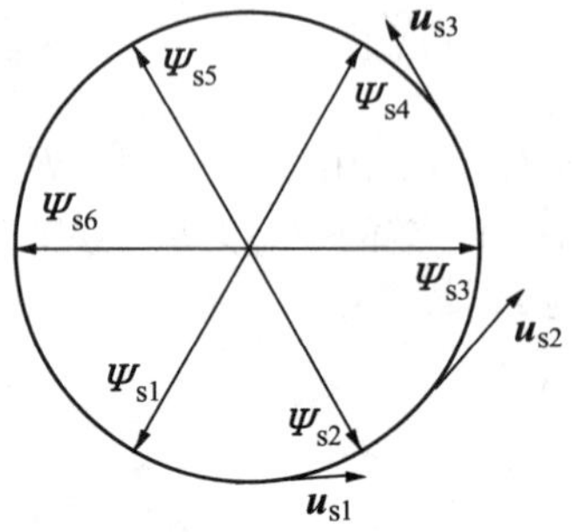

图 5-23　旋转磁场与电压空间矢量的运动轨迹

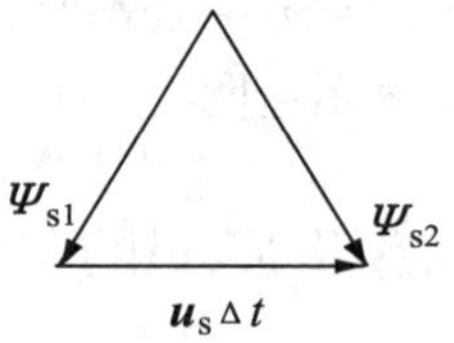

图 5-24　磁链增量与电压空间矢量、时间增量的关系

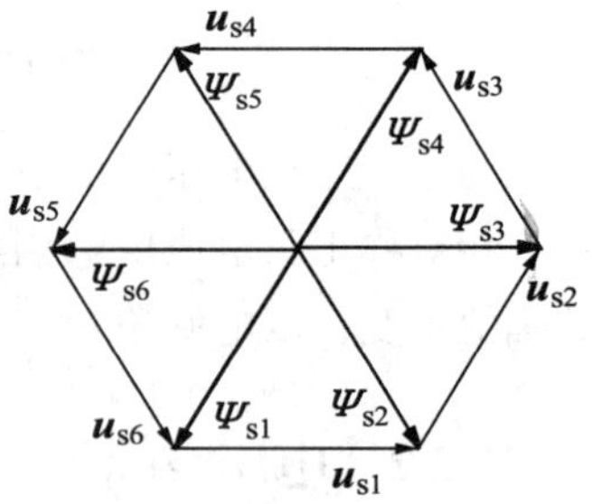

图 5-25　正六边形磁场的产生

5.3.3　SVPWM 逆变器基本输出电压空间矢量

我们在 5.1 节介绍过三相桥式方波逆变器，又称为六拍阶梯波逆变器，电机三相定子绕组的相电压幅值见表 5-1，略微变化后重新绘制于表 5-2 中。

表 5-2　三相逆变器的 8 种开关状态及电压空间矢量

导通管	S_a	S_b	S_c	逆变器状态	电机相电压			电压空间矢量
					u_a	u_b	u_c	
T_6、T_1、T_2	1	0	0	4	$\frac{2}{3}U_d$	$-\frac{1}{3}U_d$	$-\frac{1}{3}U_d$	$\boldsymbol{u}_{s1}=U_d e^{j0}$
T_1、T_2、T_3	1	1	0	6	$\frac{1}{3}U_d$	$\frac{1}{3}U_d$	$-\frac{2}{3}U_d$	$\boldsymbol{u}_{s2}=U_d e^{j\frac{\pi}{3}}$
T_2、T_3、T_4	0	1	0	2	$-\frac{1}{3}U_d$	$\frac{2}{3}U_d$	$-\frac{1}{3}U_d$	$\boldsymbol{u}_{s3}=U_d e^{j\frac{2\pi}{3}}$
T_3、T_4、T_5	0	1	1	3	$-\frac{2}{3}U_d$	$\frac{1}{3}U_d$	$\frac{1}{3}U_d$	$\boldsymbol{u}_{s4}=U_d e^{j\pi}$
T_4、T_5、T_6	0	0	1	1	$-\frac{1}{3}U_d$	$-\frac{1}{3}U_d$	$\frac{2}{3}U_d$	$\boldsymbol{u}_{s5}=U_d e^{j\frac{4\pi}{3}}$
T_5、T_6、T_1	1	0	1	5	$\frac{1}{3}U_d$	$-\frac{2}{3}U_d$	$\frac{1}{3}U_d$	$\boldsymbol{u}_{s6}=U_d e^{j\frac{5\pi}{3}}$
T_1、T_3、T_5	1	1	1	7	0	0	0	$\boldsymbol{u}_{s7}=0$
T_4、T_6、T_2	0	0	0	0	0	0	0	$\boldsymbol{u}_{s0}=0$

表 5-2 中的逆变器状态可用图 5-26 说明，图中，a、b、c 分别表示电动机的三相定子绕组和与之相连的三相逆变器的三个半桥，用 S_a、S_b、S_c 表示三相逆变器每个半桥的开关状态，定义为

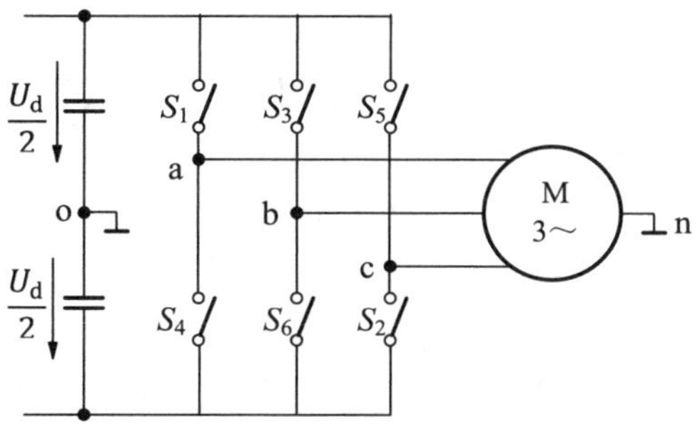

图 5-26　三相逆变器运行示意图

$$S_i = \begin{cases} 1 & (\text{上桥臂导通，下桥臂关断}) \\ 0 & (\text{上桥臂关断，下桥臂导通}) \end{cases} \tag{5-29}$$

式中，$i = \mathrm{a,b,c}$。

运行一个周期（2π），六个开关可构成一组三位二进制编码，按 a、b、c 相序可表示为 100、110、010、011、001、101、111、000，共计 8 种开关状态。其中，111 表示三个上桥臂全部导通，000 表示三个上桥臂全部关断，三相定子绕组上无电压，为 0。表 5-2 中的最后一列为对应的电压空间矢量，图 5-27 所示为电压空间矢量对应的合成过程。

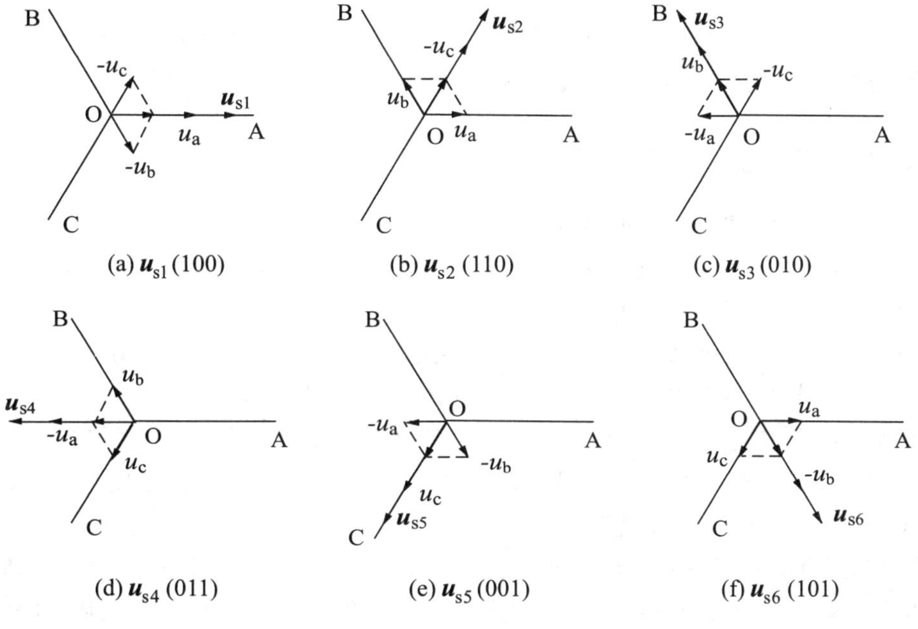

图 5-27　电压空间矢量的合成

从表 5-2 中可以看出，8 种开关状态对应 8 个电压空间矢量，其中 6 个（$\boldsymbol{u}_{s1} \sim \boldsymbol{u}_{s6}$）为非零空间矢量，2 个（$\boldsymbol{u}_{s7}$、$\boldsymbol{u}_{s0}$）为零空间矢量。非零空间矢量幅值相等，相位依次相差 60°；零空间矢量 $\boldsymbol{u}_{s7}$ 和 $\boldsymbol{u}_{s0}$ 幅值均为 0，零空间矢量作用时，定子磁链静止不动。这 8 个电压空间矢量称为基本电压空间矢量。

对于六拍阶梯波的逆变器，按照表 5-2 中的顺序控制就能产生一个逆时针旋转的电压矢量，在其输出的每个周期中 6 种有效的开关状态各出现一次。逆变器每隔 π/3 时刻就切换一次开关状态，而在这 π/3 时间段内则保持不变。对于每个有效的开关状态，电压空间矢量都可以用一个合成空间矢量表示，其幅值相等，只是相位不同。设逆变器的工作周期从 100 状态开始，这时 T_6、T_1、T_2 导通，其电压空间矢量 $\boldsymbol{u}_{s1}$ 处于水平方向，它所存在的时间为 π/3。在这段时间以后，工作状态转为 110，电机的电压空间矢量为 $\boldsymbol{u}_{s2}$，它在空间上滞后于 $\boldsymbol{u}_{s1}$ 的相位为 π/3 弧度，存在的时间也是 π/3，依此类推。随着逆变器开关状态的切换，电压空间矢量的幅值不变，而相位每次旋转 π/3，直到一个周期结束。这样，在一个周期中 6 个电压空间矢量共转过 2π 弧度，$\boldsymbol{u}_{s6}$ 的顶端恰好与 $\boldsymbol{u}_{s1}$ 的尾端衔接，形成一个封闭的正六边形，如图 5-28 所示。对于 111 与 000 这两个工作状态，称之为零矢量，它们的幅值为 0，也无相位，可认为它们坐落在六边形的中心点上。六边形合成电压矢量常采用其辐射形式，如图 5-29 所示，各个矢量之间可分为 6 个扇区（Ⅰ ~ Ⅵ）。若按图 5-28 中所示的电压矢量切换方向（逆时针）使电动机正转，则反方向切换（顺时针）时电动机变为反转。

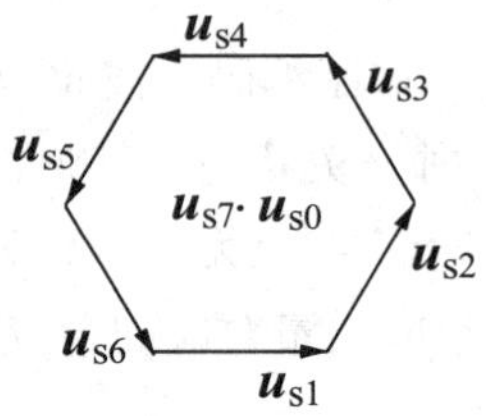

图 5-28　六边形合成电压矢量

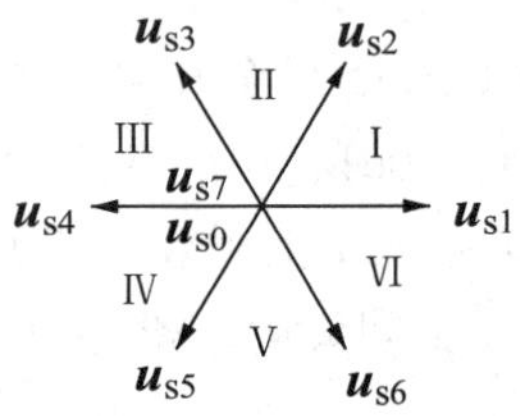

图 5-29　电压空间矢量分布

上述过程也从电压空间矢量角度分析了六拍阶梯波逆变器的工作原理。

5.3.4　期望电压空间矢量的合成与实现

六拍阶梯波逆变器在一个输出电压基波周期内开关状态变化 6 次，仅使用 6 个非零电压空间矢量构成六边形，其逆变所达到的效果离磁链圆轨迹运行的最佳目标相差甚远，而且磁链的幅值沿着各扇区的三角形来回变化，会引起转矩脉动、损耗增加，输出电压、电流中也会有较多的低频谐波成分。要获得更多边形或接近圆形的旋转磁场，就必须有更多的空间位置不同的电压空间矢量以供选择，但 PWM 逆变器只有 8 个基本电压矢量，能否用这 8 个基本电压矢量合成其他多个矢量呢？答案是肯定的。按空间矢量的平行四边形合成法则，用相邻的两个有效工作矢量合成期望的输出矢量，这就是电压空间矢量 PWM（SVPWM）控制技术的基本思想。

图 5-30 所示构成了一个正十八边形旋转磁场，图中只画出了其中的 1/6 段的三条边，比正六边形磁场更加逼近圆形磁场，正多边形的边数越多，越逼近圆，从而使磁链幅值恒定，这时三相逆变器的输出将不再是一个六拍阶梯波，而是一系列等幅不等宽的脉冲波，形成了电压空间矢量控制的 PWM 逆变器，由于它间接控制了电机的旋转磁场，所以也称磁链跟踪控制的 PWM 逆变器。

那如何求得多边形电压矢量呢？下面以期望输出电压矢量 $\boldsymbol{u}_{s21}$ 为例来进行说明。从图 5-31 可以明显看出 $\boldsymbol{u}_{s21}$ 落在由 $\boldsymbol{u}_{s1}$ 和 $\boldsymbol{u}_{s2}$ 组成的扇区Ⅰ内，按空间矢量的平行四边形合成法则，用相邻的两个非零工作矢量 $\boldsymbol{u}_{s1}$、$\boldsymbol{u}_{s2}$ 合成期望的输出电压矢量

$$\boldsymbol{u}_{s21}=\frac{t_1}{T_S}\boldsymbol{u}_{s1}+\frac{t_2}{T_S}\boldsymbol{u}_{s2} \tag{5-30}$$

式中：$T_S=\dfrac{2\pi}{n\omega}=\dfrac{1}{nf}$为开关周期，$n$ 为多边形边数，f 为旋转频率；T_S 是一条边的作用周期，在这里就是 $\boldsymbol{u}_{s21}$ 的作用时间，t_1 为 $\boldsymbol{u}_{s1}$ 的作用时间，t_2 为 $\boldsymbol{u}_{s2}$ 的作用时间。

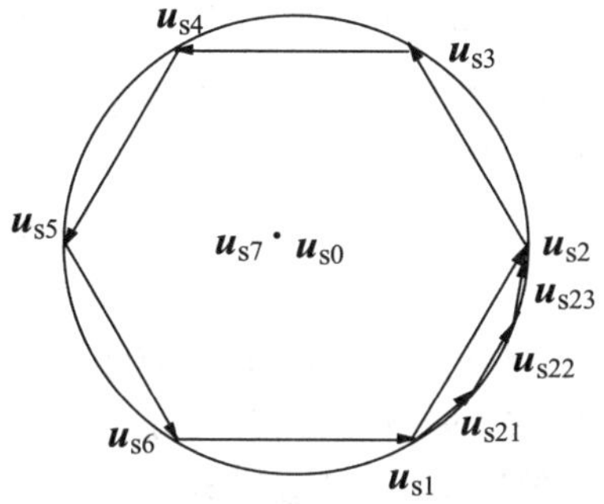

图 5-30　电压空间矢量组成的正十八边形磁场

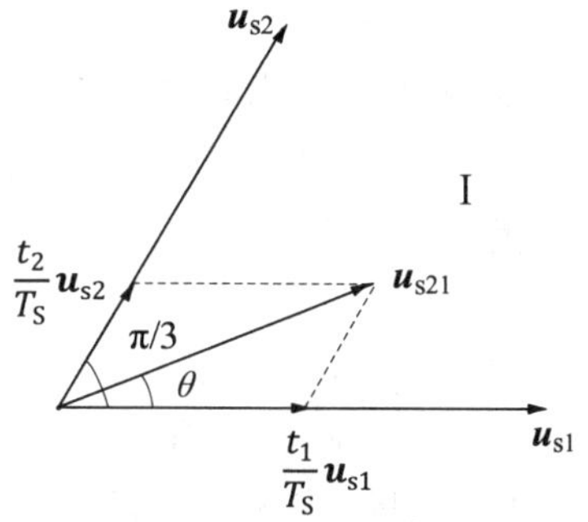

图 5-31　期望输出电压矢量的合成

已知　　$\boldsymbol{u}_{s21}=\dfrac{t_1}{T_S}\boldsymbol{u}_{s1}+\dfrac{t_2}{T_S}\boldsymbol{u}_{s2}$

将 $\boldsymbol{u}_{s1}=U_d$、$\boldsymbol{u}_{s2}=U_d e^{j\frac{\pi}{3}}$ 代入上式可得

$$\boldsymbol{u}_{s21}=\frac{t_1}{T_S}U_d+\frac{t_2}{T_S}U_d e^{j\frac{\pi}{3}}=\frac{t_1}{T_S}U_d+\frac{t_2}{T_S}U_d\cos\frac{\pi}{3}+j\frac{t_2}{T_S}U_d\sin\frac{\pi}{3} \tag{5-31}$$

设旋转电压矢量长度为 U，根据 VVVF 原理，且按 U/f 关系取值，则 $\boldsymbol{u}_{s21}$ 可表示为

$$\boldsymbol{u}_{s21}=U\cos\theta+jU\sin\theta \tag{5-32}$$

令式(5-31)、式(5-32)的实部与虚部分别相等，解得

$$t_1=T_S\frac{2U}{\sqrt{3}U_d}\sin\left(\frac{\pi}{3}-\theta\right)=T_S M\sin\left(\frac{\pi}{3}-\theta\right) \tag{5-33}$$

$$t_2=T_S\frac{2U}{\sqrt{3}U_d}\sin\theta=T_S M\sin\theta \tag{5-34}$$

式中：$M=U/\dfrac{\sqrt{3}}{2}U_d$，为调制比。

一般来说 $t_1+t_2<T_S$，其余的时间用零矢量 $\boldsymbol{u}_{s7}$、$\boldsymbol{u}_{s0}$ 来补充，零矢量的作用时间为

$$t_z=T_S-(t_1+t_2) \tag{5-35}$$

通常先判断出给定电压矢量所在的扇区，即可用相邻的两个基本电压空间矢量来合成。

5.3.5 基本电压空间矢量的作用顺序

为减少开关损耗，将基本电压空间矢量作用顺序的分配原则选定为：在每次开关状态转换时，只改变逆变器其中一相的开关状态，并且对零矢量在时间上进行了平均分配，使产生的 PWM 对称，从而有效地降低了 PWM 的谐波分量。当 $\boldsymbol{u}_{s1}$(100)切换至 $\boldsymbol{u}_{s0}$(000)时，只需改变 a 相上下一对切换开关；若由 $\boldsymbol{u}_{s1}$(100)切换至 $\boldsymbol{u}_{s7}$(111)则需改变 B、C 相上下两对切换开关，增加了一倍的切换损失和损耗。因此要改变电压向量 $\boldsymbol{u}_{s1}$(100)、$\boldsymbol{u}_{s3}$(010)、$\boldsymbol{u}_{s5}$(001)的大小，需配合零电压向量 $\boldsymbol{u}_{s0}$(000)；而要改变 $\boldsymbol{u}_{s2}$(110)、$\boldsymbol{u}_{s4}$(011)、$\boldsymbol{u}_{s6}$(101)，需配合零电压向量 $\boldsymbol{u}_{s7}$(111)，这样通过在不同区间内安排不同的开关切换顺序，就可以获得对称的输出波形。

例如，前面分析的处于第 I 扇区的电压空间矢量 $\boldsymbol{u}_{s21}$，要由 $\boldsymbol{u}_{s1}$(100)、$\boldsymbol{u}_{s2}$(110)以及 $\boldsymbol{u}_{s0}$(000)、$\boldsymbol{u}_{s7}$(111)参与合成，为使波形对称，每个状态的作用时间都一分为二，并加入 $\boldsymbol{u}_{s0}$ 或 $\boldsymbol{u}_{s7}$（零矢量作用时，实际上是等待，定子磁链静止不动），因此形成电压空间矢量的作用顺序为 01277210，其中 0 代表 $\boldsymbol{u}_{s0}$ 的作用，开关状态为 000；1 代表 $\boldsymbol{u}_{s1}$ 的作用，开关状态为 100；2 代表 $\boldsymbol{u}_{s2}$ 的作用，开关状态为 110；7 代表 $\boldsymbol{u}_{s7}$ 的作用，开关状态为 111。在一个小区间 T_S 内，三相逆变器的开关状态顺序为 000、100、110、111、111、110、100、000，三相逆变器产生的电压空间矢量和 PWM 波形如图 5-32(a)所示。把中间 111、111 看成是一种开关状态，把这种调制模式称为 7 段式 SVPWM。其他扇区的开关切换顺序见图 5-32(b) ~ (f)。

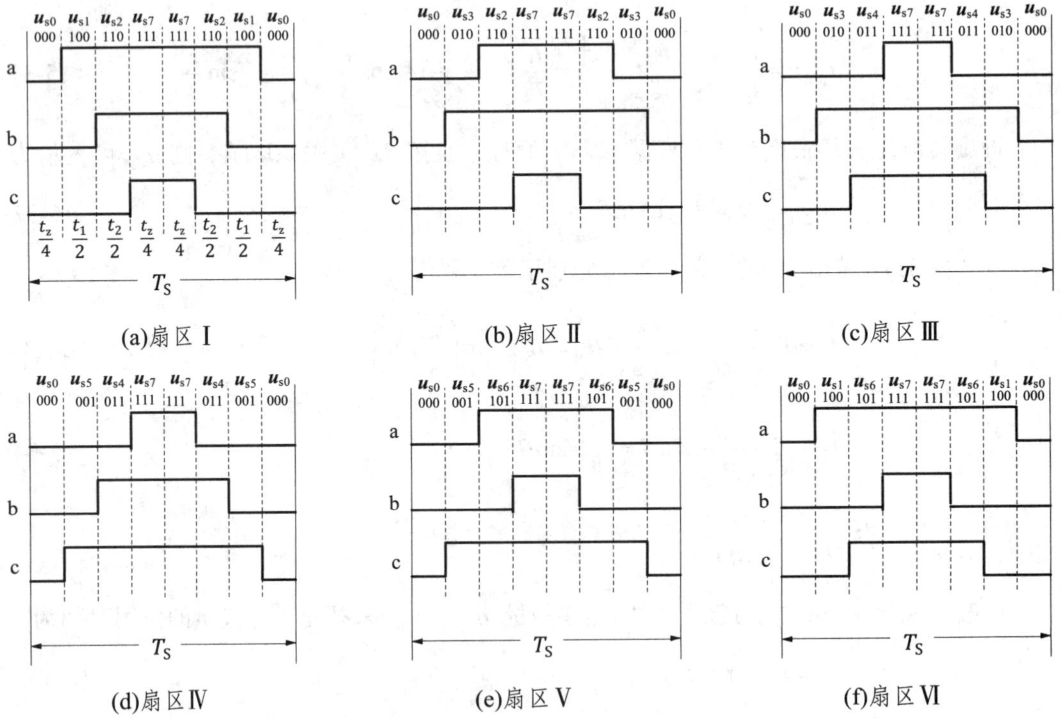

图 5-32 各扇区开关切换顺序

5.3.6 SVPWM 的算法实现

具体的 SVPWM 算法一般是用高速数字信号处理器（DSP）来实现的。一般步骤是；① 判断给定电压矢量所在扇区号；② 计算矢量开关作用时间 t_1 、t_2 、t_z ；③ 根据图 5-32 确定各矢量的开关切换顺序和矢量切换点，最终合成三相 SVPWM 信号。

在交流传动调速系统中，根据输出电压矢量的角度判断出它所处的扇区，然后求出它相对于扇区起始矢量方向的角度 θ，找出对应的电压矢量，最后按式(5-33) ~ (5-35)计算所需的作用时间，输出三相开关信号，使逆变器输出三相交流电。

图 5-33 所示为 7 段式 SVPWM 的计算系统，根据给定角度 θ^*，除以 60° 得到的商加 1 为扇区号 K，再用框内公式计算 θ，U 为根据 U/f 关系得出的给定值，U 经矢量分解，得出组成的两个电压矢量 $\boldsymbol{U}_1$ 、$\boldsymbol{U}_2$（即等同于前文所述的 $\boldsymbol{u}_{s1}$ 、$\boldsymbol{u}_{s2}$），再按式(5-33) ~ 式(5-35)算出各矢量的时间 t_1 、t_2 、t_z ，加上扇区号 K，查出输出的开关函数，最后按顺序把各开关函数定时依次输出。

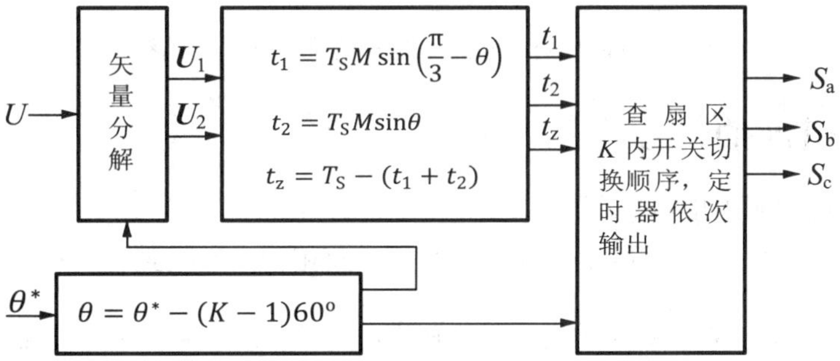

图 5-33　7 段式 SVPWM 的计算系统

5.4 三电平逆变器

前几节介绍的逆变器称为两电平逆变器，两电平逆变器的相电压（各相相对于直流电源电容器假想中点 o 的输出电压）只有 $\pm\dfrac{U_d}{2}$ 两种状态。在 CRH_2 型动车组中还用到了三电平逆变器，其相电压输出有 0、$\pm\dfrac{U_d}{2}$ 三种电平。图 5-34 所示为 CRH_2 型动车组采用的三相三电平逆变器的电路结构，这是采用 12 只 IGBT 器件（IPM，智能功率模块）及 6 只钳位二极管组成的带中性点钳位的电路，其中 T_{a1}、T_{b1}、T_{c1}、T_{a4}、T_{b4}、T_{c4} 为主管，T_{a2}、T_{a3}、T_{b2}、T_{b3}、T_{c2}、T_{c3} 为辅管，辅管与 D_{aP}、D_{aN}、D_{bP}、D_{bN}、D_{cP}、D_{cN} 等 6 只钳位二极管结合，可使输出电压钳位在 0 电平。

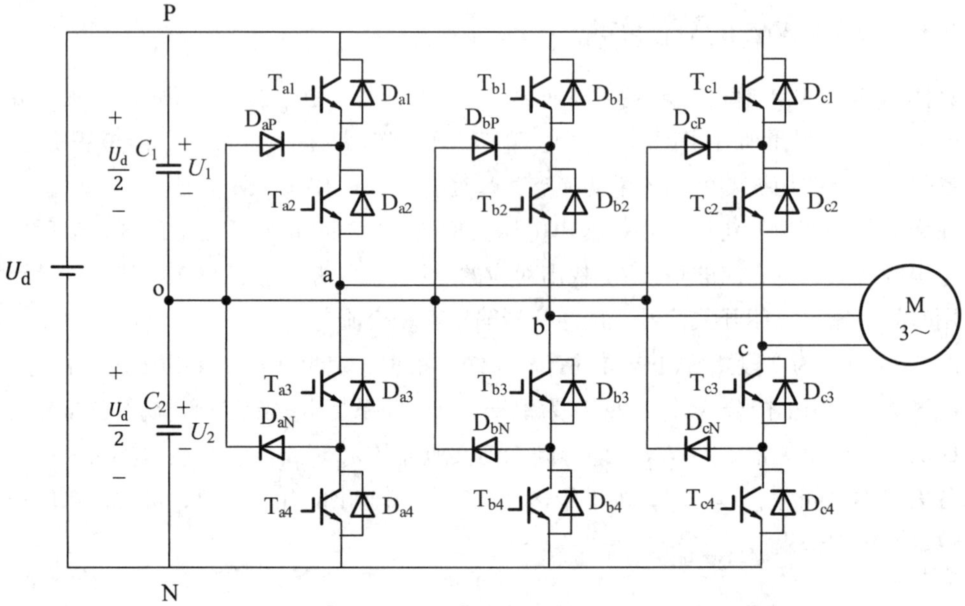

图 5-34　CRH_2 型动车组三相三电平逆变器电路结构图

5.4.1　三电平的产生

下面以 a 相为例说明三电平的产生：

① 正状态。当 T_{a1}、T_{a2} 导通，T_{a3}、T_{a4} 关断，a 相输出端接到直流母线的正端 P（电容 C_1 的正极）。当定义 o 点为参考地时，a 相输出电压为 $u_a=\frac{U_d}{2}$，输出正电压。正的负载电流流经 T_{a1}、T_{a2}，负的负载电流流经 D_{a1} 和 D_{a2}。

② 零状态。当 T_{a2}、T_{a3} 导通，T_{a1}、T_{a4} 关断时，a 相输出端接到直流母线的中点 o。当定义 o 点为参考地时，a 相输出电压为 $u_a=0$，输出零电压。正的负载电流流经 D_{aP}、T_{a2}，负的负载电流流经 T_{a3}、D_{aN}。

③ 负状态。当 T_{a3}、T_{a4} 导通，T_{a1}、T_{a2} 关断，a 相输出端接到直流母线的负端 N（电容 C_2 的负极）。当定义 o 点为参考地时，a 相输出电压为 $u_a=-\frac{U_d}{2}$，输出负电压。正的负载电流流经 T_{a3} 和 T_{a4}，负的负载电流流经 D_{a3}、D_{a4}。

由上述分析可知，三电平逆变器相电压输出三种电平：$+\frac{U_d}{2}$、0、$-\frac{U_d}{2}$，可用 P、0、N 表示相电压输出的这三种状态。

5.4.2　三电平空间电压矢量

三电平空间电压矢量由三相输出状态合成。图 5-35 所示为 PNN、P00、0NN、P0N 等部分空间电压矢量的合成过程。其中 A、B、C 为电动机三相定子绕组在空间的位置，u_a、

u_b、u_c 为加到三相定子绕组上的电压，$\boldsymbol{u}_s$ 为合成矢量。可以看出 $\boldsymbol{u}_s$ 有三种长度的矢量，分别称之为大矢量、中矢量、小矢量。还有一种零矢量。图 5-35 中 PNN 为大矢量、P0N 为中矢量、P00 与 0NN 为小矢量。

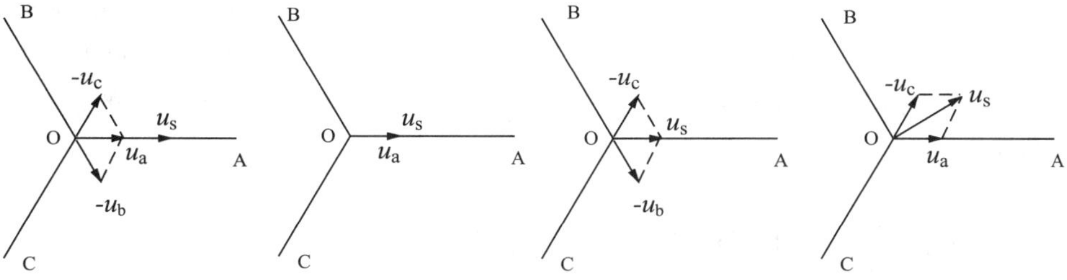

(a)PNN　　(b)P00　　(c)0NN　　(d)P0N

图 5-35　三电平空间电压矢量的合成过程

三相三电平逆变器的每一相有三种开关状态，因此有 $3^3=27$ 种开关状态，对应 27 种电压空间矢量，如图 5-36 所示。按幅值分类可分为 4 类：第一类为大矢量，幅值为 $\frac{2}{3}U_d$，共有 6 个，包括 PNN、PPN、NPN、NPP、NNP、PNP；第二类为中矢量，幅值为 $\frac{\sqrt{3}}{3}U_d$，共有 6 个，包括 P0N、0PN、NP0、N0P、0NP、PN0；第三类为小矢量，幅值为 $\frac{1}{3}U_d$，共有 12 个，又分成 2 类，由开关状态 P 和 0 组成的正小矢量 P00、PP0、0P0、0PP、00P、P0P 和由开关状态 N 和 0 组成的负小矢量 0NN、00N、N0N、N00、NN0、0N0；第四类为零矢量，幅值为 0，包括 PPP、000、NNN 三个。由此看出，尽管有 27 个电压空间矢量，但除

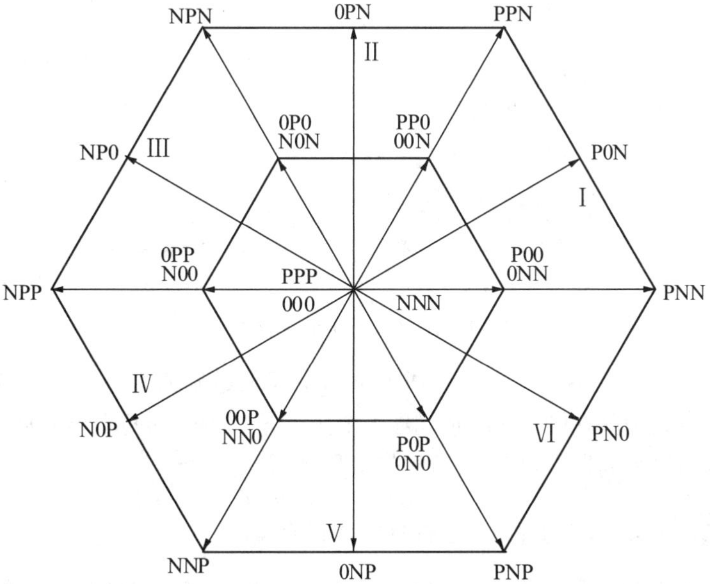

图 5-36　三电平逆变器的电压空间矢量图

去冗余的 8 个，还有 19 个，也就是图中的 19 个点。27 个电压空间矢量分布在Ⅰ~Ⅵ 6 个扇区中，根据角度可判断电压矢量所在扇区。

三相逆变器在进行 SVPWM 控制时，通过这 27 种基本电压矢量的适当组合，可以对输出电压矢量的幅值和频率进行控制。在选择电压空间矢量时，为了减少 IGBT 的开关损耗，每条支路的开关元件产生通断动作时，状态只能由 P 变到 0，N 变到 0，不允许 P 与 N 之间直接互变；还要考虑到矢量图中各小正三角形之间过渡的平滑性，减小电压的谐波，尽量减少开关切换的次数等。

5.4.3　传统的三电平 SVPWM 控制算法

根据前述，进行 SVPWM 控制，首先要确定参考电压矢量到达哪个扇区，根据角度划分 $0^{\circ}<\theta<60^{\circ}$ 在 I 扇区，其余类推。

5.4.3.1　三电平空间矢量的分解

如上所述，以大矢量（PNN）为起始沿逆时针每 60°依次定义为扇区Ⅰ~Ⅵ，再将每个扇区的正三角形区域划分为 4 个小三角形，如图 5-37 所示为扇区Ⅰ的划分，给定的参考电压矢量 $\boldsymbol{U}$ 处于这些小三角形中的一个。为了不使波形畸变和电压跳动，参考矢量应由最接近的三个空间矢量来合成。例如，当参考矢量处于图 5-37 中扇区Ⅰ的三角形 C 中时，所使用的空间矢量为 P0N、PNN 以及 P00、0NN。

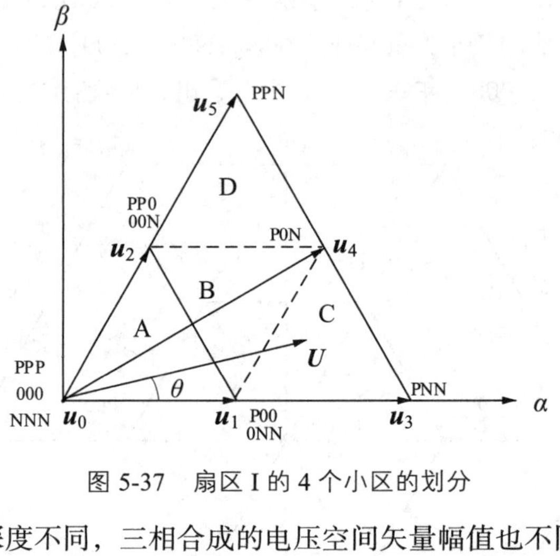

图 5-37　扇区 I 的 4 个小区的划分

由于逆变器调制深度不同，三相合成的电压空间矢量幅值也不同，则合成的电压空间矢量端点轨迹将会分别落在图 5-37 所示的 4 个小三角形内。对每个 60°大三角形扇区进行分析，便可以得到整个周期 360°范围内的矢量分布情况。

5.4.3.2　确定参考电压矢量位置与输出电压矢量

根据前面所述，SVPWM 调制的首要任务就是根据参考矢量的幅角判断参考电压矢量位于哪个扇区内，对于三电平 SVPWM，还要判断参考电压矢量在该扇区中的哪个小三角形内，然后得到合成参考矢量的输出电压矢量，依此确定出相应的输出电压矢量。

根据参考电压矢量 $\boldsymbol{U}$ 的幅角 θ 和下面 3 条判据，便可判断参考电压矢量位于哪个小三角形内：

判据 1：$\boldsymbol{u}_\alpha+\frac{\sqrt{3}}{3}\boldsymbol{u}_\beta\leqslant\frac{U_\mathrm{d}}{3}$，$\boldsymbol{U}$ 位于小三角形 A 内。

判据 2：$\boldsymbol{u}_\alpha-\frac{\sqrt{3}}{3}\boldsymbol{u}_\beta\geqslant\frac{U_\mathrm{d}}{3}$，$\boldsymbol{U}$ 位于小三角形 C 内。

判据 3：$\boldsymbol{u}_\beta>\frac{\sqrt{3}}{6}U_\mathrm{d}$，$\boldsymbol{U}$ 位于小三角形 D 内。

如果都不满足上述判据，则 $\boldsymbol{U}$ 位于小三角形 B 内。

式中：$\boldsymbol{u}_\alpha$、$\boldsymbol{u}_\beta$ 是 $\boldsymbol{U}$ 在 α 轴和 β 轴的分量。

判据推导过程如下。

① $\boldsymbol{U}$ 位于小三角形 A 内，如图 5-38 所示。将参考矢量 $\boldsymbol{U}$ 对 OP 作垂线得 OL，满足 OL⩽OP，即可认为 $\boldsymbol{U}$ 位于小三角形 A 内。得到如下关系式

$$\boldsymbol{U}\cos\left(\frac{\pi}{6}-\theta\right)\leqslant\frac{1}{3}U_\mathrm{d}\sin\frac{\pi}{3} \tag{5-36}$$

将上式展开，并将 $\boldsymbol{u}_\alpha=\boldsymbol{U}\cos\theta$、$\boldsymbol{u}_\beta=\boldsymbol{U}\sin\theta$ 代入，得到

$$\boldsymbol{u}_\alpha+\frac{\sqrt{3}}{3}\boldsymbol{u}_\beta\leqslant\frac{U_\mathrm{d}}{3} \tag{5-37}$$

② $\boldsymbol{U}$ 位于小三角形 C 内，如图 5-39 所示。只要 $\boldsymbol{U}$ 的末端未在 NQ 直线左侧就认为 $\boldsymbol{U}$ 位于小三角形 C 内，从图 5-39 可得 N 点的坐标($\frac{1}{3}U_\mathrm{d}$,0)，Q 点的坐标($\frac{1}{2}U_\mathrm{d}$,$\frac{\sqrt{3}}{6}U_\mathrm{d}$)，得 NQ 的直线方程

$$x-\frac{\sqrt{3}}{3}y-\frac{1}{3}U_\mathrm{d}=0 \tag{5-38}$$

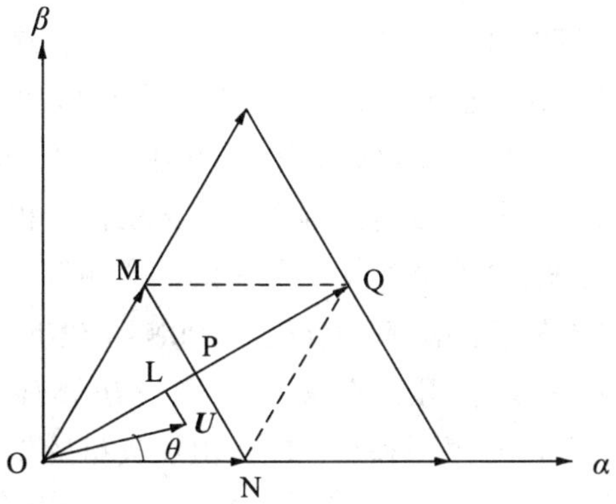

图 5-38　参考矢量 $\boldsymbol{U}$ 位于小三角形 A 内

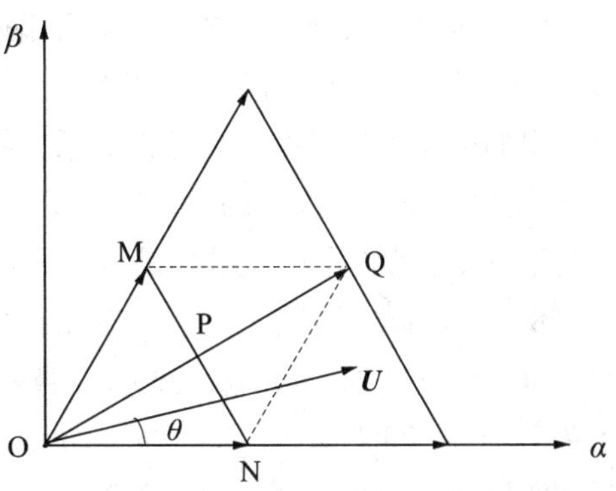

图 5-39　参考矢量 $\boldsymbol{U}$ 位于小三角形 C 内

则 $$x-\frac{\sqrt{3}}{3}y-\frac{1}{3}U_{\mathrm{d}}\geqslant 0 \tag{5-39}$$

式(5-39)为 $\boldsymbol{U}$ 末端在直线 NQ 右侧的条件。

令 $x=\mathbf{u}_{\alpha}$， $y=\boldsymbol{u}_{\beta}$，则

$$\boldsymbol{u}_{\alpha}-\frac{\sqrt{3}}{3}\boldsymbol{u}_{\beta}-\frac{1}{3}U_{\mathrm{d}}\geqslant 0 \tag{5-40}$$

或 $$\boldsymbol{u}_{\alpha}-\frac{\sqrt{3}}{3}\boldsymbol{u}_{\beta}\geqslant\frac{1}{3}U_{\mathrm{d}} \tag{5-41}$$

③ $\boldsymbol{U}$ 位于小三角形 D 内，如图 5-40 所示。只要 $\boldsymbol{U}$ 的末端超过 MQ 直线就认为 $\boldsymbol{U}$ 位于小三角形 D 内，而直线 MQ 的纵坐标为 $\frac{\sqrt{3}}{6}U_{\mathrm{d}}$，因而得到 $\boldsymbol{U}$ 位于小三角形 D 内的判据为

$$\boldsymbol{u}_{\beta}>\frac{\sqrt{3}}{6}U_{\mathrm{d}} \tag{5-42}$$

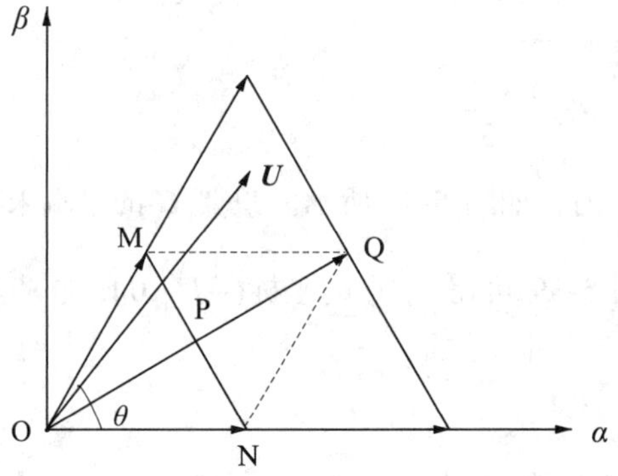

图 5-40 参考矢量 $\boldsymbol{U}$ 位于小三角形 D 内

在每个 SVPWM 控制周期中，可根据表 5-3 选定的 4 个矢量依次发出输出矢量，这种安排可以使得输出电压矢量不会发生突变，确保输出平滑的电压波形。从表 5-3 还可以看出，顺序发出的电压矢量具有一种邻接关系。在表 5-3 给出的 SVPWM 控制算法中，用于合成的 4 个输出基本电压矢量的首发矢量都是正小矢量，这样可以有效地避免扇区切换过程中发生矢量突变。若首发小矢量都是负小矢量，只要将表 5-3 中 4 个输出矢量的顺序颠倒一下即可。例如，当参考矢量位于 C 三角形中时，输出矢量的次序为 P00 → P0N → PNN → 0NN → PNN → P0N → P00，见图 5-41；如首发矢量采用负小矢量，则发送顺序为 0NN → PNN → P0N → P00 → P0N → PNN → 0NN。利用时序图和每个输出电压矢量的作用时间，便可得出本相桥臂相应开关器件的开关信号。

表 5-3 扇区 I 中各小三角形相应的输出电压

参考矢量位置		输出电压矢量			
A	A1	P00	000	00N	0NN
	A2	PP0	P00	000	00N
B	B1	P00	P0N	00N	0NN
	B2	PP0	P00	P0N	00N
C		P00	P0N	PNN	0NN
D		PP0	PPN	P0N	00N

注：A1、A2、B1、B2 表示两组组合方法，因为含有冗余小矢量。

5.4.3.3 计算输出基本电压矢量的作用时间

根据前述，参考矢量应由最接近的三个空间矢量来合成，和两电平逆变器一样，需要求出各矢量的作用时间，也就是开关器件的导通和关断时间。在图 5-37 中，设期望的电压矢量 $\boldsymbol{U}$（即参考电压矢量）落在小三角形 C 中，按取邻近三矢量合成原则，由矢量 $\boldsymbol{u}_1$、$\boldsymbol{u}_3$ 和 $\boldsymbol{u}_4$ 合成，根据空间电压矢量合成的伏秒平衡原则，有

$$\boldsymbol{u}_1 t_1 + \boldsymbol{u}_3 t_3 + \boldsymbol{u}_4 t_4 = \boldsymbol{U} T_{\mathrm{S}} \tag{5-43}$$

$$t_1 + t_3 + t_4 = T_{\mathrm{S}} \tag{5-44}$$

式中：t_1、t_3、t_4 分别为矢量 $\boldsymbol{u}_1$、$\boldsymbol{u}_3$、$\boldsymbol{u}_4$ 的作用时间；T_{S} 为空间矢量调制的控制周期。

因参考矢量 $\boldsymbol{U} = U(\cos\theta + \mathrm{j}\sin\theta)$，经过推导，可得

$$\begin{cases} t_1 = 2T_{\mathrm{S}}\left[1 - M\sin\left(\dfrac{\pi}{3} + \theta\right)\right] \\ t_3 = T_{\mathrm{S}}\left[2M\sin\left(\dfrac{\pi}{3} - \theta\right) - 1\right] \\ t_4 = 2MT_{\mathrm{S}}\sin\theta \end{cases} \tag{5-45}$$

式中：M 为调制深度，$M = U / \dfrac{\sqrt{3}}{3} U_{\mathrm{d}}$。

按此方式，可以求出参考电压矢量位于三角形 A、B、D 中合成三矢量的作用时间，相关公式可查阅相关资料。

5.4.3.4 确定空间电压矢量调制模式

和两电平对称调制模式一样，按照中心对称原则，根据各矢量的作用时间，可以分别得出参考电压矢量 $\boldsymbol{U}$ 位于扇区 I 的 4 个三角形的三相输出电压矢量时序，也就可以得到电压空间矢量调制模式。在这里仅画出扇区 I 的小三角形 C 的电压空间矢量调制模式图，如图 5-41 所示。

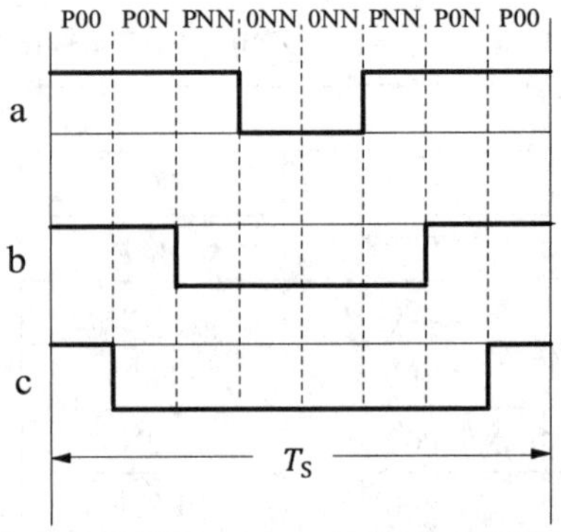

图 5-41　扇区 I 的小三角形 C 的电压空间矢量调制模式

本章小结

1. 逆变技术在电力电子技术中占有重要地位，应用非常广泛，是全书的重点。本章讲述了无源逆变原理、方波逆变、SPWM、SVPWM 以及两电平逆变器、三电平逆变器，涉及计算机实现部分，简单理解即可。

2. 在轨道交通车辆中，普遍采用电压型逆变器。

3. 在电机高速段，为充分利用变流器的容量，采用方波逆变或六阶梯波逆变。

4. 在列车起动和加速时，为使牵引电动机工作在恒力矩区，采用了 SPWM 或 SVPWM 调制。

5. HXD 系列、CRH_1 型、CRH_3 型、CRH_5 型动车组采用了两电平逆变器，CRH_2 型动车组采用三电平逆变器，复兴号动车组采用两电平逆变器。

思考题

1. 简述 PWM 调制面积等效原理。
2. 如何调节 SPWM 输出电压基波的幅值和频率？
3. 说明载波比 N 和调制度 M 的含义。
4. 解释异步调制、同步调制、分段同步调制的含义。
5. 简述 HXD_3 型电力机车的调制方式。
6. 简述 SVPWM 的工作原理。
7. 简述三电平逆变器的工作原理。

第 6 章　PWM 脉冲整流技术

交流传动电力机车、动车组所用牵引变流器主要由四象限脉冲整流器和逆变器组成，四象限脉冲整流器是交流传动系统一个重要组成部分，由于采用 PWM 控制技术，也称为 PWM 脉冲整流器，PWM 脉冲整流器分为两电平和三电平两种结构。本章学习单相两电平 PWM 脉冲整流器、单相三电平 PWM 脉冲整流器的工作原理和 HXD_3 型电力机车牵引变流器。

6.1　牵引变流器工况

HXD_3 型电力机车牵引变流器电路由主变压器牵引绕组、PWM 脉冲整流器、中间直流环节、VVVF 逆变器、电机等组成，如图 6-1 所示。

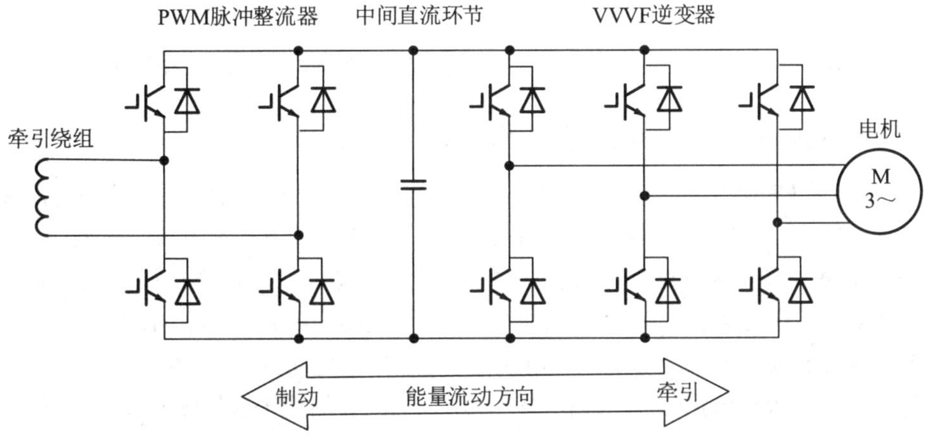

图 6-1　HXD_3 型电力机车牵引变流器电路

交流传动电力机车或动车组运行时有两种工况：一是牵引工况，电机工作在电动机状态，PWM 脉冲整流器把能量从变压器侧输送到直流环节，逆变器把直流环节的能量变换为大小、频率可变（VVVF）的三相交流电压给电动机供电；二是再生制动工况或逆变工况，当外力驱动电机运转，使转速超过电机的同步转速，或降低逆变器的输出频率，使电机的转速超过新的同步转速时，电机进入发电机状态，电机处于制动状态，产生的能量途经由逆变器六个二极管构成的整流桥到达中间直流环节，PWM 脉冲整流器转换为逆变运行，把直流环节的能量反馈给变压器，直至接触网。

PWM 脉冲整流器又称四象限脉冲整流器，它采用脉宽调制（PWM）方式工作，整流器的交流输入电压和交流输入电流能在四个象限内变化，不仅可以工作在整流状态，也可以工作在逆变状态，对应工作在牵引工况或再生制动工况，在这两种工况下，整流器的功率因数接近±1（+1 对应整流工况，–1 对应逆变工况），必然使 PWM 整流器输入或输出的交流电压和交流电流的幅值、相角和频率是可调的，才能达到上述目的。采用 PWM 脉冲整流器能够极大地减少谐波电流分量，防止整流器注入的网侧谐波过大而造成牵引网的牵引变电所或列车端产生过电压、过电流，造成行车事故。

PWM 脉冲整流器有电压型和电流型，电压型的直流环节由支撑电容和吸收二次谐波电流的串联型谐波滤波器 L_2、C_2 组成，电流型的直流环节由平波电感和与负载串联的并联型谐波滤波器 L_2、C_2 组成。电压型 PWM 脉冲整流器在交流传动电力机车和动车组中得到了广泛应用。本章只介绍电压型 PWM 脉冲整流器。电流型 PWM 脉冲整流器可查阅相关资料自行学习。

6.2 单相两电平 PWM 脉冲整流器

两电平 PWM 脉冲整流器是指相对于中间直流环节中点的相电压有两种电平 $+U_d/2$ 和 $-U_d/2$，HXD_1、HXD_2、HXD_3 型电力机车和 CRH_1、CRH_3、CRH_5 型动车组以及复兴号动车组都采用单相两电平 PWM 脉冲整流器。

6.2.1 单相两电平 PWM 脉冲整流器的主电路结构及工作原理

6.2.1.1 主电路结构及其交流回路相量图

单相两电平 PWM 脉冲整流器的主电路结构如图 6-2 所示，其中，L_N 为牵引绕组漏电感，开关管 T_1、T_2、T_3、T_4 组成一个全控桥电路，四个功率开关管必须分别反并联一个续流二极管，以缓冲 PWM 脉冲整流过程中的无功电能，L_2、C_2 组成一个二次谐波滤波器，C_d 为中间直流环节支撑电容。该电路忽略了牵引绕组的内阻 R_N（图中没有画出）。

PWM 脉冲整流器的直流环节输出电压为 U_d，电网电压为 u_N，电网电流为 i_N，理想条件下，假设 i_N 为理想正弦波。电抗器 L_N 用来滤波和储能，这是脉冲整流、逆变及升压模式进行能量传递所必需的。

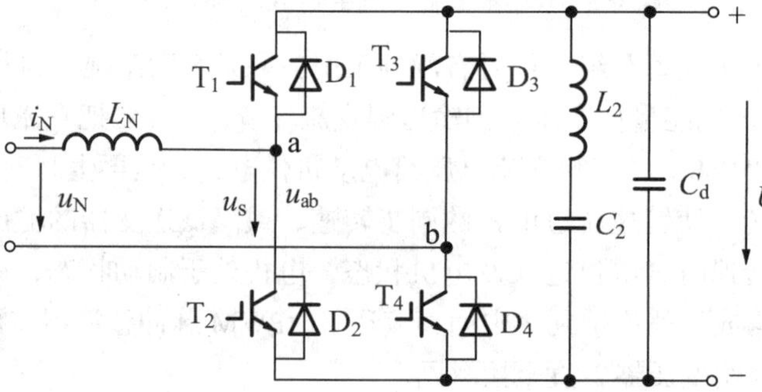

图 6-2 单相 PWM 脉冲整流器的主电路结构

根据第 5 章所学知识，从图 6-2 可以看出，四个功率开关管实际构成了一个单相桥式逆变器，输入电压是右侧直流环节电压 U_d，并由控制电路保持 U_d 恒定，采用正弦脉宽（SPWM）调制技术，在输出端 ab 得到逆变器的输出电压，是一系列 SPWM 脉冲波 u_s 或 u_{ab}（幅值为±U_d），u_s 或 u_{ab} 又可以等效为幅值、频率和相位相等的正弦电压基波相量 $\dot{U}_{s1}$ 或 $\dot{U}_{ab}$。同样，在整流工况下，也得到一系列 SPWM 脉冲波 u_s 或 u_{ab} 和对应的正弦电压基波相量 $\dot{U}_{s1}$ 或 $\dot{U}_{ab}$。$\dot{U}_{s1}$ 或 $\dot{U}_{ab}$ 与 $\dot{U}_N$ 的频率相等，由此可以得到脉冲整流器交流回路部分的等效电路，如图 6-3 所示，图中 PWM 脉冲波 u_s 或 u_{ab} 分别给出了两电平和三电平的脉冲波形，它们都可以等效为正弦基波分量 $\dot{U}_{s1}$ 或 $\dot{U}_{ab}$。

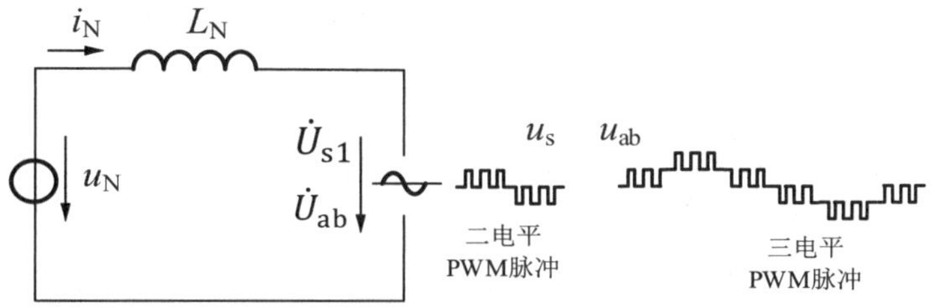

图 6-3　单相 PWM 脉冲整流器的交流回路等效电路

根据基尔霍夫电压定律，列出微分方程

$$u_N = L_N \frac{di_N}{dt} + u_{s1} \quad 或 \quad u_N = L_N \frac{di_N}{dt} + u_{ab} \tag{6-1}$$

由此得到脉冲整流器的相量方程

$$\dot{U}_N = j\omega L_N \dot{I}_N + \dot{U}_{s1} \quad 或 \quad \dot{U}_N = j\omega L_N \dot{I}_N + \dot{U}_{ab} \tag{6-2}$$

当牵引绕组电压 $\dot{U}_N$ 一定时，$\dot{I}_N$ 的幅值和相位仅由 $\dot{U}_{s1}(\dot{U}_{ab})$ 的幅值及其与 $\dot{U}_N$ 的相位差来决定，也就是说，$\dot{U}_{s1}(\dot{U}_{ab})$的幅值和相位是可调节的。通过 PWM 控制调节 $\dot{U}_{s1}$ 的目的是：通过改变 $\dot{U}_{s1}(\dot{U}_{ab})$ 基波的幅值和相位，间接地调节电流基波分量 $\dot{I}_N$，使其与 $\dot{U}_N$ 同相位或反相位，实现牵引（整流）工况、再生制动（逆变）工况功率因数为±1 的目的。

图 6-4 所示为脉冲整流器交流回路相量图。在牵引工况下，$\dot{I}_N$ 与 $\dot{U}_N$ 同相位，牵引变压器输出能量，该工况下的相量图如图 6-4(a)所示，此时 $\dot{U}_{s1}$ 滞后 $\dot{U}_N$；在再生制动工况下，$\dot{I}_N$ 与 $\dot{U}_N$ 反相位，电机通过脉冲整流器向牵引供电网反馈能量，该工况下的相量图如图 6-4(b)所示，此时 $\dot{U}_{s1}$ 超前 $\dot{U}_N$。

从图 6-4 可以看出，忽略电阻时，脉冲整流器要实现整流和逆变，必须满足

$$U_{s1m} = MU_d \geqslant U_{Nm}$$

空载时，$I_N = 0$，得到 $U_{s1m} = MU_d = U_{Nm}$，因此得

$$U_{dmin} = U_{Nm} / M_{max} = \sqrt{2} U_N / M_{max}$$

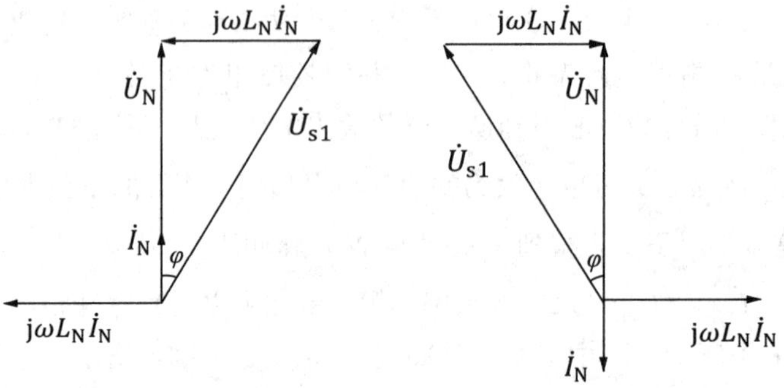

(a)整流工况　　　　(b)逆变工况

图 6-4　单相 PWM 脉冲整流器的交流回路相量图

取 $M_{\max} = 0.9$ 。对于 HXD_3 型电力机车，$U_N = 1450\ V$ ，则

$$U_{\mathrm{dmin}} = \frac{\sqrt{2} \times 1450}{0.9} = 2278\ \mathrm{V}$$

考虑上下波动，取 $U_d = 2800\ V$ 。

脉冲整流器整流工况和逆变工况的牵引绕组电压、电流和整流器输入电压的波形及相位关系如图 6-5 所示。整流工况时，$u_N > 0$、$i_N > 0$ 和 $u_N < 0$、$i_N < 0$ 对应一、三象限；逆变工况时，$u_N < 0$、$i_N > 0$ 和 $u_N > 0$、$i_N < 0$ 对应二、四象限，u_N、i_N 工作在四个象限，所以又称之为四象限整流器。图 6-5(c)所示为整流和逆变时基波 u_{s1} 和 u_N 的相位关系。

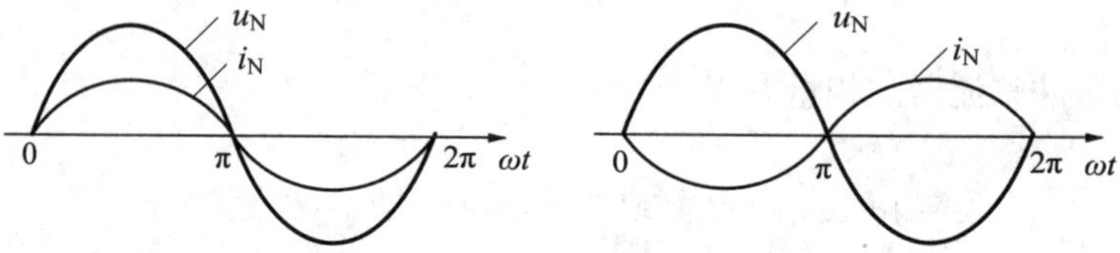

(a)整流工况时的 u_N、i_N 波形　　(b)逆变工况时的 u_N、i_N 波形

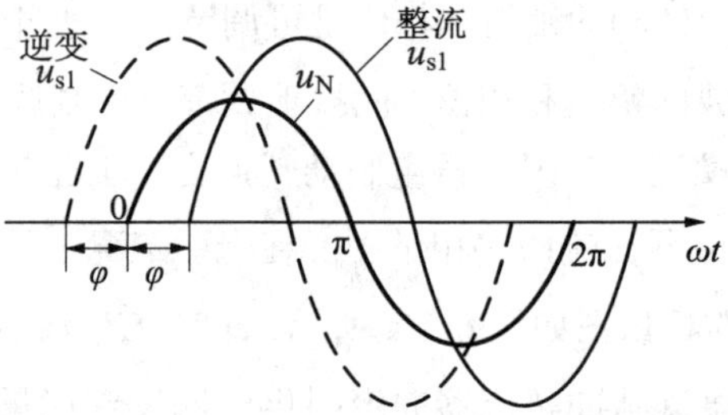

(c)整流和逆变时基波 u_{s1} 和 u_N 的相位关系

图 6-5　单相 PWM 脉冲整流器在整流工况和逆变工况时的
相关电压、电流波形及相位关系

脉冲整流器采用 PWM 控制的目的是使其从电网吸取尽可能与电网电压同相位或反相位的正弦电网电流，功率因数接近±1，对电网的污染程度降至最低。

6.2.1.2 两电平脉冲整流器的工作原理

图 6-2 所示的单相 PWM 脉冲整流器主电路可以等效为图 6-6 所示电路，图中二次谐波滤波器未画出。为分析方便，定义理想开关函数 S_A 和 S_B，即

$$S_A=\begin{cases}1 & (T_1\text{或}D_1\text{导通})\\0 & (T_2\text{或}D_2\text{导通})\end{cases},\qquad S_B=\begin{cases}1 & (T_3\text{或}D_3\text{导通})\\0 & (T_4\text{或}D_4\text{导通})\end{cases} \tag{6-3}$$

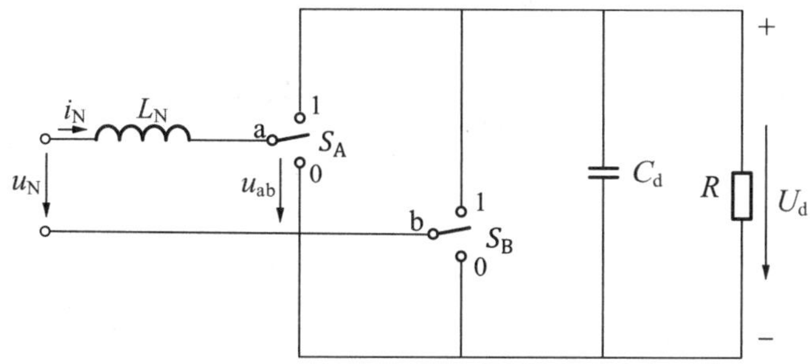

图 6-6　两电平脉冲整流器的开关等效电路

由于上桥臂与下桥臂不允许直通造成短路，上桥臂的开关信号必须与下桥臂的开关信号互反，于是输入端电压 u_{ab} 的取值有三种电平：$+U_d$、0、$-U_d$，有效的开关组合有 4 种，即 S_AS_B=00、01、10、11 四种逻辑，则 u_{ab} 可表示为：

$$u_{ab}=(S_A-S_B)U_d \tag{6-4}$$

根据式(6-1)有

$$u_N=L_N\frac{di_N}{dt}+u_{ab}=L_N\frac{di_N}{dt}+(S_A-S_B)U_d \tag{6-5}$$

对应于 4 种不同的开关组合，电路共有以下 3 种工作模式：

① 工作模式 1：S_AS_B=11 或 00，其等效电路如图 6-7(a)和(b)所示，即上桥臂开关或下桥臂开关全部导通，则此时 u_{ab}=0，电容 C_d 向负载 R 供电，直流电压 U_d 通过负载 R 形成回路释放能量，直流电压下降；另一方面，牵引绕组两端电压 u_N 直接加在电感 L_N 上，对电感 L_N 充电，即当 $u_N>0$ 和 $i_N>0$ 时，D_1 与 T_3 导通或 T_2 与 D_4 导通，牵引绕组向电感 L_N 充电，电流 i_N 增大，电感 L_N 储存能量；当 $u_N>0$ 和 $i_N<0$ 时，D_3 与 T_1 导通或 T_4 与 D_2 导通，电感 L_N 向牵引绕组充电，电流 i_N 减小，电感 L_N 释放能量。在此过程中，有下式成立，即

$$L_N\frac{di_N}{dt}=u_N \tag{6-6}$$

② 工作模式 2：S_AS_B=01，其等效电路如 6-7(c)所示，此时 $u_{ab}=-U_d$。当 $u_N>0$ 和 $i_N>0$ 时，T_2 与 T_3 导通，牵引绕组和直流侧电容都向电感 L_N 充电，电流 i_N 增大，电感 L_N 储存

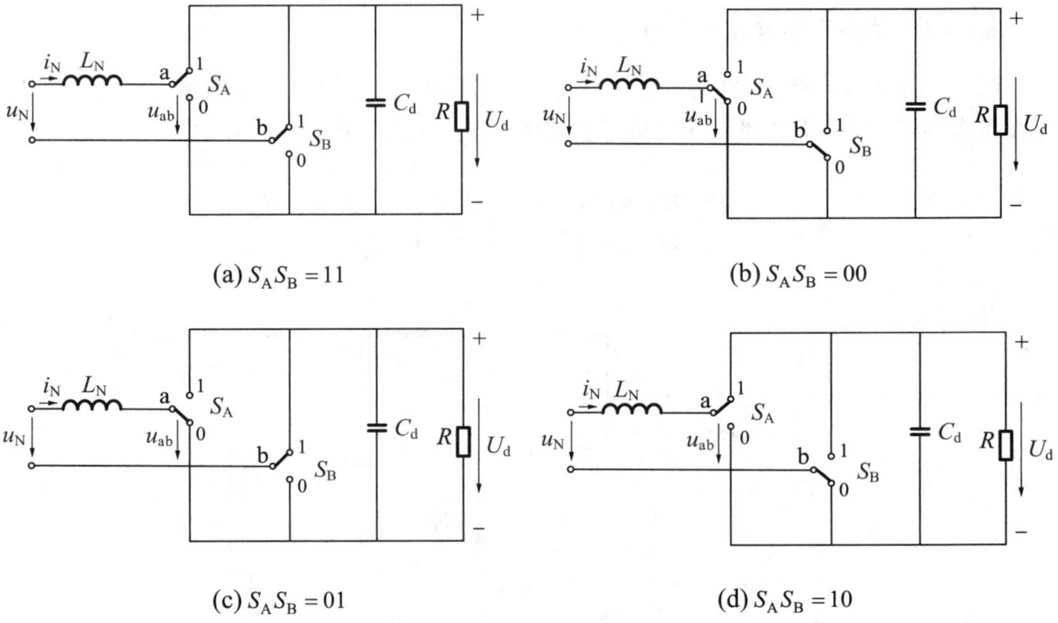

(a) $S_AS_B=11$　(b) $S_AS_B=00$

(c) $S_AS_B=01$　(d) $S_AS_B=10$

图 6-7　单相 PWM 脉冲整流器的 4 种开关工作模式等效电路

能量；当 $u_N>0$ 和 $i_N<0$ 时，D_2 与 D_3 导通，电感 L_N 同时向牵引绕组和直流侧电容充电，电流 i_N 减小，电感 L_N 释放能量。满足如下关系式

$$L_N\frac{di_N}{dt}=u_N+U_d \tag{6-7}$$

③ 工作模式 3：S_AS_B=10，其等效电路如图 6-7(d)所示，此时 $u_{ab}=+U_d$。当 u_N>0 和 i_N>0 时，D_1 与 D_4 导通，牵引绕组和电感 L_N 都向直流侧电容充电，电流 i_N 减小，电感 L_N 释放能量，储存在电感中的能量向负载 R 和电容 C_d 释放，一方面给电容充电，使得直流电压上升，保证直流电压稳定，另一方面给负载提供恒定的电流；当 u_N>0 和 i_N<0 时，T_1 与 T_4 导通，直流侧电容向牵引绕组和电感 L_N 充电，电流 i_N 增大，电感 L_N 储存能量。满足如下关系式

$$L_N\frac{di_N}{dt}=u_N-U_d \tag{6-8}$$

以上分析了 u_N>0 时，i_N>0 和 i_N<0 的情况下每种工作模式对应的开关状态；u_N<0 时，i_N>0 和 i_N<0 的情况下每种工作模式对应的开关状态见表 6-1。表 6-1 中列出了脉冲整流器工作时所有的开关状态，整流工况和逆变工况各有 6 种开关状态，一共有 12 种开关状态。其中，u_N>0、i_N>0 和 u_N<0、i_N<0 两种情况对应整流工况；u_N>0、i_N<0 和 u_N<0、i_N>0 两种情况对应逆变工况。

表 6-1　单相电压型 PWM 脉冲整流器的 12 种开关组合及能量传递关系

u_N	i_N	工况	u_{ab}	导通元件	电流 i_N 变化	能量传递关系	等效电路
>0	>0	整流	0	D_1T_3 / T_2D_4	↗	$u_N \to L_N$ 电网给 L_N 储能	图 6-7(a)、(b)
			$+U_d$	D_1D_4	↘	$u_N + L_N \to U_d$ 电网和 L_N 共同向直流环节传递能量	图 6-7(d)
			$-U_d$	T_2T_3	↗	$u_N + U_d \to L_N$ 电网和直流环节共同给 L_N 储能	图 6-7(c)
	<0	逆变	0	T_1D_3 / D_2T_4	↘	$L_N \to u_N$ L_N 向电网反馈能量	图 6-7(a)、(b)
			$+U_d$	T_1T_4	↗	$U_d \to L_N + u_N$ 直流环节向电网反馈能量并给 L_N 储能	图 6-7(d)
			$-U_d$	D_2D_3	↘	$L_N \to u_N + U_d$ L_N 向电网反馈能量并向直流环节传递能量	图 6-7(c)
<0	>0	逆变	0	D_1T_3 / T_2D_4	↘	$L_N \to u_N$ L_N 向电网反馈能量	图 6-7(a)、(b)
			$+U_d$	D_1D_4	↘	$L_N \to u_N + U_d$ L_N 向电网反馈能量并向直流环节传递能量	图 6-7(d)
			$-U_d$	T_2T_3	↗	$U_d \to L_N + u_N$ 直流环节向电网反馈能量并给 L_N 储能	图 6-7(c)
	<0	整流	0	T_1D_3 / D_2T_4	↗	$u_N \to L_N$ 电网给 L_N 储能	图 6-7(a)、(b)
			$+U_d$	T_1T_4	↗	$u_N + U_d \to L_N$ 电网和直流环节共同给 L_N 储能	图 6-7(d)
			$-U_d$	D_2D_3	↘	$u_N + L_N \to U_d$ 电网和 L_N 共同向直流环节传递能量	图 6-7(c)

6.2.2　两电平脉冲整流器的 SPWM 调制原理

两电平脉冲整流器采用 SPWM 调制，以牵引（整流）工况为例，其调制方式如图 6-8 所示。两电平脉冲整流器的 SPWM 调制波形如图 6-9 所示，当 $u_a > u_{ca}$ 时，S_A 为 1，否则为 0。b 相与 a 相的调制方式相同，但 u_b 与 u_a 的相位相差 180°，共用一个三角载波，并根

据 S_A 、 S_B 的值按照式(6-3)进行开关管的切换。图 6-9(e)、(f)、(g)、(h)所示为加到四只开关管上的门极信号，图 6-9(i)所示为期望得到的正弦脉冲波形 u_{ab} 及其基波 u_{s1}，图 6-9(j)主要描述 u_N 、i_N 的波形以及在牵引（整流）工况下与 u_{ab} 的相位关系。

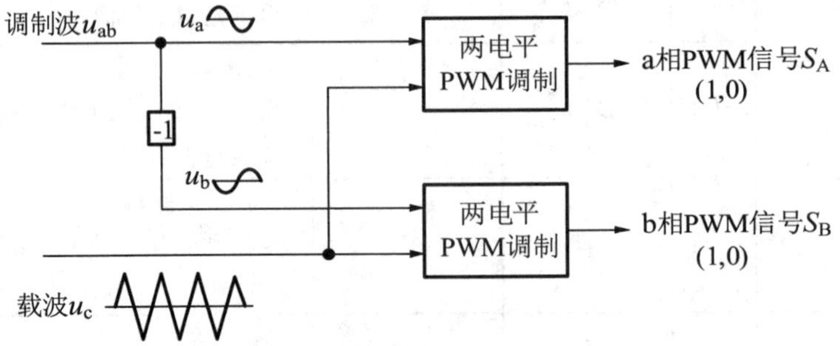

图 6-8　两电平脉冲整流器的 SPWM 调制方式

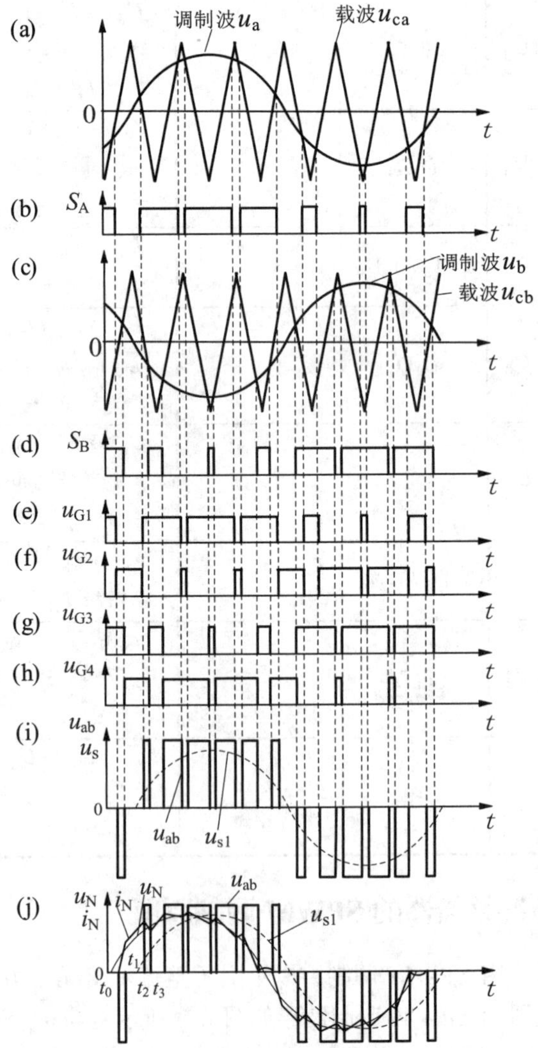

图 6-9　两电平脉冲整流器的 SPWM 调制波形

下面以牵引（整流）工况的 $u_N>0$、$i_N>0$ 并对照表 6-1 来说明两电平脉冲整流器的工作模式，脉冲整流器的输出波形如图 6-9(j)所示，电网电压和电流同相位：

① 在 $t_0\sim t_1$ 时段，T_2、T_3 导通，$u_{ab}=-U_d$，u_N 为正，$u_L=u_N+U_d$，电网和直流环节共同给 L_N 储能，i_N 快速上升。

② 在$t_1\sim t_2$ 时段，T_2、D_4导通，$u_{ab}=0$，u_N 为正，$u_L=u_N$，只有电网给L_N 储能，i_N 上升。

③ 在 $t_2\sim t_3$ 时段，D_1、D_4 导通，$u_{ab}=+U_d$，u_N 为正，$u_L=U_d-u_N$，电网和 L_N 共同向直流环节传递能量，i_N 下降。

④ 到 t_3 时刻以后，D_1、T_3 导通，网压 u_N 又经 L_N 短路，i_N 又上升，L_N 又储能。

因此，电流 i_N 在脉宽调制（PWM）控制下接近正弦波，而且u_N 和 i_N 同相位，处于牵引工况，总趋势是电网向中间直流环节和负载传递能量。

再生制动工况能量传递的总趋势是由中间直流环节反馈给电网。

6.2.3　两电平脉冲整流器的升压模式

脉冲变流器本身具有升压模式，以 HXD_3 型电力机车为例，当刚上电时，先通过两电平脉冲整流器的整流二极管 $D_1\sim D_4$将牵引绕组的交流电变为直流电，给直流环节支撑电容预充电，直流环节充电到 2000 V；在逆变器工作之前，开启 $T_1\sim T_4$使其工作在升压模式，继续对直流环节支撑电容充电，直至 2800 V，充电过程完成，逆变器可以投入工作，机车可以起动运行。因此，电压型 PWM 整流器有时也被称为升压型 PWM 整流器。

如图 6-10 所示，脉冲整流器工作在升压变换器模式，L_N、T_2、D_1、C_d 组成升压变换器。输入电压 u_N 虽然按正弦规律变化，但是当控制 PWM 调制频率远远大于正弦波频率时，可以认为在开关管 T_2导通的时间内 u_N 是个恒定值。

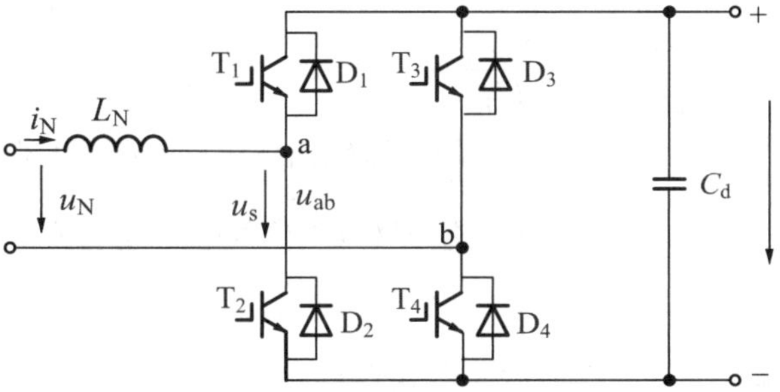

(a)脉冲整流器

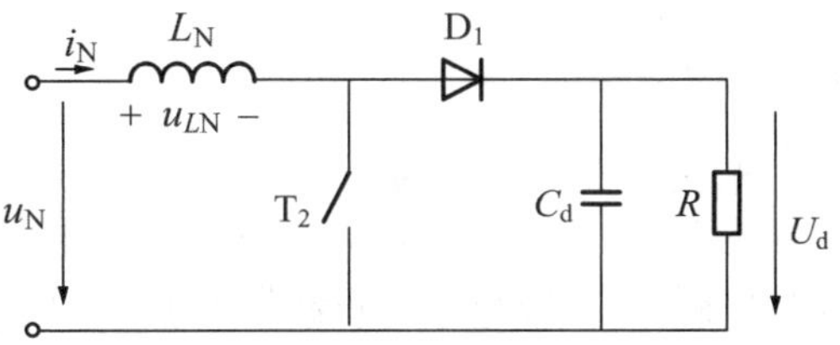

(b)升压变换器

图 6-10　脉冲整流器变换为升压变换器

升压变换器模式的工作原理如下：

① 当 $u_N>0$ 时：T_2 导通，电感电压 u_{L_N} 方向为左正、右负，大小为 u_N，u_N 给电感 L_N 充电，电流流通路径为 $u_N \to L_N \to T_2 \to D_4 \to u_N$；$T_2$ 关断，电感电压 u_{L_N} 方向为左负、右正，u_N 与 u_{L_N} 叠加在一起给直流环节 U_d 充电，电流的流通路径为 $u_N \to L_N \to D_1 \to U_d \to D_4 \to u_N$，电感 L_N 放电。因此，可通过控制 T_2 开通关断的占空比来控制输出的直流电压。

② 当 $u_N<0$ 时：与上述过程类似，可以通过控制开关管 T_4 开通关断的占空比来控制输出的直流环节电压。

6.2.4 中间直流环节

对于图 6-2 所示的电压型 PWM 脉冲整流器，直流环节由吸收二次谐波电流的串联型谐振滤波器 L_2、C_2 和支撑电容器 C_d（由容量较大的电解电容组成）组成。

6.2.4.1 L_2、C_2 串联谐振电路

脉冲整流器中，因为 $u_N(t)$、$i_N(t)$ 同相位，设 $u_N(t)=\sqrt{2}U_N\sin\omega t$，则

$$i_N(t)=\sqrt{2}I_N\sin\omega t$$

输入功率
$$P_N(t)=u_N(t)\cdot i_N(t)=U_N I_N(1-\cos 2\omega t)$$

脉冲整流器输出功率

$$P_d(t)=u_d(t)\cdot i_d(t)$$

忽略脉冲整流器的内部损耗，假设所有元件为理想元件，则瞬时输入功率 $P_N(t)$ 等于瞬时输出功率 $P_d(t)$，即

$$u_N(t)\cdot i_N(t)=u_d(t)\cdot i_d(t) \tag{6-9}$$

直流输出电流为
$$i_d(t)=\frac{u_N(t)\cdot i_N(t)}{u_d(t)}=\frac{U_N I_N}{U_d}(1-\cos 2\omega t) \tag{6-10}$$

由此可见，电压型 PWM 脉冲整流器的直流输出电流 $i_d(t)$ 由两部分组成：直流分量 $\frac{U_N I_N}{U_d}$ 和交流分量 $\frac{U_N I_N}{U_d}\cos 2\omega t$，其中交流分量以 2 倍的电网频率脉动，不做功，需要把它滤除。

由 L_2、C_2 组成的串联二次谐振滤波器并联在直流负载上，合成阻抗的幅值为

$$|Z|=\left|\omega L_2-\frac{1}{\omega C_2}\right| \tag{6-11}$$

令 $|Z|=0$，得到谐振频率为

$$f_0=\frac{1}{2\pi\sqrt{L_2 C_2}}$$

此时 L_2、C_2 组成的二次谐振滤波器相对于频率为 f_0 的二次谐波电流相当于短路，令 $f_0=100\ \text{Hz}$，就可以把二次谐波电流分量 $\frac{U_N I_N}{U_d}\cos 2\omega t$ 全部滤除。

在交流传动电力机车和动车组中，除个别车型外，普遍采用了二次谐振滤波器。在 CRH_1

型动车组上，直流环节的二次谐振滤波电感 L_2 为 359 μH，二次谐振滤波电容 C_2 为 7.06 mF，则谐振频率为 $f_0=\dfrac{1}{2\pi\sqrt{L_2C_2}}=100\ \text{Hz}$ ，阻抗幅值 $|Z|=0$ ，对于工频 50 Hz 的二次谐波，100 Hz 相当于短路，正好滤除了 100 Hz 的二次谐波。

6.2.4.2 支撑电容器

中间直流环节支撑电容 C_d 的作用是：① 存储和传递能量；② 滤除整流器直流侧的纹波电压，削弱来自四象限整流器对逆变器的高次谐波干扰，并稳定和限制负载突变时的直流电压脉动；③ 补偿和吸收来自交流侧和后级异步电动机的无功功率。

6.3 单相三电平 PWM 脉冲整流器

6.3.1 单相三电平 PWM 脉冲整流器的主电路结构及工作原理

CRH_2 型动车组采用了单相三电平脉冲整流器，如图 6-11 所示。三电平是指相对于中间直流环节中点，相电压有 3 种电平（即 $\pm U_d/2$ ，0），线电压有 5 种电平（即 $\pm U_d$ 、$\pm U_d/2$ 、0）。

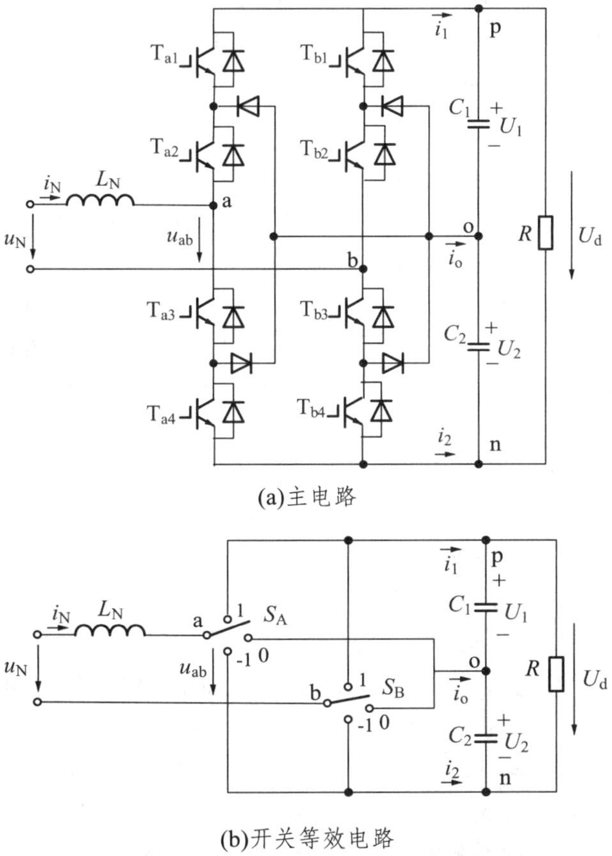

图 6-11　三电平脉冲整流器的主电路及其开关等效电路

图 6-11 中，U_1 为直流侧支撑电容 C_1 上的电压，U_2 为直流侧支撑电容 C_2 上的电压，理想情况下，$U_1 = U_2 = \frac{U_d}{2}$。为便于分析，定义理想开关函数 S_A、S_B 为

$$S_A = \begin{cases} 1 & (T_{a1}和T_{a2}导通) \\ 0 & (T_{a2}和T_{a3}导通) \\ -1 & (T_{a3}和T_{a4}导通) \end{cases}, \quad S_B = \begin{cases} 1 & (T_{b1}和T_{b2}导通) \\ 0 & (T_{b2}和T_{b3}导通) \\ -1 & (T_{b3}和T_{b4}导通) \end{cases} \tag{6-12}$$

由于 $U_1 = U_2 = \frac{U_d}{2}$，则 u_{ab} 可表示为 $u_{ab} = (S_A - S_B)U_d/2$，满足微分方程

$$u_N = L_N \frac{di_N}{dt} + u_{ab} = L_N \frac{di_N}{dt} + (S_A - S_B)U_d/2 \tag{6-13}$$

采用理想开关函数后，三电平脉冲整流器主电路可以等效为图 6-11(b)所示的电路。

显然，由 S_A 和 S_B 组成的电路共有 3^2=9 种组合。对应主电路有 9 种稳态工作模式，下面以整流工况为例来进行分析：

① 工作模式 1（$S_A S_B = 11$）。开关管 T_{a1}、T_{a2} 和 T_{b1}、T_{b2} 导通，T_{a3}、T_{a4} 和 T_{b3}、T_{b4} 关断，网侧端电压 $u_{ao} = U_1$，$u_{bo} = U_1$，$u_{ab} = 0$。如果网侧电源电压 $u_N > 0$，则 u_N 向牵引绕组的电感 L_N 充电，L_N 储存能量，网侧正向电流 i_N 增大，电容 C_1 和 C_2 通过负载 R 放电。

② 工作模式 2（$S_A S_B = 10$）。开关管 T_{a1}、T_{a2} 和 T_{b2}、T_{b3} 导通，T_{a3}、T_{a4} 和 T_{b1}、T_{b4} 关断，网侧端电压 $u_{ao} = U_1$，$u_{bo} = 0$，$u_{ab} = U_1$。如果网侧电源电压 $u_N > 0$ 且大于（或小于）$U_d/2$，则网侧正向电流 i_N 增大（或减小），网侧电流对电容 C_1 进行充电，而电容 C_2 则通过负载 R 放电。

③ 工作模式 3（$S_A S_B = 1-1$）。开关管 T_{a1}、T_{a2} 和 T_{b3}、T_{b4} 导通，T_{a3}、T_{a4} 和 T_{b1}、T_{b2} 关断，网侧端电压 $u_{ao} = U_1$，$u_{bo} = -U_2$，$u_{ab} = U_1 + U_2 = U_d$。如果网侧电压 u_N >0，则网侧正向电流 i_N 减小，正向网侧电流对电容 C_1 和 C_2 充电。

④ 工作模式 4（$S_A S_B = 01$）。开关管 T_{a2}、T_{a3} 和 T_{b1}、T_{b2} 导通，T_{a1}、T_{a4} 和 T_{b3}、T_{b4} 关断，网侧端电压 $u_{ao} = 0$，$u_{bo} = -U_1$，$u_{ab} = -U_1$。如果反向的网侧电压 $u_N < 0$，且 $-u_N$ 大于（或小于）$U_d/2$，则反向网侧电流 $-i_N$ 减小（或增大），反向网侧电流对电容 C_1 进行充电，而电容 C_2 通过负载 R 放电。

⑤ 工作模式 5（$S_A S_B = 00$）。开关管 T_{a2}、T_{a3} 和 T_{b2}、T_{b3} 导通，T_{a1}、T_{a4} 和 T_{b1}、T_{b4} 关断，网侧端电压 $u_{ao} = 0$，$u_{bo} = U_1$，$u_{ab} = 0$。如果网侧电源电压 $u_N > 0$，则正向网侧电流 i_N 增大，电容 C_1 和 C_2 通过负载 R 放电。

⑥ 工作模式 6（$S_A S_B = 0-1$）。开关管 T_{a2}、T_{a3} 和 T_{b3}、T_{b4} 导通，T_{a1}、T_{a4} 和 T_{b1}、T_{b2} 关断，网侧端电压 $u_{ao} = 0$，$u_{bo} = -U_2$，$u_{ab} = U_2$。如果网侧电压 u_N >0 且正向电源电压 u_N 大于（或小于）$U_d/2$，则网侧电流 i_N 增大（或减小），网侧电流对电容 C_2 进行充电，而电容 C_1 通过负载电流放电。

⑦ 工作模式 7（$S_A S_B = -11$）。开关管 T_{a3}、T_{a4} 和 T_{b1}、T_{b2} 导通，T_{a1}、T_{a2} 和 T_{b3}、T_{b4} 关断，网侧端电压 $u_{ao} = -U_2$，$u_{bo} = U_1$，$u_{ab} = -U_1 - U_2 = -U_d$。如果反向的网侧电压 $u_N < 0$，反向网侧电流 $-i_N$ 减小，反向网侧电流对电容 C_1 和 C_2 进行充电。

⑧ 工作模式 8（$S_A S_B = -10$）。开关管 T_{a3}、T_{a4} 和 T_{b2}、T_{b3} 导通，T_{a1}、T_{a2} 和 T_{b1}、T_{b4}

关断，网侧端电压 $u_{ao}=-U_2$，$u_{bo}=0$，$u_{ab}=-U_2$。如果反向的网侧电压 $u_N<0$，且 $-u_N$ 大于（或小于）$U_d/2$，则网侧电流 $-i_N$ 增大（或减小），反向网侧电流对电容 C_2 进行充电，而电容 C_1 通过负载 R 放电。

⑨ 工作模式 9（$S_A S_B=-1-1$）。开关管 T_{a3}、T_{a4} 和 T_{b3}、T_{b4} 导通，T_{a1}、T_{a2} 和 T_{b1}、T_{b2} 关断，网侧端电压 $u_{ao}=-U_2$，$u_{bo}=-U_2$，$u_{ab}=0$。如果网侧电源电压 $u_N>0$，则正向网侧电流 i_N 增大，电容 C_1 和 C_2 通过负载 R 放电。

三电平脉冲整流器的工作状态及相应的电压见表 6-2。

表 6-2　三电平脉冲整流器的工作状态及相应的电压

mode	S_A S_B	T_{a1}	T_{a2}	T_{a3}	T_{a4}	T_{b1}	T_{b2}	T_{b3}	T_{b4}	u_{ao}	u_{bo}	u_{ab}
1	1　1	1	1	0	0	1	1	0	0	U_1	U_1	0
2	1　0	1	1	0	0	0	1	1	0	U_1	0	U_1
3	1　-1	1	1	0	0	0	0	1	1	U_1	$-U_2$	U_1+U_2
4	0　1	0	1	1	0	1	1	0	0	0	U_1	$-U_1$
5	0　0	0	1	1	0	0	1	1	0	0	0	0
6	0　-1	0	1	1	0	0	0	1	1	0	$-U_2$	U_2
7	-1　1	0	0	1	1	1	1	0	0	$-U_2$	U_1	$-U_1-U_2$
8	-1　0	0	0	1	1	0	1	1	0	$-U_2$	0	$-U_2$
9	-1　-1	0	0	1	1	0	0	1	1	$-U_2$	$-U_2$	0

6.3.2　单相三电平脉冲整流器的 SPWM 调制原理

三电平脉冲整流器的调制方式为 SPWM，其理想开关函数为

$$S_A=\begin{cases}1 & u_a>u_{ca}(\text{正侧载波})>u_{ca}(\text{负侧载波})\\ 0 & u_{ca}(\text{正侧载波})>u_a>u_{ca}(\text{负侧载波})\\ -1 & u_{ca}(\text{正侧载波})>u_{ca}(\text{负侧载波})>u_a\end{cases} \tag{6-14}$$

其调制方式如图 6-12 所示。当 b 相调制波 u_{cb} 与 a 相调制波 u_{ca} 相差 180°相位时，为减少高次谐波，b 相载波与 a 相载波相差 180°相位。S_B 与式(6-14)类似。

三电平脉冲整流器利用上述调制方式进行切换动作，并根据 S_A、S_B 的值按照式(6-14)进行开关管的切换，得到的 PWM 调制和动作波形如图 6-13 所示。u_{ab} 是采用 $\pm U_d$、$\pm U_d/2$、0 等 5 种电平来等效的正弦波。与两电平脉冲整流器相比，这样可以有效地减小网侧输入端电流 i_N 的谐波。

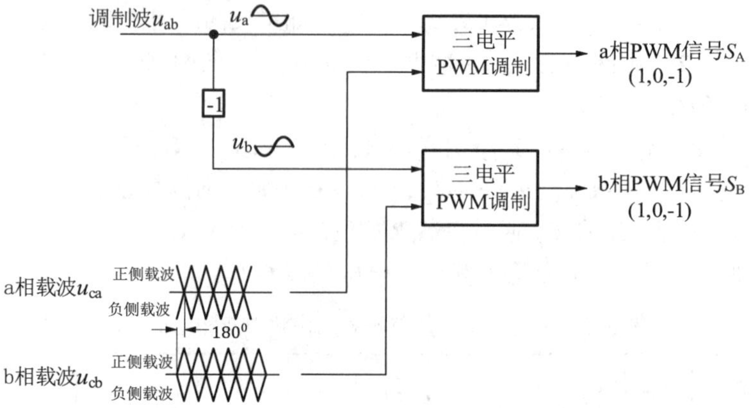

图 6-12　三电平脉冲整流器的 SPWM 调制方式

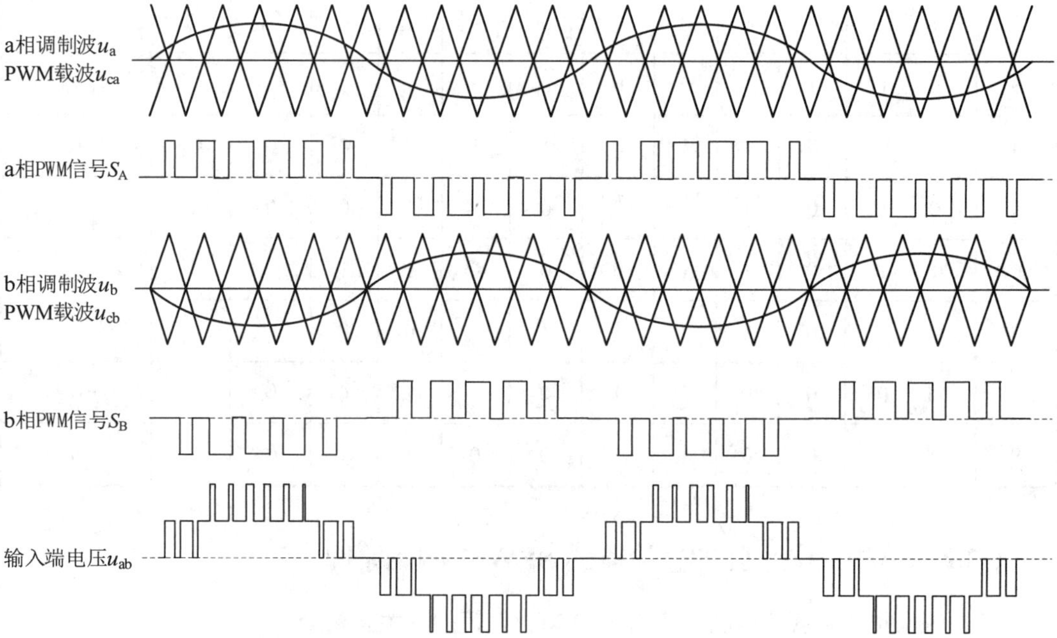

图 6-13　三电平脉冲整流器的 SPWM 调制波形

6.4　单相脉冲整流器的控制

目前交流传动电力机车和动车组脉冲整流器采用了瞬态直接电流控制，其控制框图如图 6-14 所示。控制部分主要由电压传感器、电流传感器、电压调节器、电流调节器、比较器、函数发生器、运算器及 SPWM 控制器等组成。

瞬态电流控制是电压、电流的双闭环控制系统，电压外环采用 PI 调节器，通过给定值 U_d^* 与实际值 U_d 的偏差信号 ΔU_d 作为 PI 调节器的输入，而电压 PI 调节器的输出为 I_{N1}^*。为改善电压 PI 调节器的动态响应和减轻负荷，引入补偿环节，用直流侧输出功率 $U_d I_d$ 除以网侧电压有效值$U_{Nm}/\sqrt{2}$得到给定电流的有效分量 I_{N2}^*，并将 I_{N1}^* 与 I_{N2}^* 相加作为网侧电流的给定值 I_N^*。对于电流内环，为加速电流响应，取消了积分环节，而只采用比例调节器 K，且 K 不能过大以保证将系统稳态误差限定在给定的范围内。

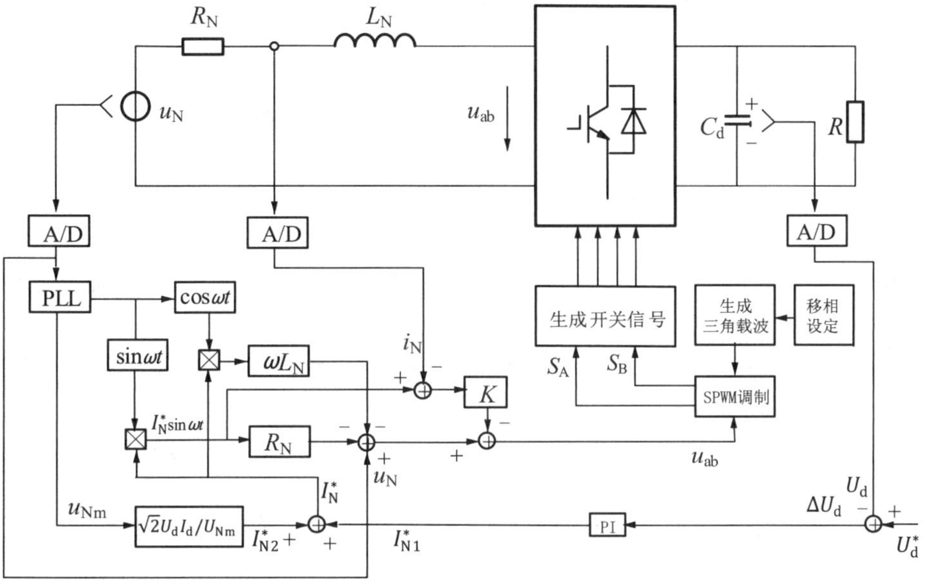

图 6-14　瞬态直接电流控制原理

其数学公式为

$$
\begin{cases}
I_{N1}^* = K_p(U_d^* - U_d) + 1/T_1\int(U_d^* - U_d)dt \\
I_{N2}^* = U_d I_d / U_N \\
I_N^* = I_{N1}^* + I_{N2}^* \\
u_{ab}(t) = u_N(t) - \omega L_N I_N^* \cos\omega t - R_N I_N^* \sin\omega t - K[I_N^* \sin\omega t - i_N(t)]
\end{cases}
\tag{6-15}
$$

式中：K_p 和 T_1 为 PI 调节器的参数；U_d^* 为中间直流侧电压给定值；R_N 是网侧电阻；U_d、I_d 分别为中间直流环节的电压和电流；K 为比例放大系数；ω 为网侧电压的角频率。

瞬态电流控制的基本原理如下：为了达到中间直流环节恒压控制的目的，将实时检测到的中间直流电压 U_d 与给定值 U_d^* 比较，当 $U_d < U_d^*$ 时，$\Delta e > 0$，PI 调节器的输出 I_{N1}^* 增加，使脉冲整流器的输入电流增加，达到增加 U_d 的目的。当$U_d < U_d^*$时则变化相反。

通过实时检测电网电压u_N 和电流 i_N，按照式(6-15)组成运算电路，输出为参考电压信号即调制信号$u_{ab}(t)$，$u_{ab}(t)$包含了相角和幅值的信号，其中锁相环 PLL 用来跟踪和锁定电压输入信号的频率和相位，该调制信号 $u_{ab}(t)$ 与三角载波进行 SPWM 调制，生成 PWM 信号来驱动开关器件。当某一参数变动时，控制系统具有自动校正调节的功能，最终达到稳态平衡。

瞬态电流控制在固定开关频率的基础上，引入补偿环节，克服了响应速度慢的缺点，具有直流侧电压稳定快、动态响应好、对系统参数变化快速调整等优点。

6.5　HXD_3型电力机车牵引变流器的结构组成及工作原理

6.5.1　HXD_3型电力机车牵引变流器的结构组成

HXD_3型电力机车采用两套主变流柜UM_1、UM_2，每个变流柜有3组交-直-交牵引变流器，分别由主变压器的牵引绕组$2U_1\sim 2V_6$供电，主变流器再分别给牵引电动机M_1、M_2、M_3和M_4、M_5、M_6供电。

主变流器UM_1内部可以看成由3个独立的“整流—中间直流电路—逆变”环节（称为牵引变流器）构成。每组牵引变流器分别由2个接触器、1个输入电流互感器、1个充电电阻、1个四象限PWM整流器、1个中间直流环节、1个VVVF逆变器、2个输出电流互感器等组成。每组牵引变流器容量为1400 kV·A。

如图6-15所示，每台电源变换装置内含有3组牵引变流器和1组辅助变流器，电源变换装置的结构紧凑，便于安装。

在电源变换装置的左上段，从上到下依次为1组、2组、3组牵引变流器，从左至右依次设置有逆变器单元、支撑电容、整流器单元。

在电源变换装置的左下段，设置有水泵、水箱等牵引变流器循环水冷用品。

在电源变换装置的中央下段，设置有CI（牵引变流器）主回路接线端子台、在上面设置有交流接触器，在里面为充电电阻及主回路的配线空间。

在电源变换装置的右上段，设置有OVTR（过压保护）单元、DCPT（电压传感器）单元、I/F（接口）单元；在里面设置有GR（接地电阻）单元、NF（同步变压器和噪声过滤器）单元。另外在I/F单元、DCPT单元、OVTR单元的下侧还设置有加热器盘，当周围温度比较低时，为各零件预热。

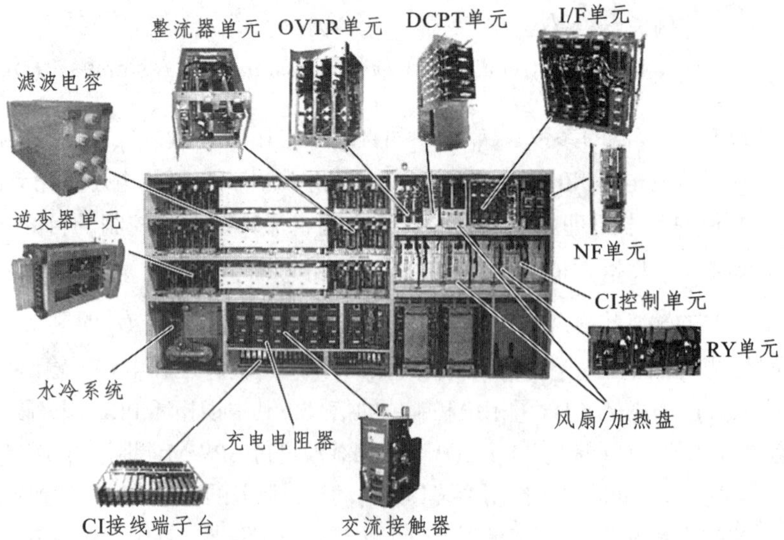

(a)正面

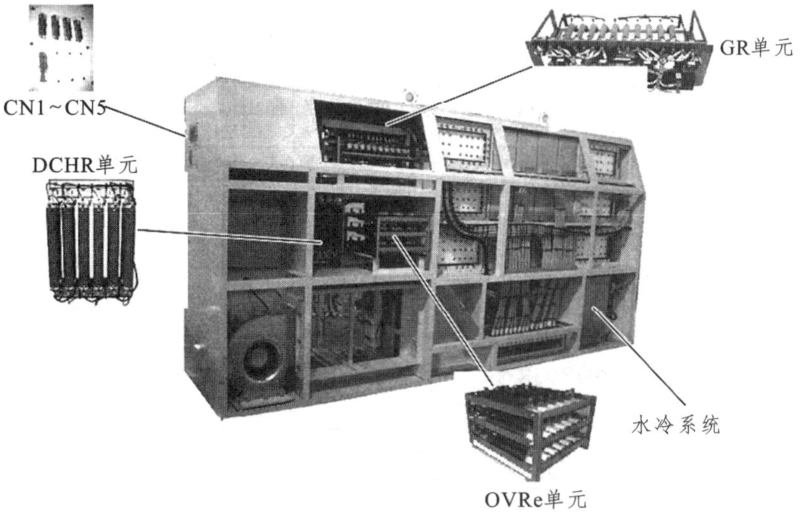

(b)背面

图 6-15　HXD$_3$ 型电力机车牵引变流器的构成

在电源变换装置的右中段，设置有 CI 控制单元；在里面设置有 OVRe（限流电阻）单元、RY（继电器）单元、DCHR（放电电阻）单元。另外在 CI 控制单元的下侧设置有风扇和加热盘，风扇用于冷却控制单元；当低温启动的时候，加热电阻用于预热控制单元。

在电源变换装置右侧设置有控制回路连接器，代号为 CN1 ~ CN5。

牵引变流器的冷却系统是由复合冷却器的水-空气热交换器、连管、阀门、储水箱、水泵、塞门、流量计、冷却介质等组成，利用去离子水和乙二醇的混合冷却介质，过热交换器对 IGBT 器件进行冷却，具有很好的冷却效果。为了提高电源变换装置的小型化及冷却性能，牵引变流器采用强制循环水冷方式。这种方式具有冷却效果好、无污染、结构上维修方便等特点，是国际上流行的冷却方式。冷却液采用纯水 45%与乙二醇 55%的混合溶液，确保在−40 °C 时不冻结。

牵引变流器的主要构成部件如表 6-3 所示，其主要技术参数如表 6-4 所示。

表 6-3　牵引变流器的主要构成部件

名称	部件符号	数量	型号规格
整流器单元	COV-1U、1V、2U、2V、3U、3V	6	STC272-A0
逆变器单元	INV-1U、1V、1W、2U、2V、2W、3U、3V、3W	9	STC273-A0
滤波电容器	FC11、12、13、21、22、23、31、32、33	9	EF332162EYQ0735
接地电容	FCG1、2、3	3	EF332162EYQ0736
交流接触器	K1、2、3	3	CM79-A1
交流接触器	AK1、2、3	3	CM75-A2
充电电阻器	CHRe1、2、3	3	2KW-4.814 OHM

续表

名称	部件符号	数量	型号规格
OVTR 单元	P-OVTR	1	STC274-A0
OVRe 单元	P-OVRe	1	RE1000 1.3 OHM 6S (5500 V)
电流传感器	ACCT1、2、3	3	NNC-12A-C25A2 3000A/10V
电流传感器	CTU1、2、3，CTW1、2、3	6	NNC-12A-C25A2 2000 A/10 V
DCTP 单元	P-DCPT(DCPT1 ~ 3)	1	
GR 单元	P-GR(GR11、21、31) (GR12、22、32)	1	
CI 控制单元	CI-CTR1、2、3	3	LCU275-B0
I/F 单元	U-I/F	1	
水泵	WP	1	F41-217C4-0405S1-BV
同步变压器	T1	1	100V/3×5V-10mA
噪声过滤器	NF1	2	LF-210AC250V-10A
加热盘	P-HT1、2、3、4	4	
风扇/加热盘	P-FH1、2、3	3	
放电电阻盘	DCHR11、12、13、14 DCHR21、22、23、24 DCHR31、32、33、34	1	

表 6-4　牵引变流器的主要技术参数

额定输入电压	单相交流 1450 V/50 Hz	额定输出电压	三相交流 2150 V
额定输入电流	966 A	额定输出电流	390 A
中间电压	直流 2800 V	最大输出电流	520 A
输出频率	0 ~ 120 Hz	元件类型	IGBT（4500 V/900 A)
效率	≥98%	控制电压	直流 110 V

6.5.2　牵引变流器的工作原理

机车 6 组牵引变流器的主电路和控制电路相对独立，分别向 6 个牵引电动机提供交流变频电源。当其中一组或几组发生故障时，可通过 TCMS 微机显示屏，利用触摸开关将故障的牵引变流器切除，剩余单元仍可继续工作，实现整车的冗余控制。

两套主变流柜的电路完全相同，以下就主变流器 UM_1 的第一组牵引变流器为例来说明电路的工作原理。图 6-16 所示为主变流器 UM_1 的第一组牵引变流器的电路图。

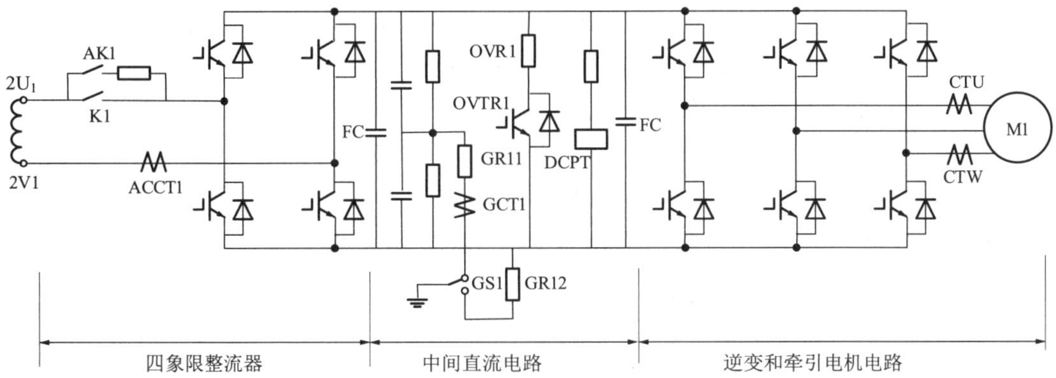

图 6-16　主变流器 UM_1 的第一组牵引变流器电路图

6.5.2.1　四象限整流电路

AK1 开关支路为预充电电路，用以防止接触器 K1 合闸时的电流冲击。当接触器 AK1 闭合时，主变压器的牵引绕组 $2U_1$ ~ $2V_1$ 通过充电电阻向四象限整流器供电，给中间直流回路支撑电容 FC 充电，当中间直流电压达到 2000 V 时，工作接触器 K1 闭合，同时切除接触器 AK1，完成中间电路预充电，随后牵引绕组继续向中间直流回路支撑电容充电，直至 2800 V，牵引变流器启动充电过程完成，逆变器可以投入工作。

当机车再生制动时，逆变器工作在整流状态，四象限整流器工作在逆变状态，并通过中间直流回路向主变压器牵引绕组馈电，将再生能量回馈至接触网。

四象限整流器是一个脉宽调制变流器，它将电源的交流电压通过脉冲宽度和相位控制，控制中间直流电压的幅值和流入牵引整流器的交流电流波形和相位，使交流电流的波形尽量接近正弦波，同时使得交流侧的输入电压和基波输入/输出电流的相位差接近于 0° 和 180°，这样既限制了谐波电流分量，又提高了机车功率因数。与相控整流器比较，四象限整流器有很高的功率因数，谐波电流含量也小得多。

为了减少谐波含量，6 组四象限整流器的调制波相位保持一致，但载波的相位不一致，依次相差 30°、60°、…、180°，从而达到消除特定次谐波的目的，保证等效干扰电流 $I_p \leqslant 2.5$ A。

6.5.2.2　中间直流电路

HXD_3 型电力机车采用的是电压逆变器，为保持中间回路电压的稳定性，并联了大容量的支撑电容，同时它还对四象限脉冲整流器和逆变器产生的高次谐波进行滤波。中间直流电路主要由中间电压支撑电容 FC、瞬时过电压限制电路和主接地保护电路组成。HXD_3 型电力机车的中间直流电路与国内其他的交流传动电力机车不同，它取消了二次滤波电路，通过逆变器的软件控制，使逆变器输出电压正负周期的电压时间乘积趋于相等，以抑制因二次谐波电流而产生的牵引电机转矩脉动。

瞬时过电压限制电路由 IGBT 和限流电阻组成，当中间电压高于规定值时，IGBT 导通，降低了中间回路电压。

主接地保护电路除了对电路接地进行保护外，还保证了主电路各点有固定的电位。主接地保护电路由跨接在中间回路的两个串联电容和一个接地信号传感器组成。当主回路有接地故障时，传感器 GCT1 的输出信号送给列车控制和监视系统 TCMS，对该组单元进行保护。每台牵引变流器含有 3 套独立的接地保护电路，可以分别对 3 组牵引变流器进行接地监测和保护。接地检测信息送至 TCMS 显示屏，实现故障显示。当只有一点接地时，可以将接地故障开关 GS1 打到故障位，实施对接地保护的隔离，这时，由于电阻 GR12 的接入，大大减小了接地故障电流，同时保证了主电路中各点电位的固定，维持机车继续运行。

6.5.2.3 逆变和牵引电机电路

HXD_3 型电力机车牵引逆变器采用矢量控制技术，能够迅速将异步电动机的输出转矩控制在目标值，提高了机车的防空转能力。此技术通过对定子电流的励磁分量和转矩分量的控制，达到分别控制电机磁链和转矩的目的，实现了牵引电机的快速响应。

机车采用轴控方式，实现了每个牵引电机的独立控制。当机车的 6 个轴的轮径差、轴重转移及空转等可能引起的负载分配不均匀时，均可通过牵引变流器的控制进行适当的补偿，以实现最大限度地发挥机车牵引力。

本章小结

1. 四象限 PWM 脉冲整流器是一种以 SPWM 方式工作的整流器，输出 PWM 脉冲系列波，使变压器电压和电流能在坐标系的四象限内变化。

2. 单相两电平四象限 PWM 脉冲整流器在 HXD 型电力机车、动车组等交流传动轨道车辆上得到了广泛应用。在 CRH_2 型动车组上使用了单相三电平 PWM 脉冲整流器。目前在 CR 型动车组上已不再使用单相三电平 PWM 脉冲整流器，因此对单相三电平 PWM 脉冲整流器只做简单了解即可。

3. HXD_3 型电力机车牵引变流器的结构主要由四象限 PWM 脉冲整流器、中间直流环节、逆变器组成，其实不管是 HXD 型电力机车还是 CRH 型动车组，牵引变流器都是由这三部分组成的，只不过有的车型采用了直流环节共用技术、多重化和载波移相技术，用于抑制谐波。

思考题

1. 交流传动电力机车或动车组运行时其牵引工况和再生制动工况的能量是如何传递的？
2. 简述单相两电平四象限 PWM 脉冲整流器整流的工作原理。
3. 简述 PWM 脉冲整流器的升压过程。
4. 简述单相三电平四象限 PWM 脉冲整流器整流的工作原理。
5. 简述 HXD_3 型电力机车牵引变流器的结构和工作原理。

第7章　矢量控制与直接转矩控制

轨道交通车辆交流电传动系统的基本任务是通过机电能量转换，实现对三相异步电动机的调速。在交-直传动机车上，直流电动机可以对电枢电流和励磁电流独立控制（解耦），输出转矩和磁场可以单独控制，其控制电路简单、性能好。而异步电动机与直流电动机结构不同的是，它只有一个定子绕组可以与变流装置相连供电，由于定子绕组在空间上互差120°，相互耦合，对其定子电流的控制，不仅控制了输出转矩，而且控制了气隙磁场，控制电路复杂。如果能把异步电动机等效成直流电动机模型，分别控制其转矩和磁场，则控制策略就和直流电动机的控制一样完美了。

在交流传动电力机车和动车组上，异步电动机的控制方法经历了转差-电流控制、矢量控制与直接转矩控制三个发展过程，本章主要介绍矢量控制和直接转矩控制的基本原理。

7.1　矢量控制

7.1.1　直流电动机的转矩控制原理

在直流电动机中，主磁极产生的主磁场轴线在空间固定不动；电枢绕组的电流也会产生电枢磁场，但由于换向器的作用，电枢磁场的轴线在空间也是固定的。若电刷放在几何中性线上，则电枢磁场的轴线与主磁极磁场的轴线互相垂直，如图7-1所示。通常把主磁极的轴线称为励磁M轴，与之垂直的轴线称为转矩T轴。在主磁极磁场和电枢磁场的相互作用下，产生的电磁转矩为

$$T = C_{\mathrm{T}}\Phi I_{\mathrm{T}} \propto I_{\mathrm{M}} I_{\mathrm{T}} \tag{7-1}$$

式中，C_{T} 为转矩常数，Φ 为主磁通，I_{T} 为电枢电流，其中主磁通 Φ 是由主磁极励磁绕组电流 I_{M} 产生的。

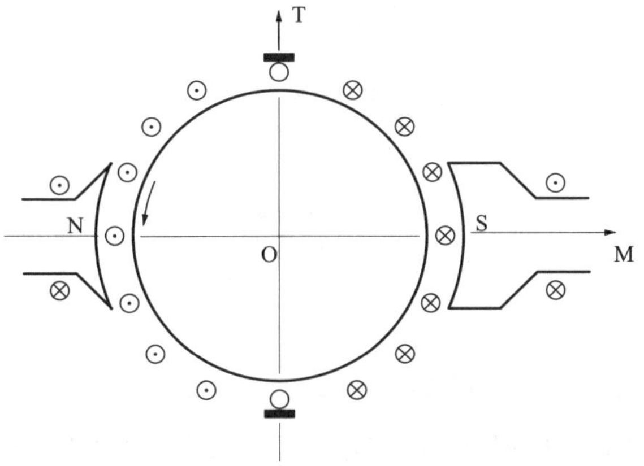

图7-1　直流电动机(二极)模型

由图 7-1 可以看出，主磁通 Φ 的方向和电枢电流 I_T 的方向（指该电流产生的磁场方向）总是相互垂直的，两者各自独立，互不影响，励磁电流 I_M 和电枢电流 I_T 作为控制量，可看作是正交的或解耦的矢量，可分别控制。正交性的概念源自几何中的术语，即如果两条直线相交呈直角，它们就是正交的，这两条直线互不依赖，又称为具有解耦性。

此外，对于他励直流电动机而言，励磁和电枢是两条独立的回路，可以对电枢电流 I_T 和励磁电流 I_M 进行单独控制和调节，以达到控制转矩的目的，实现转速调节。可见，直流电动机的电磁转矩具有控制容易且灵活的特点。把 I_T 和 I_M 作为控制变量的直流调速系统称为标量控制系统，标量控制具有控制简单、容易实现的优势。

7.1.2 矢量控制的基本原理

异步电动机的矢量控制就是要把异步电动机等效为上述直流电动机的模型，将交流量变成直流量，只要测出定子侧电压、电流，就能对磁通和电流进行独立控制，实现控制量的解耦，达到控制容易的目的。

根据电机学原理，我们知道，在三相交流异步电动机的三相对称静止绕组 A、B、C 中，通入三相对称正弦交流电，便形成角速度为 ω_s 的合成旋转磁场 Φ，对应于定子电流的频率 f_s。三相绕组的轴线在空间上分别相差 120°，互不垂直，互相之间存在耦合，如图 7-2(a)所示的三相静止 ABC 坐标系。我们还知道，两相交流电动机通以两相交流电流 i_α、i_β，也能产生旋转磁场，两相励磁绕组相互垂直，互不耦合，如图 7-2(b)所示的两相静止 αβ 坐标系。如果 ABC 坐标系和 αβ 坐标系的旋转磁场磁势和角速度相同，则可认为这两个模型是等效的。再比如一台直流电动机，当分别输入直流励磁电流 I_M 和直流电枢电流 I_T，并人为地让直流电动机旋转起来，也能产生旋转磁场，两个绕组也互不耦合，相互垂直，如图 7-2(c)所示的两相旋转 MT 坐标系，如果它的旋转磁场和上面所述两种相同，则它们都是等效的。所谓等效，就是它们的物理量，如电压、电流等，可以等效变换。

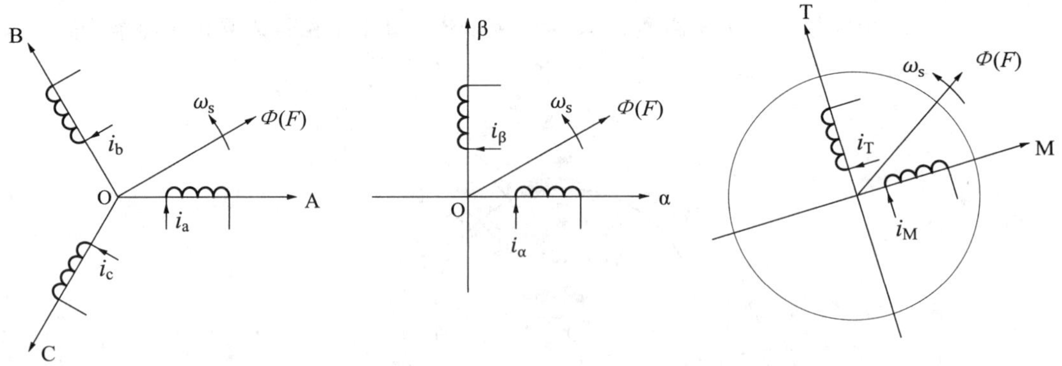

(a)三相静止坐标系 (b)二相静止坐标系 (c)二相旋转坐标系

图 7-2 异步电动机等效模型

通过上述分析，我们可以把三相交流异步电动机模型等效为旋转的直流电动机模型。上述过程存在一个从三相静止 ABC 坐标系到两相静止 αβ 坐标系再到两相旋转 MT 坐标系的坐标变换过程。

所谓矢量，是指空间矢量，异步电动机中的空间矢量只有磁通 Φ 或磁动势 F，电压 u、电流 i、磁链 Ψ 是时间变量，但为了数学处理的需要，比如磁动势 F 是由电流 i 产生的，把电流 i 也定义为空间矢量，同时也把电压 u、磁链 Ψ 定义为空间矢量，

7.1.3 坐标变换

7.1.3.1 定子绕组三相—两相坐标变换

三相绕组 A、B、C 和两相绕组 α、β 之间的变换，称为三相坐标系和两相坐标系之间的变换，简称 3/2 变换或 Clarke 变换。

ABC 和 αβ 两个坐标系中的磁动势空间矢量如图 7-3 所示。将两个坐标系原点并在一起，令三相的 A 轴和两相的 α 轴重合。设三相绕组每相的有效匝数为 N_3，两相绕组每相的有效匝数为 N_2，则各相磁动势为有效匝数与电流的乘积，即 Ni，其空间矢量均位于相关的坐标轴上。

假设磁动势波形按正弦分布，当两者的旋转磁场完全等效时，合成磁动势沿相同轴向的分量必定相等，即三相绕组和两相绕组的瞬时磁动势沿 α、β 轴的投影应该相等，因此

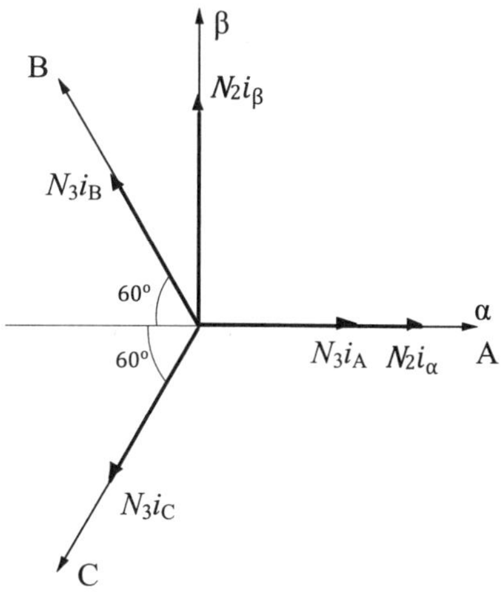

图 7-3 三相坐标系和二相坐标系中的磁动势空间矢量

$$N_2 i_\alpha = N_3 i_A - N_3 i_B \cos 60° - N_3 i_C \cos 60° \tag{7-2}$$

$$N_2 i_\beta = 0 + N_3 i_B \sin 60° - N_3 i_C \sin 60° \tag{7-3}$$

经计算整理可得

$$i_\alpha = \frac{N_3}{N_2}\left(i_A - \frac{1}{2}i_B - \frac{1}{2}i_C\right) \tag{7-4}$$

$$i_\beta = \frac{N_3}{N_2}\left(0 + \frac{\sqrt{3}}{2}i_B - \frac{\sqrt{3}}{2}i_C\right) \tag{7-5}$$

用矩阵表示为

$$\begin{bmatrix} i_\alpha \\ i_\beta \end{bmatrix} = \frac{N_3}{N_2}\begin{bmatrix} 1 & -\frac{1}{2} & -\frac{1}{2} \\ 0 & \frac{\sqrt{3}}{2} & -\frac{\sqrt{3}}{2} \end{bmatrix}\begin{bmatrix} i_A \\ i_B \\ i_C \end{bmatrix} \tag{7-6}$$

考虑变换前后总功率不变，在此前提下，可以证明，匝数比应为

$$\frac{N_3}{N_2} = \sqrt{\frac{2}{3}} \tag{7-7}$$

代入式(7-6)得 $$\begin{bmatrix} i_\alpha \\ i_\beta \end{bmatrix} = \sqrt{\frac{2}{3}} \begin{bmatrix} 1 & -\frac{1}{2} & -\frac{1}{2} \\ 0 & \frac{\sqrt{3}}{2} & -\frac{\sqrt{3}}{2} \end{bmatrix} \begin{bmatrix} i_A \\ i_B \\ i_C \end{bmatrix} \tag{7-8}$$

异步电动机为三相对称绕组，星形接线，不带中性线，有 $i_A + i_B + i_C = 0$，则 $i_C = -i_A - i_B$，分别代入式(7-4)、(7-5)并整理得

$$i_\alpha = \sqrt{\frac{3}{2}} i_A \tag{7-9}$$

$$i_\beta = \frac{\sqrt{2}}{2}(i_A + 2i_B) \tag{7-10}$$

写成矩阵形式为 $$\begin{bmatrix} i_\alpha \\ i_\beta \end{bmatrix} = \begin{bmatrix} \sqrt{\frac{3}{2}} & 0 \\ \frac{\sqrt{2}}{2} & \sqrt{2} \end{bmatrix} \begin{bmatrix} i_A \\ i_B \end{bmatrix} \tag{7-11}$$

相应的逆变换为 $$\begin{bmatrix} i_A \\ i_B \end{bmatrix} = \begin{bmatrix} \sqrt{\frac{2}{3}} & 0 \\ -\frac{1}{\sqrt{6}} & \frac{1}{\sqrt{2}} \end{bmatrix} \begin{bmatrix} i_\alpha \\ i_\beta \end{bmatrix} \tag{7-12}$$

按式(7-11)和式(7-12)实现三相—两相和两相—三相的变换要简单得多。由此可知，只需检测两相电流即可，在牵引电动机的电流检测中，只需要两只电流传感器，节省了成本，提高了可靠性。

上述公式中的方括号称为电流变换矩阵，同时也是电压变换矩阵和磁链变换矩阵。虽然同学们没有学过矩阵，但把它们写成公式形式，并不影响理解。

7.1.3.2 两相静止—两相旋转坐标变换

αβ 坐标系中的两相静止绕组通以两相平衡交流电流，会产生旋转磁动势。令 MT 坐标系中的两相绕组通以直流电流且旋转起来，也会产生空间旋转磁动势。令两个坐标系中的磁动势大小相等、旋转角速度相等，则二者等效。

从两相静止坐标系 αβ 到两相旋转坐标系 MT 的变换，称为两相静止—两相旋转变换，简称 2s/2r 变换或 Park 变换，其中 s 表示静止，r 表示旋转，变换的原则同样是产生的磁动势相等。

αβ 坐标系和 MT 坐标系中的磁动势矢量如图 7-4 所示。绕组每相有效匝数均为 N_2，磁动势矢量位于相关的坐标轴上。两相交流电流 i_α、i_β 和两个直流电流 i_M、i_T 产生同样的以角速度 ω_s 旋转的合成磁动势 F_s，F_s 通常以定子电流 i_s 代替，这时定子电流 i_s 被定义为空间矢量。

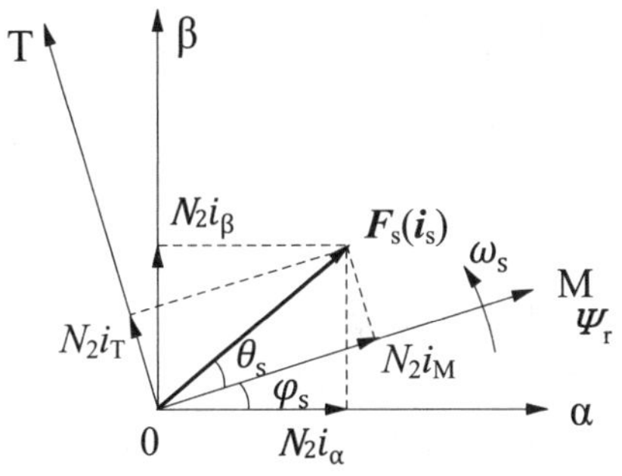

图 7-4 两相静止坐标系和旋转坐标系中的磁动势空间矢量

M 轴与 i_s 之间的夹角用 θ_s 表示。M 轴和 α 轴的夹角 φ_s 随时间而变化，即 $\varphi_s=\omega_s t+\varphi_0$，其中 φ_0 为任意的初始角。在矢量控制系统中，φ_s 通常称为磁通的定向角，也叫磁场定向角。

以 M 轴为基准，把 i_s 分解为 M 轴、T 轴的两个分量 i_M、i_T，它们相当于 M、T 轴上两个直流绕组 M 和 T 中的电流（实际上是磁动势），分别为定子电流的励磁分量和转矩分量。

由于磁场定向角 φ_s 是随时间而变化的，因而 i_s 在 α 轴和 β 轴上的分量 i_α、i_β 也是随时间而变化的，它们分别相当于 α 和 β 绕组磁动势的瞬时值。

由图 7-4 可知，i_M、i_T 和 i_α、i_β 之间存在着下列关系

$$i_M=i_\alpha\cos\varphi_s+i_\beta\sin\varphi_s \tag{7-13}$$

$$i_T=-i_\alpha\sin\varphi_s+i_\beta\cos\varphi_s \tag{7-14}$$

写成矩阵形式

$$\begin{bmatrix} i_M \\ i_T \end{bmatrix}=\begin{bmatrix} \cos\varphi_s & \sin\varphi_s \\ -\sin\varphi_s & \cos\varphi_s \end{bmatrix}\begin{bmatrix} i_\alpha \\ i_\beta \end{bmatrix} \tag{7-15}$$

相应的逆变换为

$$\begin{bmatrix} i_\alpha \\ i_\beta \end{bmatrix}=\begin{bmatrix} \cos\varphi_s & -\sin\varphi_s \\ \sin\varphi_s & \cos\varphi_s \end{bmatrix}\begin{bmatrix} i_M \\ i_T \end{bmatrix} \tag{7-16}$$

上述公式中的方括号称为电流旋转变换矩阵，同时也是电压旋转变换矩阵和磁链旋转变换矩阵。

7.1.3.3 直角坐标—极坐标变换（K/P）

在矢量控制系统中，常用到直角坐标—极坐标的变换。如图 7-4 所示的 MT 坐标系中，直角坐标与极坐标之间的关系为

$$|i_s|=\sqrt{i_M^2+i_T^2} \tag{7-17}$$

$$\theta_s=\arctan\frac{i_T}{i_M} \tag{7-18}$$

7.1.4 矢量控制系统的基本思想

把异步电动机经过坐标变换等效成直流电动机模型后，就可以模仿直流电动机的控制策略，得到直流电动机的控制量，再经过相应的坐标逆变换，就能够控制异步电动机了。换句话说，通过矢量控制，对交流异步电动机的控制就可以按照直流电动机的转矩、转速控制规律来实现，这就是矢量控制系统的基本思想。

由于进行坐标变换的是电流（代表磁动势）这个空间矢量，所以通过坐标变换实现的控制系统称为矢量控制系统。矢量控制系统的基本思想可用图 7-5 来表示。

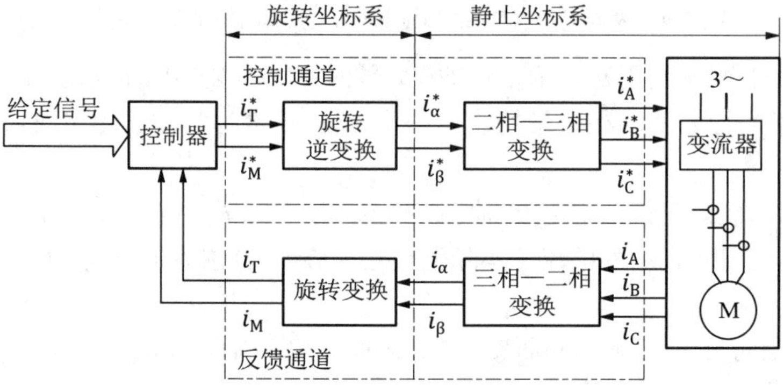

图 7-5 矢量控制系统原理图

在设计矢量控制系统时，可以认为，在控制通道引入的旋转逆变换与电机反馈通道的旋转变换环节抵消，2/3 变换器与反馈通道的 3/2 变换环节抵消，如果再忽略变流器中可能产生的滞后，则图 7-5 中虚线框内的部分可以完全删去，剩下的就是直流调速系统了，这样的矢量控制交流变压变频调速系统在静、动态性能上完全能够与直流调速系统相媲美。

7.1.5 按转子磁场定向的矢量控制方程

异步电动机矢量控制系统的磁场定向有三种方法：转子磁场定向、定子磁场定向和气隙磁场定向。本书只分析转子磁场定向。

转子磁场定向即是按转子全磁链矢量 $\boldsymbol{\Psi}_r$ 方向进行定向，就是将 M 轴定向于 Ψ_r 轴，如图 7-4 所示，$\boldsymbol{\Psi}_r$ 是以同步转速旋转的矢量。按转子全磁链（全磁通）定向的异步电动机矢量控制系统称为异步电动机按转子磁链（磁通）定向的矢量控制系统。

本书忽略繁杂的推导过程，只给出控制方程的结果，大家感兴趣可查阅相关资料。

励磁电流 i_M、转矩电流 i_T 和电磁转矩 T 的方程式为

$$i_M=\frac{T_r p+1}{L_m}\Psi_r \quad 或 \quad \Psi_r=\frac{L_m}{T_r p+1}i_M \tag{7-19}$$

$$i_T=\frac{T_r\Psi_r}{L_m}\omega_{sl} \tag{7-20}$$

$$T = n_p \frac{L_m}{L_r} \Psi_r i_T \tag{7-21}$$

式中：T_r 为转子电路时间常数，$T_r = \frac{L_r}{R_r}$；L_r 为转子一相绕组的等效自感；R_r 为转子一相绕组的等效电阻；L_m 为定、转子一相绕组的等效互感；ω_{sl} 为转差角速度，是同步角速度 ω_s 与转子角速度 ω 之差，$\omega_{sl} = \omega_s - \omega$；$n_p$ 为极对数；p 为微分算子，$p = d/dt$。

从上列公式可知，电磁转矩 T 只与 i_T 有关，i_T 和 i_M 解耦，当 Ψ_r 为常数时，转矩正比于 i_T，故控制 i_T 即可控制转矩，和直流电动机相似，效果可与之媲美。

7.1.6 转子磁链观测器

由图 7-4 和矢量控制方程可知，转子磁链矢量 $\boldsymbol{\Psi}_r$ 和转子磁场定向角 φ_s 都是电动机的实际值，$\boldsymbol{\Psi}_r$ 用来作为磁链控制的闭环反馈信号，φ_s 用来确定 M 轴的位置，是实现磁场定向控制的关键技术，但这两个量是转子上的物理量，难以直接测量。现在实用的矢量控制系统中采用间接计算的方法，即利用容易检测的定子电压、定子电流及转速等物理量，利用转子磁链观测模型，实时计算转子磁链的幅值和空间位置（相位）。

图 7-6 所示为按转子磁场定向两相 MT 旋转坐标系上的转子磁链模型。三相定子电流 i_A、i_B、i_C 经 3/2 变换得到两相静止坐标系电流 i_α、i_β，再经 2s/2r 旋转变换并按转子磁链定向，得到 MT 坐标系上的电流 i_M、i_T。利用矢量控制方程可获得转差角频率 ω_{sl} 和转子磁链值 Ψ_r。把 ω_{sl} 和实测转速 ω 相加求得定子同步角频率 ω_s，再将 ω_s 进行积分运算处理就得到转子磁链的瞬时方位信号 φ_s，φ_s 就是按转子磁场定向的定向角。这个模型更适合于微机实时计算。

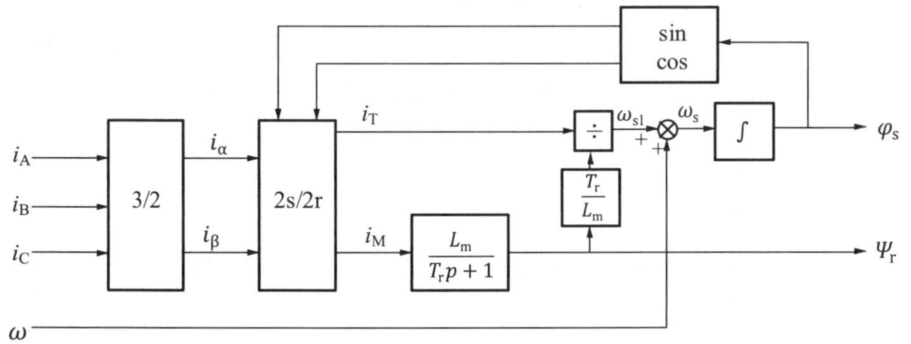

图 7-6 按转子磁场定向两相 MT 旋转坐标系上的转子磁链模型

7.1.7 SVPWM 异步电动机矢量控制系统

按照上述矢量控制原理及其方程构建的 SVPWM 异步电动机矢量控制系统如图 7-7 所示。

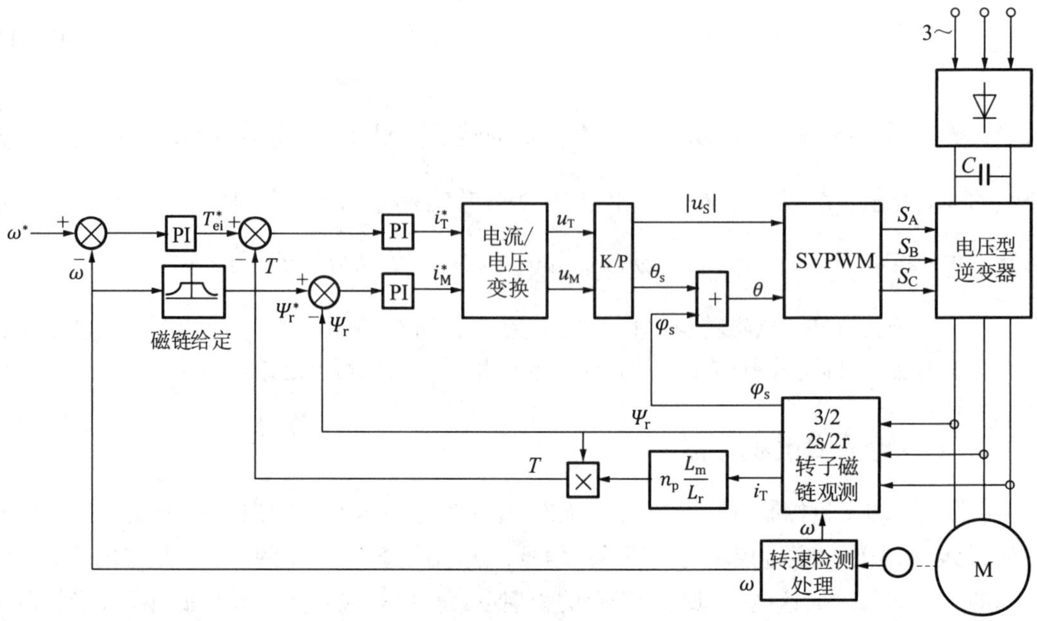

图 7-7　SVPWM 异步电动机矢量控制系统

该控制系统有两个输入端：一是转速给定 ω^*，与速度传感器输出的实际转速 ω 比较后进入速度 PI 调节器，得到给定转矩 T_{ei}^*，T_{ei}^* 与实际转矩 T 比较后进入转矩 PI 调节器得到给定电流 i_T^*；二是 ω 经磁链给定函数发生器得到给定磁链 $\varPsi_r^*$，$\varPsi_r^*$ 与转子磁链观测器输出的转子磁链 $\varPsi_r$ 比较后经磁链 PI 调节器得到给定励磁电流 i_M^*。i_T^*、i_M^* 经电流-电压变换器变换为给定电压 u_T、u_M，经过 K/P 变换后得到 $|u_s|$ 和 θ_s，进一步得到 $\theta=\theta_s+\varphi_s$，把 $|u_s|$、θ 当作第 5 章 5.3 节中的 SVPWM 实施算法的输入，利用图 5-33，得到逆变器三相开关信号 S_A、S_B、S_C，使逆变器驱动三相异步电动机工作。

函数发生器有实现恒功率、恒转矩的控制功能。当转子转速 $\omega \leqslant \omega^*$ 时，控制转子磁链为恒值，实现恒转矩；当 $\omega > \omega^*$ 时，控制转子磁链随转子转速增加而减少，实现恒功率控制（弱磁控制）。

电流-电压变换器的变换公式为

$$u_M = R_s\left(1+T_s p\frac{\sigma T_r p+1}{T_r p+1}\right)i_M - \sigma L_s\left(\omega+\frac{T_r p+1}{T_r}\cdot\frac{i_T}{i_M}\right)i_T \tag{7-22}$$

$$u_T = \left[R_s(\sigma T_s p+1)+\frac{L_s}{T_r}(\sigma T_r p+1)\right]i_T + \sigma L_s\frac{\sigma T_r p+1}{T_r p+1}i_M \tag{7-23}$$

式中：$\sigma = 1-L_m^2/(L_s L_r)$，$T_s = L_s/R_s$，$T_r = L_r/R_r$；$R_s$ 为定子一相绕组的等效电阻；L_s 为定子一相绕组的等效自感。

7.2　直接转矩控制（DTC）

7.2.1　直接转矩控制的基本思想

7.2.1.1　空间电压矢量对定子磁链的作用

在第 5 章中，我们已知道 $\Delta \boldsymbol{\varPsi}_s = \boldsymbol{u}_s \Delta t$，有 6 个非零空间矢量，依次给出定子电压空间矢量 $\boldsymbol{u}_{s1}$、$\boldsymbol{u}_{s2}$、$\boldsymbol{u}_{s3}$、$\boldsymbol{u}_{s4}$、$\boldsymbol{u}_{s5}$、$\boldsymbol{u}_{s6}$，则形成六边形磁链，如图 7-8(a)所示。但如果想让磁链沿着 7-8(b)图所示的磁链轨迹来运行也是可以实现的，比如在 ab 段选用 $\boldsymbol{u}_{s2}$，bc 段选用 $\boldsymbol{u}_{s3}$，cd 段再次选用 $\boldsymbol{u}_{s2}$，de 段再次选用 $\boldsymbol{u}_{s3}$，即可以得到 I 扇区的磁链轨迹，其他 5 个区域分别作用不同的电压空间矢量即可得到相应的磁链轨迹。这里扇区的概念和第 5 章中扇区的概念有所不同，应注意区分。

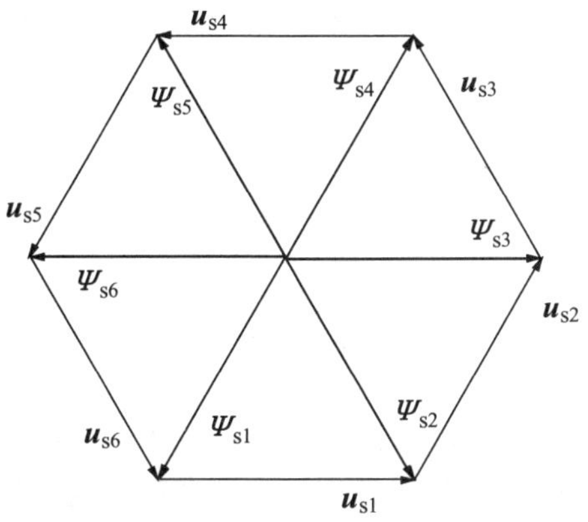

(a)六边形磁链轨迹

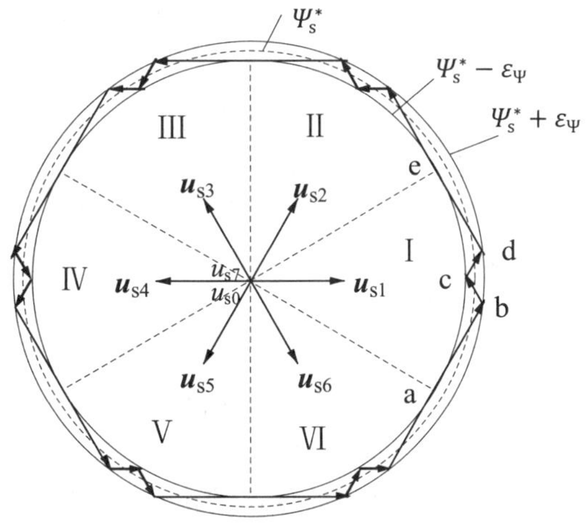

(b)期望的磁链轨迹

图 7-8　定子磁链 $\varPsi_s$ 运动轨迹

因此，当输入电压为一个非零电压的矢量时，定子磁链的矢量必将沿着输入电压矢量的方向移动，磁链变化量 $\Delta \boldsymbol{\varPsi}_s = \boldsymbol{u}_s \Delta t$。如果逆变器的开关模式为零电压状态 $\boldsymbol{u}_{s7}$ (111)和 $\boldsymbol{u}_{s0}$ (000)，则磁链的空间矢量 $\Delta \boldsymbol{\varPsi}_s$ 在空间上停止不动。这样通过控制逆变器的开关模式就能实现以一定速度运行的多边形磁链轨迹，并能使该运动轨迹接近于一个圆。

7.2.1.2　空间电压矢量对电动机转矩的作用

直接转矩控制的原理是通过电压空间矢量 $\boldsymbol{u}_s$ 来控制定子磁链的旋转速度，从而改变定、转子磁链矢量之间的夹角，达到控制电动机转矩的目的。为了便于弄清电压空间矢量 $\boldsymbol{u}_s$ 与电动机电磁转矩之间的控制关系，直接给出用定子磁链和转子磁链来表达电动机的电磁转矩公式，即

$$T_{ei} = K_m \varPsi_s \varPsi_r \sin\theta_{sr} \tag{7-24}$$

式中：Ψ_s、Ψ_r分别为定、转子磁链矢量的模值；θ_{sr}为Ψ_s与Ψ_r之间的夹角，称为转矩角。

在通常情况下，θ_{sr}的值较小，对电磁转矩的调节和控制作用是明显的。需要注意的是，在定子磁链矢量的作用下，转子磁链矢量的动态响应具有一阶滞后特性。当定子磁链矢量发生变化时，转子磁链矢量的变化总是要滞后定子磁链矢量的变化。在动态控制中，只要控制的响应时间比转子时间常数快得多，那么在这短暂的过程中就可以认为转子磁链矢量是不变的，进而只要保持定子磁链的幅值不变，通过改变θ_{sr}就可以迅速地改变和控制电磁转矩，这就是感应电动机直接转矩控制的实质。

在实际运行中，保持定子磁链矢量的幅值为额定值，以充分利用电动机铁心；转子磁链矢量的幅值由负载决定。要改变电动机转矩的大小，可以通过改变转矩角θ_{sr}的大小来实现。t_1时刻的定子磁链$\boldsymbol{\Psi}_s(t_1)$和转子磁链$\boldsymbol{\Psi}_r(t_1)$及转矩角$\theta_{sr}(t_1)$的位置如图 7-9 所示。从t_1时刻考察到t_2时刻，若此时给出定子电压空间矢量$\boldsymbol{u}_{s4}$，则定子磁链矢量由$\boldsymbol{\Psi}_s(t_1)$的位置旋转到$\boldsymbol{\Psi}_s(t_2)$中的位置，其运动轨迹如图 7-9 所示。这期间转子磁链的旋转情况受该期间内定子频率的影响，在时刻t_1到时刻t_2这段时间里，定子磁链旋转速度大于转子磁链旋转速度，转矩角θ_{sr}加大，由$\theta_{sr}(t_1)$变为$\theta_{sr}(t_2)$，则转矩相应增大。

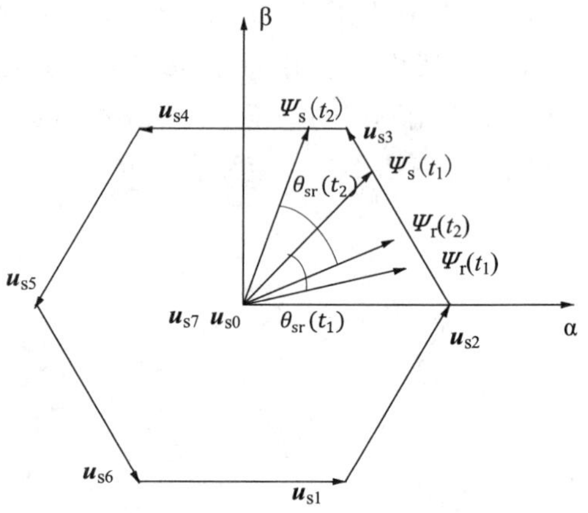

图 7-9　电压空间矢量对电动机转矩的控制作用

如果在t_2时刻，给出零电压空间矢量，则定子磁链空间矢量$\boldsymbol{\Psi}_s(t_2)$保持在t_2时刻的位置静止不动，而转子磁链空间矢量却继续以原来的速度旋转，因此转矩角减小，从而使转矩减小。通过转矩两点式调节来控制电压空间矢量的工作状态和零状态的交替出现，就能控制定子磁链空间矢量的平均角速度ω的大小，通过这样的瞬态调节就能获得高动态响应的转矩特性。

直接转矩控制是将逆变器的控制模式和电机运行性能作为一个整体来控制。它具有两层含义：一是保持定子磁链基本恒定；二是对电机转矩进行直接控制。通过对逆变器的开关控制，既能实现磁链的幅值控制，又能实现电机的转矩控制，两者均通过闭环控制实现。

当电机采用三相逆变器供电时，用三相逆变器不同开关模式做适当切换产生的实际磁链矢量来跟踪基准磁链圆，通过直接控制逆变器 PWM 电压来形成圆形旋转磁场，从而使输出电压波形形成脉冲调制波，因此又称为磁链跟踪控制技术。

7.2.2　DTC 系统的磁链控制

由于电动机转矩与磁链大小有关，为了精确控制转矩，必须同时控制磁链，使其在转矩调节期间幅值不变或变化不大。DTC 系统的磁链控制通过磁链滞环 bang-bang 控制器实现，它的输入是定子磁链幅值给定Ψ_s^*及来自电动机模型的定子磁链幅值实际值Ψ_s，滞环

宽度为 $2\varepsilon_{\Psi}$，如图 7-8(b)所示。

第 5 章讲过，两电平三相逆变器的三组开关有 8 种工作状态，产生 6 个有效基本电压空间矢量（$\boldsymbol{u}_{s1}$，…，$\boldsymbol{u}_{s6}$）及两个零基本电压空间矢量（$\boldsymbol{u}_{s0}$、$\boldsymbol{u}_{s7}$）。6 个有效基本电压空间矢量如图 7-8(b)所示，图中还绘出两个幅值为 $\Psi_s^* + \varepsilon_{\Psi}$ 和 $\Psi_s^* - \varepsilon_{\Psi}$ 的圆，它们是磁链滞环控制器（AΨR）的动作值。整个图分成 6 个扇区（Ⅰ，…，Ⅵ），在每个扇区中有一个有效基本电压空间矢量。值得注意的是，这个扇区是按电压矢量位于扇区中央来划分的，与第 5 章介绍 SVPWM 时划分的扇区不一样。

同样，电动机旋转磁场的轨迹也可以转化为电压空间矢量的运动轨迹，存在 $\Psi_s \approx \int u_s \mathrm{d}t$ 或 $\Psi_{s2} - \Psi_{s1} = u_s \Delta t$ 的关系，在施加某一个有效的基本电压空间矢量后，定子磁链矢量 $\boldsymbol{\Psi}_s$ 将从起始点沿该电压矢量方向直线运动。改用另一个电压矢量后，$\boldsymbol{\Psi}_s$ 将从改变时刻的位置沿新基本电压矢量的方向运动。

如图 7-8(b)所示，假设某一时刻来自电动机模型的矢量 $\boldsymbol{\Psi}_s$ 位于扇区 I 的 a 点，选用电压矢量 $\boldsymbol{u}_{s2}$，磁链矢量 $\boldsymbol{\Psi}_s$ 沿 $\boldsymbol{u}_{s2}$ 的方向运动，幅值 $\boldsymbol{\Psi}_s$ 逐渐加大。当矢量 $\boldsymbol{\Psi}_s$ 移动到 b 点时，幅值 $\Psi_s = \Psi_s^* + \varepsilon_{\Psi}$，AΨR 动作，改用电压矢量 u_{s3}，随后矢量 $\boldsymbol{\Psi}_s$ 沿 $\boldsymbol{u}_{s3}$ 的方向运动，幅值 Ψ_s 逐渐减小。当矢量 $\boldsymbol{\Psi}_s$ 移动到 c 点时，幅值 $\Psi_s = \Psi_s^* - \varepsilon_{\Psi}$，AΨR 翻转回原状态，再次用电压矢量 $\boldsymbol{u}_{s2}$，幅值 Ψ_s 再加大。如此交替使用电压矢量 $\boldsymbol{u}_{s2}$ 和 $\boldsymbol{u}_{s3}$，磁链矢量 $\boldsymbol{\Psi}_s$ 将近似沿圆弧轨迹运动至该扇区结束。在进入扇区Ⅱ后，改为交替使用电压矢量 $\boldsymbol{u}_{s3}$ 和 $\boldsymbol{u}_{s4}$，在 AΨR 的控制下，$\boldsymbol{\Psi}_s$ 将继续沿圆弧轨迹运动至该扇区结束。如此每换一个扇区就更换一次交替工作的电压矢量，便可控制磁链矢量不停地近似沿圆弧轨迹旋转，保持幅值 $\Psi_s \approx \Psi_s^*$。

由 $\Psi_s \approx \int u_s \mathrm{d}t$ 可知，磁链矢量移动的线速度与有效基本电压空间矢量的幅值成正比，在逆变器直流母线电压不变时，它是一个固定值。磁链幅值给定越小，圆轨迹的半径就越小，磁链矢量旋转的角速度 ω_s 就越高，$\omega_s \propto 1/\Psi_s^*$，它与电动机的恒功率调速（弱磁调速）要求相符。

由于有效基本电压空间矢量的幅值是逆变器输出的最高电压，所以上述全部用有效电压矢量构造的旋转磁场是它转得最快的情况，这时逆变器输出的频率是最高频率（对应于给定的 Ψ_s^*）。为获得从零到最高频率之间的中间频率，必须在磁链矢量运动过程中不断插入零基本电压矢量。插入零矢量期间，由于它的电压值为 0，磁链矢量停止运动，从而降低 $\boldsymbol{\Psi}_s$ 运动的平均速度，获得了较低的输出频率，零矢量时间占的比例越大，输出频率越低。零矢量插入的时刻及时间长短由转矩滞环控制器决定。

上述过程可以使用磁链滞环调节（比较）器来实现，基本思想是：实际定子磁链矢量的端点轨迹不允许超出以给定磁链模为半径的圆形偏差带，即满足

$$\left|\Psi_s^* - \Psi_s\right| \leqslant \varepsilon_{\Psi} \tag{7-25}$$

假设定子磁链 Ψ_s 逆时针旋转，可按表 7-1 所示的磁链控制规则来实施。

表 7-1　磁链控制规则

磁链偏差	sgn($\Delta\Psi_s$) 取值	输出空间电压矢量性质
$\Psi_s^* - \Psi_s \geqslant +\varepsilon_\Psi$	1	使磁链矢量增大的电压矢量
$\Psi_s^* - \Psi_s \leqslant -\varepsilon_\Psi$	0	使磁链矢量减小的电压矢量
$\left\|\Psi_s^* - \Psi_s\right\| < \varepsilon_\Psi$	保持不变	维持原控制状态不变

7.2.3　DTC 系统的转矩控制

DTC 系统的转矩控制通过转矩滞环 bang-bang 控制器实现，它的输入是转速调节器（ASR）输出的转矩给定 T_{ei}^* 及来自转矩观测器的转矩实际值 T_{ei}，滞环宽度为 $2\varepsilon_T$。

如图 7-10 所示，假设某一时刻系统工作于 a 点，来自转矩观测器的转矩实际值信号 T_{ei} 等于转矩滞环控制器（ATR）的上限动作值 $T_{ei}^* + \varepsilon_T$，ATR 输出翻转，电压空间矢量从有效矢量改为零矢量，定子磁链矢量 $\boldsymbol{\Psi}_s$ 停止转动，$\omega_s = 0$，这时电动机转子在转，$\omega_s < \omega_r$，转子电动势矢量反方向，使转子电流及转矩减小，T_{ei} 逐渐下降。到 b 点，T_{ei} 等于 ATR 的下限动作值 $T_{ei}^* - \varepsilon_T$，ATR 输出转回原状态，电压矢量从零矢量改回有效矢量，矢量 $\boldsymbol{\Psi}_s$ 以最高角速度旋转，$\omega_s > \omega_r$，转子电动势矢量转回原方向，使转子电流及转矩加大，T_{ei} 逐渐上升。到 c 点，再次 $T_{ei} = T_{ei}^* + \varepsilon_T$，ATR 又翻转，$T_{ei}$ 又下降。如此反复，T_{ei} 始终在转矩给定 T_{ei}^* 两边摆动，使它的一个开关周期平均值为 T_{ei}^*。在 T_{ei}^* 变化时，T_{ei} 紧随其变化，转矩响应时间为一个开关周期（T_{ei}^* 变化时的开关周期与稳态时的开关周期不同）。

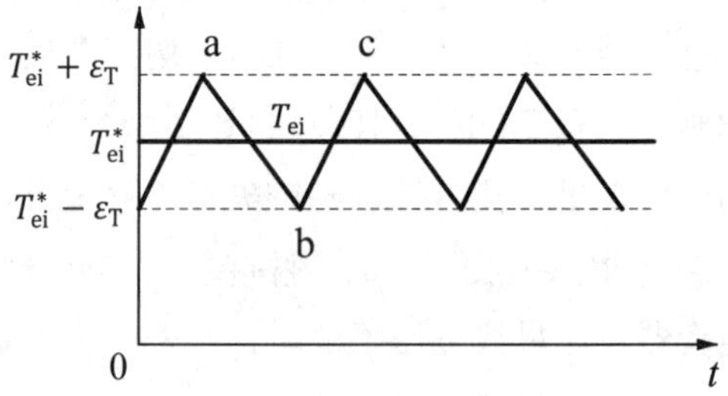

图 7-10　转矩 T_{ei} 的运动轨迹

上述过程可以使用转矩滞环调节（比较）器来实现，基本思想是：实际电磁转矩的运动轨迹不允许超出围绕给定转矩的偏差带，即满足

$$\left|T_{ei}^* - T_{ei}\right| \leqslant \varepsilon_T \tag{7-26}$$

转矩控制规则如表 7-2 所示。

表 7-2　转矩控制规则

转矩偏差	sgn(ΔT_{ei}) 取值	输出空间电压矢量性质
$T_{ei}^* - T_{ei} \geqslant \varepsilon_T$	1	由磁链环控制
$T_{ei}^* - T_{ei} \leqslant -\varepsilon_T$	0	输出零矢量
$\left\|T_{ei}^* - T_{ei}\right\| < \varepsilon_T$	保持不变	维持原控制状态不变

7.2.4 定子磁链计算与电磁转矩计算

这里直接给出定子磁链计算公式

$$\Psi_{s\alpha} = \int(u_\alpha - R_s i_\alpha)dt \tag{7-27}$$

$$\Psi_{s\beta} = \int(u_\beta - R_s i_\beta)dt \tag{7-28}$$

$$|\Psi_s| = \sqrt{\Psi_{s\alpha}^2 + \Psi_{s\beta}^2} \tag{7-29}$$

式中：u_α、u_β 是由三相输入电压 u_A、u_B、u_C 经 3/2 坐标变换得来。

定子磁链计算模型如图 7-11 所示。

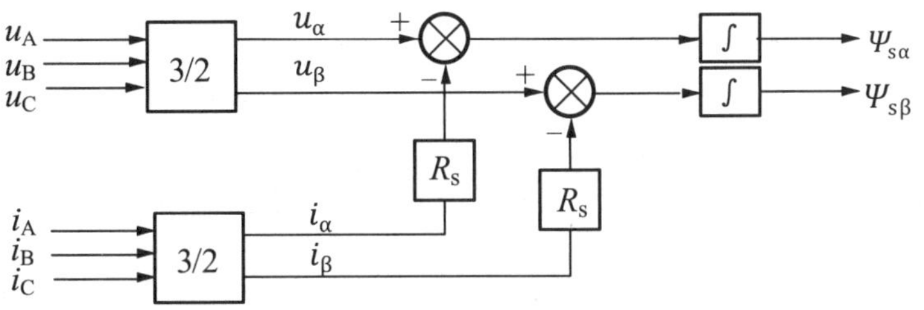

图 7-11　定子磁链计算模型

可以推出，在静止两相坐标系 αβ 上的电磁转矩表达式为

$$T_{ei} = K_m(\Psi_{s\alpha} i_\beta - \Psi_{s\beta} i_\alpha) \tag{7-30}$$

7.2.5 扇区计算及开关选择表的确定

为确定磁链空间矢量所在的扇区，定义变量 N，即可方便地判断出任意时刻磁链所在的位置。变量 N 值由以下关系式决定：

$$\begin{bmatrix}\Psi_a \\ \Psi_b \\ \Psi_c\end{bmatrix} = \begin{bmatrix}1 & 0 \\ -\dfrac{1}{2} & \dfrac{\sqrt{3}}{2} \\ -\dfrac{1}{2} & -\dfrac{\sqrt{3}}{2}\end{bmatrix}\begin{bmatrix}\Psi_{s\alpha} \\ \Psi_{s\beta}\end{bmatrix} \tag{7-31}$$

$$m_k = \begin{cases}0 & \Psi_k \geqslant 0 \\ 1 & 其他\end{cases} \quad （其中\ k=a，b，c）$$

令

$$N = 4m_a + 2m_b + m_c \tag{7-32}$$

则 N 值与扇区的对应关系如表 7-3 所示。

表 7-3　扇区判断表

m_a	0	0	1	1	1	0
m_b	1	0	0	0	1	1
m_c	1	1	1	0	0	0
N	3	1	5	4	6	2
扇区	Ⅰ	Ⅱ	Ⅲ	Ⅳ	Ⅴ	Ⅵ

由磁链调节器输出的磁链开关信号、转矩调节器输出的转矩开关信号以及磁链所在扇区的位置信号，综合确定开关信号，如表 7-4 所示。

表 7-4　开关状态选择表（逆时针旋转）

$\mathrm{sgn}(\Delta\varPsi_s)$	$\mathrm{sgn}(\Delta T_{ei})$	扇区					
		Ⅰ	Ⅱ	Ⅲ	Ⅳ	Ⅴ	Ⅵ
1	1	u_{s2}	u_{s3}	u_{s4}	u_{s5}	u_{s6}	u_{s1}
	0	u_{s7}	u_{s0}	u_{s7}	u_{s0}	u_{s7}	u_{s0}
0	1	u_{s3}	u_{s4}	u_{s5}	u_{s6}	u_{s1}	u_{s2}
	0	u_{s0}	u_{s7}	u_{s0}	u_{s7}	u_{s0}	u_{s7}

7.2.6　DTC 系统的构成

将前述磁链控制及计算、转矩控制及计算、扇区计算、开关状态选择表组合在一起，就能构造一个完整的 DTC 系统，如图 7-12 所示。图中，AΨR 和 ATR 分别为定子磁链调节器和转矩调节器，两者均采用带有滞环的双位式控制器，它们的输出分别为定子磁链幅值偏差 $\Delta\varPsi_s$ 的符号函数 $\mathrm{sgn}(\Delta\varPsi_s)$和电磁转矩偏差 ΔT_{ei} 的符号函数 $\mathrm{sgn}(\Delta T_{ei})$。

先看 $\varPsi_s$ 与控制信号的形成，从逆变器输出测得三相交流电压 u_A、u_B、u_C 和交流电流 i_A、i_B、i_C（实际测两相即可），经 3/2 坐标变换，得到 u_α、u_β 和 i_α、i_β，按式(7-27)、(7-28)、(7-29)计算得到 $\varPsi_{s\alpha}$、$\varPsi_{s\beta}$、$|\varPsi_s|$，$|\varPsi_s|$ 与给定磁链 $\varPsi_s^*$ 进行比较，经磁链滞环比较器输出 $\mathrm{sgn}(\Delta\varPsi_s)$，得到磁链控制信号，进行 bang-bang 控制，使磁链保持在允许容差范围之内。

再来看转矩控制，将上面得到的 i_α、i_β 和 $\varPsi_{s\alpha}$、$\varPsi_{s\beta}$ 送入转矩计算器得到实际转矩 T_{ei}，与转矩给定值 T_{ei}^* 比较，经转矩滞环调节器后输出 $\mathrm{sgn}(\Delta T_{ei})$，得到转矩控制信号，进行 bang-bang 控制，在 $\mathrm{sgn}(\Delta T_{ei})$和 $\mathrm{sgn}(\Delta\varPsi_s)$的共同作用下，选择开关状态，得到逆变器三相控制的开关状态信号对应的电压空间矢量，形成所需要的磁链轨迹和需要的电磁转矩，达到调节电动机转速的目的。

图 7-12 中，给定转速 ω^* 与速度传感器检测出来的实际转子转速 ω 进行比较，输出的转速差信号经 PI 调节器后形成转矩给定信号 T_{ei}^*。

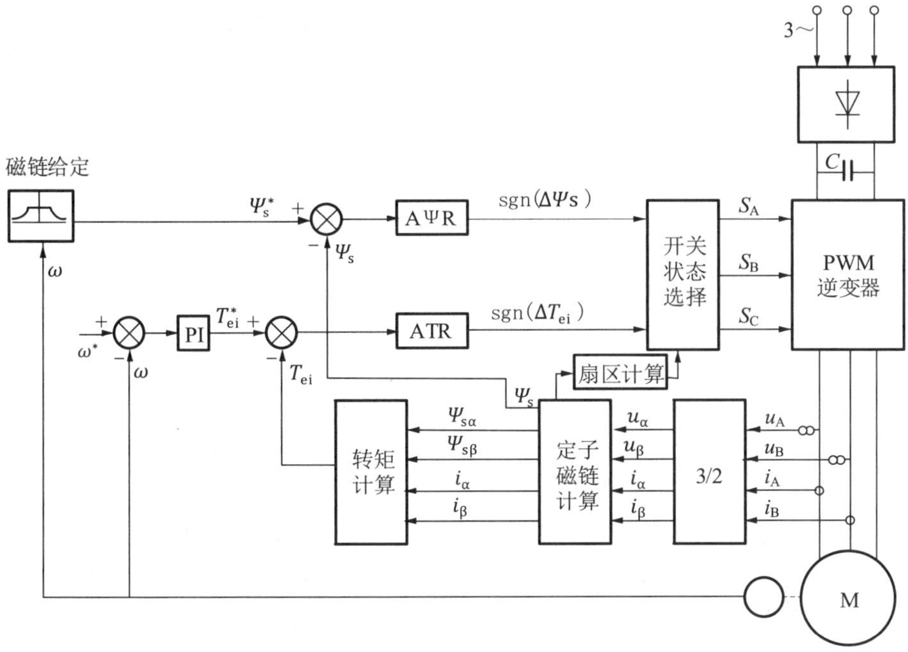

图 7-12　DTC 系统结构图

本章小结

1. 矢量变换控制又称磁场定向控制或解耦控制，其基本思想是把异步电动机经坐标变换等效成直流电动机，然后仿照直流电机的控制方法，求得直流电机的控制，再经过相应的反变换来控制交流电机。

2. 直接转矩控制是将逆变器的控制模式和电机运行性能作为一个整体来控制。通过对逆变器的开关控制，既能实现磁链的幅值控制，又能实现电机的转矩控制。

思考题

1. 简述矢量控制的基本原理。
2. 矢量控制中用到了哪些坐标系和坐标变换？
3. 为什么在牵引电动机的电流检测中只需要两只电流传感器？
4. 简述直接转矩控制的基本原理。
5. 简述直接转矩控制按圆形磁链轨迹控制的工作原理。

参考文献

[1] 王兆安，刘进军. 电力电子技术[M]. 北京：机械工业出版社，2018.
[2] 吴鑫. 轨道车辆电力电子技术[M]. 北京：科学出版社，2016.
[3] 冯晓云. 电力牵引交流传动及其控制系统[M]. 北京：高等教育出版社，2009.
[4] 张斌，缪仲翠，张海明. 轨道交通电气传动控制系统[M]. 北京：西南交通大学出版社，2013.
[5] 张勇军. 异步电动机变频调速控制技术[M]. 北京：机械工业出版社，2016.
[6] 范立娜，王立夫. 电力电子技术及其系统仿真[M]. 北京：机械工业出版社，2022.
[7] 曾云文. 变频调速 SVPWM 技术的原理、算法与应用[M]. 北京：机械工业出版社，2010.
[8] 吴守箴，臧英杰. 电气传动的脉宽调制控制技术[M]. 北京：机械工业出版社，2000.
[9] 马洪涛，周芬萍，郭晓剑. 开关电源设计入门[M]. 北京：化学工业出版社，2019.
[10] 李永东. 交流电机数字控制系统[M]. 北京：机械工业出版社，2002.
[11] 李夙. 异步电动机直接转矩控制[M]. 北京：机械工业出版社，1999.
[12] 郭世明. 机车动车牵引交流传动技术[M]. 北京：机械工业出版社，2012.
[13] 李爱文，张承慧. 现代逆变技术及其应用[M]. 北京：科学出版社，2000.
[14] 裴云庆，杨旭，王兆安. 开关稳压电源的设计和应用[M]. 北京：机械工业出版社，2010.
[15] 华平. 电力机车控制[M]. 北京：中国铁道出版社，2012.
[16] 刘耀徽. 基于 DSP 和 FPGA 的三电平逆变器的研究[D]. 西安：西安理工大学，2012.
[17] 吕国泰，白明友. 电子技术[M]. 北京：高等教育出版社，2019.
[18] 汪明添，谢忠福. 电子元器件[M]. 北京：北京航空航天大学出版社，2018.
[19] 薛少妍. 基于 DSP 的直接转矩控制变频器的研究[D]. 大连：大连海事大学，2015.
[20] 戚墅堰机车车辆厂. 东风 $_{8B}$ 型内燃机车[M]. 北京：中国铁道出版社，1999.